主编 程爱民

中国概况

修订版

Understanding China

Revised Edition

编者：尹晓静（地理）
洪豆豆（历史）
王峰（政治体制）
敖雪岗（哲学、宗教）
王美玲、张斌（文学艺术）
陈珺（语言文字）
鹿钦佞、孙敏、黄健秦（书法与绘画）
陈志红（经济）
李雪（科学技术、教育）
王彦敏（医疗卫生）
郭晶萍、袁媛（体育与武术）
王正文（传统节日与饮食）
胡晓慧、李鑫、赵成平（文化遗产）

外教社 上海外语教育出版社
SHANGHAI FOREIGN LANGUAGE EDUCATION PRESS

前言

“遥远的东方有一条龙，她的名字叫中国。”今天的中国今非昔比，其发展已远远超乎世界的想象：

一幢幢摩天楼，是中国城市的新风景；

一座座彩虹桥，是中国地理的新坐标；

一条条高速路，是中国经济的新版图；

一列列高铁车，是中国科技的新名片……

随着中国经济的快速发展和国际交往的日益增加，中国已不仅仅是一个地理意义上的概念，她已成为世界经济和文化不可或缺的重要组成部分，是世界经济文化发展的重要推动力量。中国思想、中国经验、中国模式、中国制造越来越受到世界其他国家的关注。中国于2013年提出的“一带一路”倡议得到了许多国家的认同和支持。中国让世界刮目相看，也吸引着千千万万的外国学子来中国学习。

然而，这个有着960万平方公里、56个民族、5 000年传统文化的东方大国，对于许多外国人而言，仍有些神秘。在一些西方人的眼里，中国人似乎个个会功夫，到处都有大熊猫。不知从何时起，在国外的许多大中城市，你可以听到不同肤色的人说着“你好，再见”，但到底有多少人真正了解中国?什么是“阴阳”？“气”是什么？高铁真的很快吗？微信怎么支付？……简单从媒体上了解中国是远远不够的。

为了让来华留学生更好地了解中国，我国许多高校根据教育部相关文件要求面向所有学历留学生开设《中国概况》课程。这是一门针对留学生的公共必修课，因而具有基础性、公共性和通识性特点，需要全面、系统、客观地介绍中国和中国文化的基本内容和基础知识。但另一方面，该课程又具有鲜明的“对外”特点。由于修读《中国概况》课程的留学生规模大，其国别、学历、文化和专业背景各不相同，汉语水平参差不齐，目前尚没有较为统一的教学大纲，教学中存在着一些急需解决的问题。

在北京大学、北京师范大学、南京大学、浙江大学、天津大学、哈尔滨工业大学、西安交通大学、武汉大学、重庆大学、上海外国语大学、华南师范大学、江苏师范大学和唐风汉语公司等单位领导的大力支持下，本课题组联合国内十多所著名高校的专家学者，编写了《中国概况三级指标教学大纲》，并在此大纲的基础上编写了《中国概况》教材。

该教材以全面反映中国思想、中国经验和当代中国经济社会发展取得的巨大成就为指导思想，以系统全面、立体丰富、开放共享的发展理念为编写原则，力图呈现“大美中国”。

一、系统全面：该教材是专门针对外国人设计的立体化中国国情教材，力求贴近外国人的思维、学习和生活习惯；涵盖中国地理历史、哲学宗教、政治经济、文学艺术、科技教育、医药体育等各个方面。全书共15章，精选200多个内容点，全景式展现中国的天文地理、古往今来，师生可根据教学需要自由组合成个性化教材。

二、立体丰富：该教材分视频教材和纸质教材两部分，所有内容以板块形式展开，分为三级指标。其中一级指标为限定性指标，建议所有学校、所有学生学习；二级指标为选修性指标；三级指标为研究性指标，供不同专业背景或兴趣的学生选择性学习。

三、开放共享：该教材基于“互联网+”相关理论，根据教学大纲建设了中国概况视频教学资源库。参与建设和使用该教材的高校将共建共享相关视频资源和网上课程，实现跨学科、跨地域的线上线下、课内课外互动，注重课堂教学与社会实践相结合，努力提升学生的自主学习能力。因此，本套教材最大的特色是依托网络资源和视频教材库开展教学，将中国和中国文化的各个侧面通过视频、图片、微电影等形式多模态地呈现给学生，教学内容立体丰满，教学方式生动活泼。

随着中国各个方面的快速发展并根据教学实践反馈，我们对《中国概况》进行了修订。本次修订主要涉及以下方面：增加了第三章政治体制，新增了中国式现代化、生态文明建设、最新科技进展、中国海洋及中国全面深化改革的最新进展和成果等方面的内容，更新了所有相关数据，部分章节根据教学实践做了删减或合并，增加了由郑州大学黄卓明教授团队制作的《走进中国》系列慕课作为数字拓展资源。我们希望将最新的内容、更好的版式、更多的数字资源呈现给广大师生，以期更好地表现“可信、可爱、可敬的中国”，更贴近教学实际需要。

中国需要世界，世界也需要中国。我们希望每一位留学生通过学习《中国概况》，都能进一步了解中国、认知中国、圆梦中国，为构建人类命运共同体做出贡献！

程爱民
2018年6月
2024年2月修订

目录

第五章 宗教 108

第六章 文学艺术 126

第七章 语言文字 160

第一章 地理

第一节 从世界看中国

一、中国的地理位置和版图

词语释义

广阔
wide, broad

相差
differ

中国位于亚洲的东部，太平洋的西岸。国土面积广阔(guǎngkuò)，陆地总面积约960万平方千米，仅次于俄罗斯和加拿大，是世界上第三大国家，也是亚洲最大的国家。

中国的最北边在黑龙江省漠河以北的黑龙江主航道中心线，最南边在南海南沙群岛的曾母暗沙(Zēngmǔ'ànshā)。南北距离约5 500千米。当中国东北地区进入冬季，大雪漫天的时候，南边的海岛还是一片夏日的美景。

中国的最东边在黑龙江和乌苏里江主航道中心线的相交处，最西边在帕米尔高原附近，东西相距约5 200千米，相差(xiāngchà)五个时区。当东海岸太阳升起的时候，西边的帕米尔高原上的人们还在深夜甜美的梦乡当中呢。

中国，陆地边境(biānjìng)长约2.2万千米，有14个邻国。东邻朝鲜，东北边、北边和西北边与俄罗斯、蒙古、哈萨克斯坦、吉尔吉斯斯坦、塔吉克斯坦相邻，西边和西南边连接阿富汗、巴基斯坦、印度、尼泊尔和不丹，南边与缅甸(Miǎndiàn)、老挝(Lǎowō)和越南相邻。

中国的海洋面积也十分广阔，大陆海岸线总长约1.8万千米。中国大陆濒临的海洋，从北到南依次为渤海、黄海、东海和南海，拥有丰富的海洋资源。在这片广阔的海域中分布着7 600个大小岛屿，其中，台湾岛(Táiwān Dǎo)是中国的第一大岛。

词语释义

边境
border

缅甸
Burma

老挝
Laos

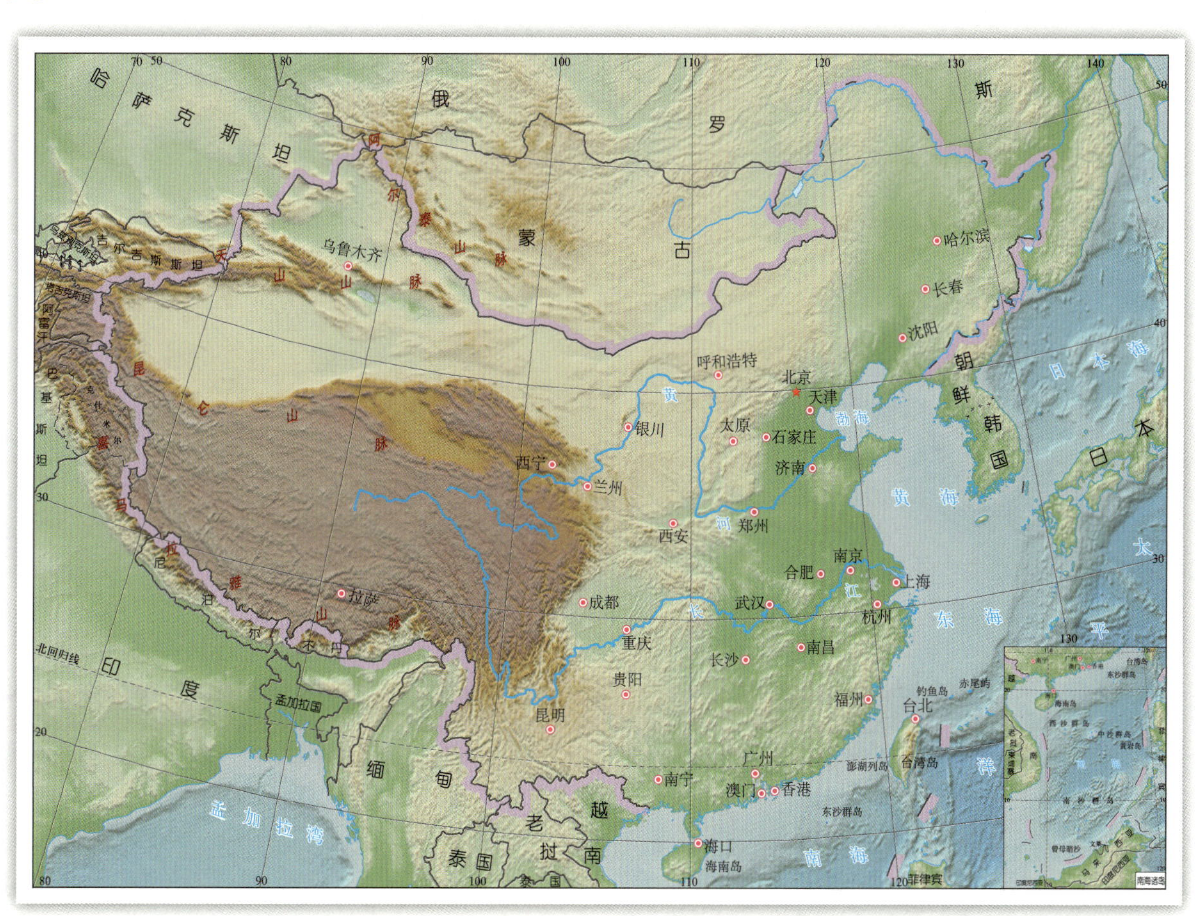

审图号：GS (2018) 3543号

文化注释

1. 曾母暗沙

曾母暗沙是中国边境的最南边，位于中国南海，是南沙群岛的一部分。这里有中国的主权碑。

2. 台湾岛

中国的第一大岛，位于中国东海大陆架南边。在中国史书记载中曾称“夷州”，明代始称“台湾”。台湾省的居民中，汉族约占97%。

二、中国的行政区划（xíngzhèng）

词语释义

行政 administration

中央 central

中国有23个省，4个直辖市，5个少数民族自治区和2个特别行政区。首都是北京，是中央（zhōngyāng）人民政府的所在地。在历史和习惯上，各省级行政区都有简称，如北京简称为“京”、江苏省简称为“苏”等。

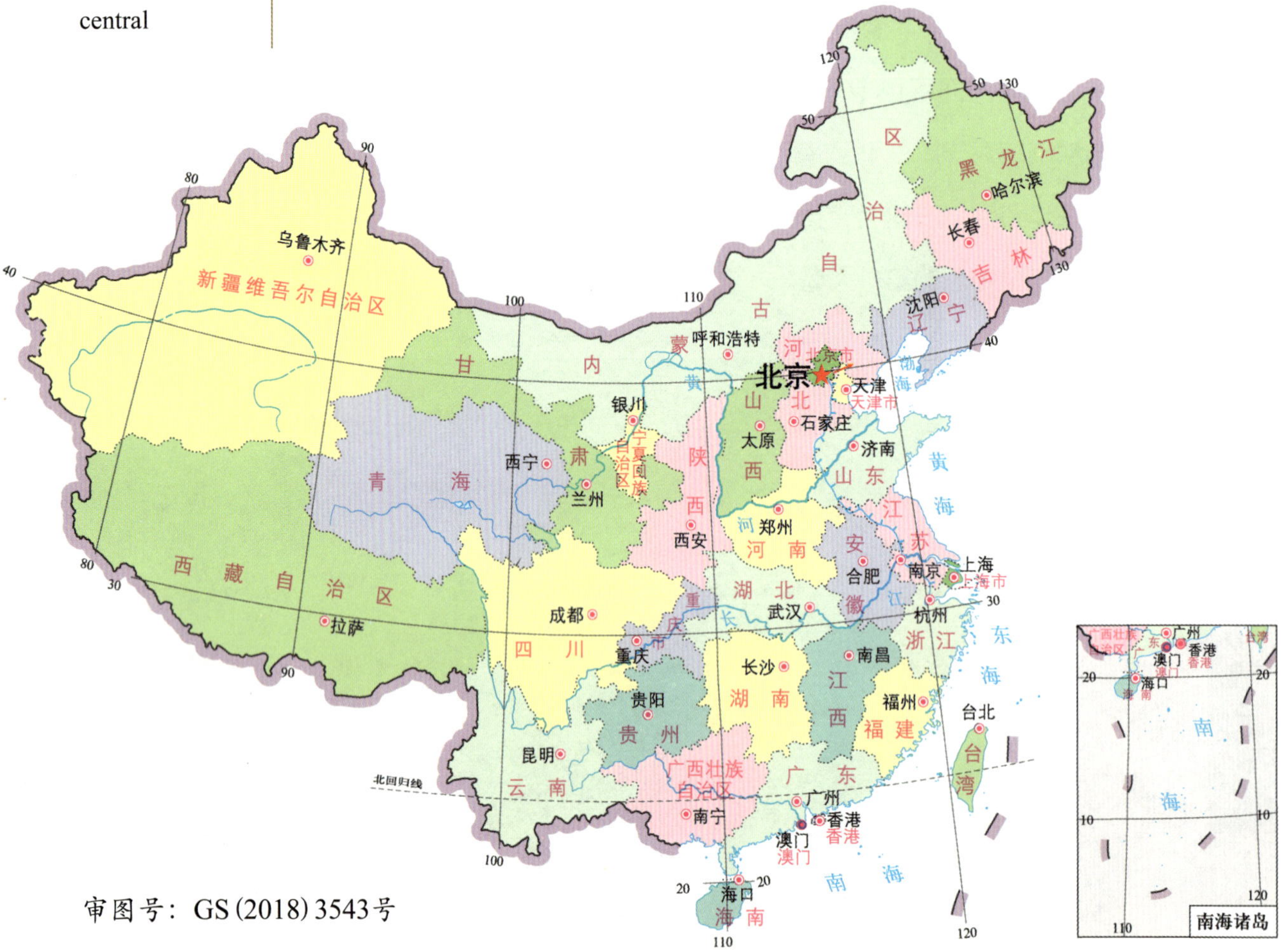

审图号：GS(2018)3543号

名称	简称	省会、自治区首府
北京	京	
上海	沪	
天津	津	
重庆	渝	
吉林省	吉	长春
辽宁省	辽	沈阳
黑龙江省	黑	哈尔滨
河北省	冀	石家庄
河南省	豫	郑州
山东省	鲁	济南
山西省	晋	太原
陕西省	陕或秦	西安
甘肃省	甘或陇	兰州
青海省	青	西宁

安徽省	皖	合肥
江苏省	苏	南京
浙江省	浙	杭州
江西省	赣	南昌
湖北省	鄂	武汉
湖南省	湘	长沙
四川省	川 或 蜀	成都
贵州省	贵 或 黔	贵阳
云南省	云 或 滇	昆明
福建省	闽	福州
广东省	粤	广州
海南省	琼	海口
广西壮族自治区	桂	南宁
内蒙古自治区	内蒙古	呼和浩特
宁夏回族自治区	宁	银川
西藏自治区	藏	拉萨
新疆维吾尔自治区	新	乌鲁木齐
香港特别行政区	港	
澳门特别行政区	澳	
台湾省	台	台北

三、人口和民族

1. 中国的人口

中国人口众多，截至2020年11月1日，中国人口超过14.43亿，约占世界人口的20%。也就是说，地球上每五个人中，就有一个中国人。

中国人口地区分布不平衡，东部人口多，西部人口少；平原(píngyuán)地区人口密度(mìdù)大，山地、高原地区人口密度小。这种不平衡情况，是由自然、历史和经济等方面原因共同造成的。

近年来，由于中国城市经济发展速度加快，城镇人口快速增长，城乡人口结构发生了巨大的变化。到2020年，城镇人口约占总人口的63.89%，乡村人口占36.11%。

2. 中国的民族

中国是一个统一的多民族国家，实行(shíxíng)民族平等、团结(tuánjié)和互助的政策(zhèngcè)。在这片广阔的土地上，居住(jūzhù)着56个民族。其中，汉族的人口最

词语释义

平原 plain

密度 density

实行 carry out

团结 unite

政策 policy

居住 settle down

多，约占全部人口的91.11%。除(chú)汉族以外(yǐwài)的55个民族统称(tǒngchēng)为少数民族，如蒙、回、藏、苗、壮等民族。

少数民族人口虽然不多，但分布地区很广，主要分布在西北、西南、东北等地。几乎每个少数民族都有自己的语言，生活习惯也很不一样。通过他们的服饰、歌舞和节日风俗，可以了解到他们独特的民族文化。如苗族(Miáozú)的刺绣(cìxiù)是传统的手工技艺，可以制作出五颜六色的苗族服饰；维吾尔族是一个能歌善舞(nénggē-shànwǔ)的民族，他们的新疆舞非常美；被称为“草原(cǎoyuán)民族”的蒙古族人每年举行的“那达慕(nàdámù)”大会都会吸引成千上万的游客……

几千年来，各民族相互交流，不断融合(rónghé)，共同创造(chuàngzào)了博大精深、丰富多样的中华文化。

词语释义

除（了）……以外
except

统称
collectively referred (as)

能歌善舞
be good at singing and dancing

草原
grassland

融合
mix together

创造
create

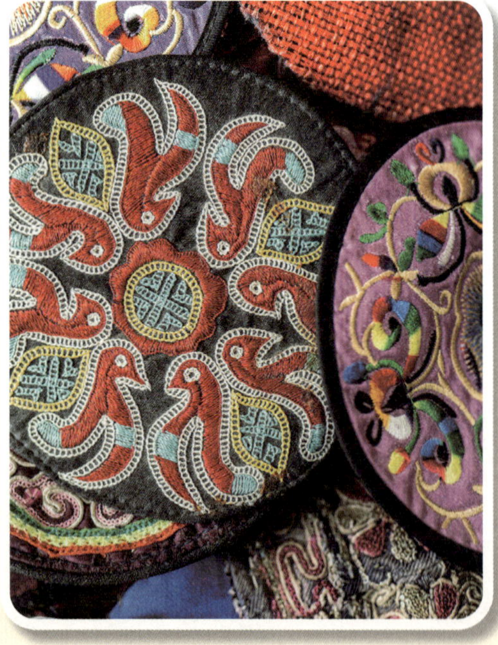

文化注释

1. 苗族的刺绣

简称“苗绣”，是苗族的传统手工艺，主要流传在贵州苗族聚集地。苗绣针法多变，色彩丰富，大量使用图案变形和夸张的形式，表现苗族的传说和神话。2006年，苗绣被列入国家级《非物质文化遗产名录》。

2. “那达慕”大会

“那达慕”大会是蒙古族传统的民族节日。“那达慕”在蒙古语中是“娱乐、游戏”的意思。大会从每年的农历六月初四开始，是为了庆祝丰收而举行的文艺、体育和娱乐活动，是蒙古族人民的一次盛会。

第二节｜中国的自然环境

一、中国的地形、地貌

1. 中国的地形特点

中国国土面积广阔，地形复杂多样。有海拔（hǎibá）高、面积大的高原，高大崎岖的山岭，低平宽广的平原，低矮起伏（qǐfú）的丘陵（qiūlíng），还有四周高山环抱、中间低平的大小盆地（péndì）。

中国的山区多，平地少。包括高原、山岭和丘陵在内的山区占国土总面积的三分之二以上，平原只占11.98%。虽然山地面积大，给交通和农业种植（zhòngzhí）带来一些困难，但是山区有丰富的矿产（kuàngchǎn）、林业、动植物和旅游资源。

中国地势（dìshì）西高东低。根据海拔高度，从西到东可以分为三级阶梯。最高的一级是被称作“世界屋脊”的青藏高原，这里有很多常年积雪的高山，平均海拔在4 000米以上。在这一级阶梯上，还有很多碗状的盆地，地形种类丰富。它的北边是祁连山和昆仑山，东边是横断山脉（shānmài），这些高山是第一、第二级阶梯的分界线。第二级阶梯海拔在1 000—2 000米，包括内蒙古高原、黄土高原、云贵高原，以及塔里

词语释义

海拔
altitude

起伏
ups and downs

丘陵
small hill

盆地
basin

种植
plant

矿产
mineral

地势
topography

山脉
mountain

词语释义

延伸
extend

大陆架
continental shelf

水力
hydraulics

代表
representative

天然
natural

覆盖
cover

木盆地、四川盆地等大型盆地。第二级阶梯环绕着第一级阶梯，东面的大兴安岭、太行山脉、巫山、雪峰山是地势二级、三级阶梯的分界线。第三级阶梯海拔多在500米以下，分布着广阔的平原及位于东南部的丘陵和低山。从陆地的第三级阶梯继续向海面以下延伸(yánshēn)，就是浅海大陆架(dàlùjià)，其深度不大，海洋资源丰富。

中国地势西高东低的特点，使多数河流东流入海。三阶梯的海拔高度差也非常有利于河流水力(shuǐlì)资源的开发和利用。

2. 中国的地貌类型

中国地貌类型多样，包括山脉、高原、盆地、平原和丘陵五种陆地上的基本类型。丰富的地貌类型为中国工农业的发展提供了多种多样的条件。

山脉

山脉是地形的骨架，是天然的地理分界线，对气候的变化和人类文明的发展有着重要的影响。中国的山脉根据延伸的方向，可以分为东西方向、南北方向、东北—西南方向、西北—东南方向，以及弧形山脉五种情况。其中，东西方向的秦岭是中国地理南北方的天然分界线；位于中国和尼泊尔边境的喜马拉雅山脉则是弧形山脉的代表(dàibiǎo)。

高原

中国有四大高原——青藏高原、内蒙古高原、黄土高原和云贵高原，其中最年轻的是青藏高原。由于高度、位置和形成原因不一样，所以四大高原的特点各不相同。被称为“世界屋脊”的青藏高原地势高，面积也最大，有世界上最高的山峰和很多常年积雪的大山。内蒙古高原是天然(tiānrán)草场和沙漠的结合，地势平缓，山脉很少。和内蒙古高原同在第二级阶梯的黄土高原(Huángtǔ Gāoyuán)是中国的第三大高原，其地表覆盖(fùgài)着厚厚的黄土，植物稀少，水土流失严重。西高东低的云贵高原多峡谷，有很多小的山间盆地，农业比较发达。

盆地

新疆塔里木盆地（Tǎlǐmù Péndì）、准噶尔盆地，青海柴达木盆地及四川盆地被称为中国四大盆地。它们多分布在地势较高的第二级阶梯上，位置的不同决定了它们各自不同的特点。塔里木盆地沙漠面积大，看起来很荒凉（huāngliáng），但是地下却有着丰富的天然资源；四川盆地里有平原、丘陵，植物种类丰富，经济发达，是富饶的“天府之国”。在中国的东部还有很多小的盆地，特色各不相同。

平原

东北平原、华北平原和长江中下游（zhōng-xiàyóu）平原是中国三大平原，它们南北相连，土地肥沃（féiwò），是中国最重要的农业区。平原地区人口多，城市密集，交通十分发达，经济发展迅速，有很多重要的城市。除此之外，中国还有成都平原、汾渭平原、珠江三角洲、台湾西部平原等，它们都是重要的农业种植区和经济发达地区。

丘陵

中国多丘陵，比较集中在长江南边的地区。丘陵地区植物种类多样，人们种植了茶树、果树等经济类树木；地下矿产十分丰富。有些丘陵被人们改造（gǎizào）成了梯田，可以蓄水，发展种植业；还有的丘陵山峰秀美，成为游客们向往（xiàngwǎng）的旅游目的地。

词语释义

荒凉
wild and desolate

中下游
middle and lower reaches (of a river)

肥沃
fertile

改造
reform

向往
look forward to

文化注释

1. 黄土高原

中国的第三大高原，位于中国的中部偏北部，是世界上最大的黄土分布区。地表崎岖不平，山沟较多，植物稀少，水土流失严重。

2. 塔里木盆地

是中国也是世界上最大的内陆盆地。“塔里木”是维吾尔语“支流”的意思。盆地周围被高山围绕，里面有绿洲和沙漠，气候干燥，石油和天然气资源丰富。

二、中国的山脉

中国的山地地区广阔，有很多高大雄伟（xióngwěi）的山脉。一条条高低起伏的山脉，形成了中国地形和地势的骨架。

1. 喜马拉雅山

喜马拉雅山脉是世界上海拔最高的山脉，由多条几乎平行（píngxíng）的山脉组成，位于中国与印度、尼泊尔等国的边境上，西起帕米尔高原，东到雅鲁藏布江（Yǎlǔzàngbù Jiāng）的大拐弯处，全长2 400多千米，平均海拔高度6 000多米。其中，位于中国与尼泊尔边境上的主峰珠穆朗玛峰，海拔8 844.86米，是世界第一高的山峰。唐朝一本西藏佛经中记载（jìzǎi），藏王把这里当作养百鸟的地方。传说有位女神住在这里，被称为“珠穆朗玛”，在藏语中是“大地母亲”的意思。这座世界第一高峰（gāofēng）就像位高高站立的女神，保佑善良的人们。

喜马拉雅山脉是怎么形成的？几千万年前，这里曾经是一片大海，随着时间的推移，印度洋板块从南边慢慢挤压亚欧板块，北边的这部分地壳向上抬升，重叠（chóngdié）的部分长高了，长到了几千米的高度，形

词语释义

雄伟
grand

平行
parallel

记载
record

高峰
peak, summit

重叠
overlap

成了现在的“世界屋脊”青藏高原。南边也很快拱起来，就生成了高高的喜马拉雅山脉。更有意思的是，因为喜马拉雅山是世界上年轻的山脉之一，到现在它还在不停地上升呢！

由于海拔很高，喜马拉雅山上物产并不丰富，甚至连空气也很稀薄，但它却有着除南北极(nán-běijí)之外最大面积的冰雪。千万年来，积雪汇聚形成的冰川沿着山谷或山坡缓慢下滑，像刀切一样地雕凿出山区地形。喜马拉雅山地势南北不太一样，高山挡住了从大海上吹来的风，海风带来很多雨水，因此，南坡(pō)树木茂盛(màoshèng)，而北坡的雨量较少、植物不多。随着山地高度的增加，高山地区的自然景象也不断变化，形成了明显的垂直(chuízhí)变化的自然风光(fēngguāng)。这种复杂的地质(dìzhì)结构养育(yǎngyù)了一些特别的动植物。

喜马拉雅山像座高高的城墙，青藏高原就藏在它的身后。人们爱这座山，青藏高原上的各族人民倚靠(yǐkào)大山过着平静的生活。而起源(qǐyuán)于这里的河流几千年来为人们提供水源，这些巨龙一样的河流向东流去，成为中国十几亿人生命的源泉(yuánquán)，中国第一、第二大河流——长江和黄河都发源于这里。除了提供水源，这里的河流具有巨大的水力发电潜力(qiánlì)，为中东部地区提供电力能源。

20世纪以来，有很多中外登山爱好者到喜马拉雅山来攀登(pāndēng)、研究。喜马拉雅山像个正在成长的孩子，在人们的关注中慢慢地长高，期待着人们发现他更多成长的秘密。

词语释义

南北极 south and north poles

坡 slope

茂盛 flourishing

垂直 vertical

风光 natural scenery

地质 geology

养育 bring up

倚靠 rely on

起源 originate (from)

源泉 origin

潜力 potentiality

攀登 climb up

文化注释

雅鲁藏布江

世界上海拔最高的大河之一，上游位于高寒地区，是天然的动物乐园；中游河道狭窄；下游河道突然转向，形成了世界上最大的峡谷——雅鲁藏布大峡谷，峡谷深而奇险，风景秀丽。

词语释义

阻碍
stop, prevent

瀑布
waterfall

珍稀
rare

焦点
central issue

扮演
play (the role)

2. 秦岭

在中国的中部，有一条东西走向的高大山脉——秦岭。它西起甘肃，穿过陕西，东到河南，全长1 600多千米，南北宽从数十千米到200多千米。公元前1世纪，汉朝历史学家司马迁(Sīmǎ Qiān)在《史记(Shǐjì)》中写下"秦岭，天下之大阻"，对秦岭有了正式的文字记载。"阻"，可以解释为"阻止和阻隔"。因为秦岭就像一座高大的挡风墙一样，阻止了冬季一路向南的寒冷空气，也把夏季温暖湿润的空气阻隔在了秦岭以南。冬天，秦岭以北的地方，寒风吹过，空气干燥；而秦岭以南的盆地，却仍然是青山绿水，温暖潮湿；夏季，秦岭的南边湿润多雨，树木茂盛，但是北面的黄土高原却空气干燥，黄土漫漫。秦岭这座"高墙"还阻碍(zǔ'ài)了住在秦岭南北两边的人们的流动，造成了南北方人们的生活方式、风俗习惯各不相同。因此，秦岭山脉是中国南北方的自然分界线，也是长江、黄河两大水系的分水岭。

太白山是秦岭的主峰，海拔3 700多米，成为青藏高原以东的中国大陆地区最高的山峰。这里有云海森林、奇山奇树、瀑布(pùbù)山泉，风光秀丽。因为这里离西安很近，所以被称为古都西安的"后花园"。在这座绿色的山岭中，珍稀(zhēnxī)多样的动植物资源成为科学家最为关注的焦点(jiāodiǎn)。

秦岭有着美丽的自然风光，同时它特别的地理位置对于人们的经济活动、生产活动及生活方式都产生了深远的影响，在中华民族的发展历程中，扮演(bànyǎn)着十分重要的角色。

文化注释

司马迁和《史记》

司马迁（公元前145年—？）是中国西汉时期的史学家。他编写的《史记》是中国历史上第一部纪传体通史，记载了中国从上古黄帝时期到汉代3 000多年的历史，对后世的史学和文学发展都产生了深远的影响。

三、中国的河流

河流是人类文明的摇篮，中华大地上的河流孕育(yùnyù)着华夏炎黄子孙。中国地域广阔，有很多源远流长(yuányuǎn-liúcháng)的大江大河，河流水量丰富。由于很多主要河流发源于青藏高原，落差很大，中国河流水力资源居世界首位。

中国不但河流众多，而且水系十分发达，总的来说，外流河可以分为三大水系，分别是太平洋水系（长江、黄河、珠江等）、印度洋水系（怒江、雅鲁藏布江等）、北冰洋水系（额尔齐斯河等）。另外，也有与海洋不相沟通的内流河，如塔里木河。

1. 长江

长江又名扬子江，发源于“世界屋脊”——青藏高原的唐古拉山脉，流经青海、西藏、四川、云南、重庆、湖北、湖南、江西、安徽、江苏、上海11个省、自治区、直辖市，从崇明岛以东流入东海。流域面积180万平方千米，约占中国陆地总面积的20%。长江全长为6 300多千米，是世界第三、亚洲第一长的河流，排在非洲的尼罗河和南美洲的亚马孙河之后。长江上游(shàngyóu)落差很大，有虎跳峡、三峡(Sānxiá)等著名峡谷，自然景观秀丽；高落差也带来了丰富的水力资源，人们在长江上游地区建造了三峡和葛洲坝两大水电站，有效地缓解了中东部地区电力资源的短缺。长江的中游有“九曲回肠”的称号(chēnghào)，沿江名胜古迹很多，风景美丽。长江下游地区地势较平，水流缓慢，江阔水深，与大海相连，可以通过大型的船舶(chuánbó)，是著名的“黄金水道”。长江流域中下游地区农业发达，交通方便，人口众多，经济繁荣，有南京、上海等重要城市。

词语释义

孕育
breed

源远流长
a distant origin and a long development

上游
upper reaches

称号
title, name

船舶
ship

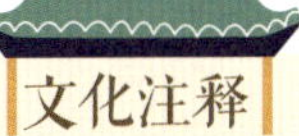

文化注释

长江三峡：西起重庆，东到湖北省宜昌，是一段山水壮丽的峡谷，被称为“中国十大风景名胜”之一，也是中国古文化的发源地之一。

词语释义

湖泊 lake

庄稼 crops

堤坝 dam

祖先 ancestor

原始 primeval

部落 tribe

首领 leader

制服 subdue

2. 黄河

黄河是中华民族的母亲河，记载着中华文明的起源，黄河流域也是人类文明的起源地之一。黄河发源于青海省中部巴颜喀拉山北麓，从西向东流经青海、四川、甘肃、宁夏、内蒙古、陕西、山西、河南和山东九个省、自治区，最后流入渤海，全长5 464千米，是中国第二长河。黄河上游水流稳定，湖泊(húpō)很多。黄河中游经过高山峡谷，水流急，水力资源丰富。黄河流经黄土高原地区，河水含有大量的泥沙，变成了一条呈“几”字形的黄色的河。几千年来，每年大量的泥沙流入大海，使河口三角洲不断扩大，黄河成为天然的填海造陆机器；剩下的泥沙长年留在下游，慢慢形成了平原，有利于庄稼(zhuāngjia)的生长，形成了中国中部城市密集、人口众多的地区。现在的黄河中下游以平原、丘陵为主，河道宽阔，水流缓慢，越来越多的泥沙在河底沉积下来，造成河床上升、水位升高。人们不断加高堤坝(dībà)，慢慢形成了河床比两岸高的奇特现象。

黄河流域被称为“中华民族的摇篮”。传说中华民族的祖先(zǔxiān)黄帝(Huángdì)就出生在这里。在原始(yuánshǐ)部落(bùluò)战争之后，黄帝成为中原地区的首领(shǒulǐng)，他融合并发展了各部落文化、语言和生活。那时候，黄河经常发大水，传说是首领禹(Yǔ)制服(zhìfú)了水患，带领人们种粮食，在黄河流域安定地生活。

文化注释

1. 黄帝

轩辕氏，是中国古代传说中的帝王，中华民族的祖先。

2. 禹

古代部落的首领，传说继承父亲的事业，采用疏导的方法，最终制服了洪水。大禹治水体现了中华民族不怕困难、与自然灾害作斗争的伟大精神。

四、中国的海洋

中国既有广大的陆地，也有辽阔(liáokuò)的海域，拥有(yōngyǒu)300万平方千米的海洋国土。从北到南，中国领海由渤海（内海）和黄海、东海、南海（三大边海）组成，东部和南部大陆海岸线1.8万千米。内海和边海的海域面积约473万平方千米。海域分布有大小岛屿7 600个，其中台湾岛最大，面积35 759平方千米。台湾岛东岸濒临(bīnlín)太平洋。

中国海洋资源丰富。渤海有着“天然鱼池”的称号，盛产多种水产品。渤海沿岸还是中国主要产盐区之一，海盐资源丰富。黄海西北以渤海海峡与渤海相连，平均水深44米，面积38万平方千米。黄海生物(shēngwù)种类多，数量也大，形成了很多良好的天然渔场。南黄海盆地有丰富的油气资源。

东海面积77万平方千米。在东海大陆架上有着极为丰富的石油资源。中国从1974年开始就在东海进行石油、天然气勘测(kāncè)，并发现了多个油田。广阔的东海海底平坦(píngtǎn)，水质优良，是中国最主要的良好渔场，被称为“海洋鱼类的宝库”。

南海的海底是一个巨大的海盆(hǎipén)，海盆的山岭露出海面的部分是中国的东沙、西沙、中沙、南沙群岛，这些海底山岭是中国大陆架的自然延伸。南海总面积约350万平方千米。

中国一直努力发展海洋经济。在第一产业(chǎnyè)方面，实现近海捕捞(bǔlāo)与远洋捕捞相结合。在第二产业中坚持资源开发和环境保护，用高新技术推动海洋化工业和海洋油气开采。在第三产业中突出滨海旅游业，使海洋经济找到新的经济增长点。

词语释义

辽阔
vast

拥有
have

濒临
border on

生物
creature

勘测
survey

平坦
flat

海盆
sea basin

产业
industry

捕捞
fish for, fishing

第三节 中国城市名片

一、北京

词语释义

共和国 republic
分明 clear
创新 innovate
珍珠 pearl
辉煌 brilliant
造型 architectural style
庄重 solemn
气势 imposing manner
庄严 dignified
图案 pattern and design

北京是中华人民共和国(gònghéguó)的首都，位于中国的北方地区，三面环山，四季分明(fēnmíng)。现代的北京，是中国的政治中心、文化中心、国际交往中心和科技创新(chuàngxīn)中心。在历史长河中，北京是一颗闪亮的珍珠(zhēnzhū)，作为中国古都和当代首都，北京历史源远流长，至今仍保存着较为完整的古代建筑群，让人们感受到它辉煌(huīhuáng)的历史。

天安门广场是北京的地标，这里是中华人民共和国首都市区的中心。广场一侧的天安门位于北京城传统的中轴线上，造型(zàoxíng)威严庄重(zhuāngzhòng)，气势(qìshì)宏大。天安门原是明、清两朝皇城的正门，公元1420年建成，后于1651年更名为天安门。1949年10月1日，中华人民共和国在这里举行了庄严(zhuāngyán)的开国大典。天安门是北京重要的标志性建筑之一，它的形象也被设计为国徽图案(tú'àn)的一部分。

天安门广场西侧的建筑是人民大会堂。中国全国人民代表大会在这里举行，这里也是中国国家领导人举行政治、外交和文化活动的地方。

毛主席纪念堂位于天安门广场人民英雄纪念碑南面，为纪念中国伟大领导人毛泽东而建造。在这座殿堂里，安放着中华人民共和国的主要缔造者毛泽东主席的遗体，每天有很多前往瞻仰(zhānyǎng)的中外宾客。

北京历史风光无限，其中以故宫为代表。北京故宫，全名是北京故宫博物院，坐落于北京城的中心，是中国明、清两个朝代(cháodài)的皇家宫殿(gōngdiàn)。故宫建筑精美，是中国古代建筑的代表之一，也是目前世界上规模最大、保存最为完整的古建筑之一。它有大小宫殿70多座，房屋9 000多间，以太和(tàihé)、中和(zhōnghé)、保和(bǎohé)三大殿(sāndàdiàn)为中心。故宫占地面积约为72万平方米，是一座长方形的城，周围有十米多高的城墙，并且有一条宽宽的护城河环绕，构成了“城中之城”的美景。

词语释义

瞻仰
look at ... with reverence

朝代
dynasty

宫殿
palace

词语释义

园林
garden

修建
construct

皇帝
emperor

丰收
harvest

一流
first-class

幢
measure word (for buildings)

机构
institution

鲜明
distinctive

砖
brick

巷
lane, alley

颐和园位于北京的西郊，是中国现存规模最大、保存最完整的皇家园林(yuánlín)之一。颐和园中有昆明湖、万寿山，它的设计参考了杭州西湖，按照江南园林的建造方法，修建(xiūjiàn)成一座大型天然山水园林。颐和园是目前中国保存得最完整的一座皇家行宫，这里风景四季美丽，被称为“皇家园林博物馆”。

北京的南边也有一处独特的古建筑群——天坛，始建于1420年。中国现存的天坛共有两处，另一处在西安。天坛是皇帝(huángdì)用来祭天、祈祷五谷丰收(fēngshōu)的地方。北京天坛建筑结构奇特，装饰精美，是中国古建筑的代表之一。

古韵中的北京也充满着现代的气息。中华人民共和国成立以来，首都北京的建设每天每月都有新的变化，发展很快。作为一座世界一(yī)流(liú)的现代化的都市，一幢(zhuàng)幢现代建筑拔地而起，如国家体育场——鸟巢、国家大剧院等。此外，现代的北京科技力量强大，有中国科学院、北京大学、清华大学等著名科研机构(jīgòu)和高等学府。

北京有着鲜明(xiānmíng)的城市特色，城中心地区有很多四合院和胡同，每天吸引着众多的游客。四合院是北京人的传统民居。“四”指的是东、西、南、北四面房屋，“合”是合在一起，形成一个“口”字形。一座座青瓦灰砖(zhuān)的四合院之间形成的窄巷(xiàng)，就是著名的老北京胡同。胡同最早起源于700多年前，最多时有6 000多条。北京的胡同有着悠久的历史，是北京特色之一。

文化注释

故宫三大殿

三大殿指故宫内太和殿、中和殿、保和殿，是古代皇帝行使权力或举行庆典时候用的宫殿。其中太和殿最大，中和殿最小。宫殿布局合理、结构精巧，装饰色彩鲜艳，是中国宫殿建筑的精华。

二、上海

上海，俗称“上海滩（Shànghǎi tān）”，位于长江入海口，南面是杭州湾，西面与江苏、浙江两省相接。早在1844年，上海已成为对外开放的口岸，并迅速发展成为远东第一大城市。今日的上海，已经成为中国最大的港口（gǎngkǒu）城市，上海港是世界上最繁忙（fánmáng）的港口之一。上海也是中国最大的工业和商贸城市，这里工业种类齐全（qíquán），国内外贸易往来频繁（pínfán）。这里是中国发达的科技文化中心，汇集了很多知名的科研院所和高校。今天，有着“东方巴黎”称号的上海还在迅速发展，向世人展示（zhǎnshì）着它丰富多彩的城市文化。

上海有着东西方文化交融的气质（qìzhì）。在近代史上，上海的外滩曾被划为外国租界，各式的西洋建筑成为上海“十里洋场”的真实写照。到20世纪三四十年代，国外各种商业机构在这里汇集，使外滩发展为亚洲金融（jīnróng）中心、世界第三金融中心，并有着“东方华尔街”的称号。因为外滩有52幢西洋风格建筑大楼，所以又有“外滩万国建筑博览群”之称，成为上海重要的地标之一。

与外滩西洋建筑风格形成鲜明对比的是城隍庙地区。中式传统的建筑群，好像一个美丽的东方美人，向人们诉说着上海的历史和文

词语释义

港口
port, harbour

繁忙
busy

齐全
complete

频繁
frequent

展示
show

气质
personality

金融
finance

词语释义

形态
shape

典型
typical, representative

文物
cultural relic

化。城隍庙和豫园是初到上海的游客一定会去的地方。上海城隍庙是明代建造的，有600多年的历史。庙内主体建筑由大殿、城隍殿、娘娘殿等组成。与之相邻的豫园则是江南古典园林的代表，也始建于明代。豫园内有小桥流水、花园楼阁，景色非常美丽。院墙上装饰的五条巨龙形态(xíngtài)各异，具有典型(diǎnxíng)的东方特色。1982年，豫园被列为全国重点文物(wénwù)保护单位。

弄堂是上海特有的民居形式，有着"没有弄堂，就没有上海，更没有上海人"的说法。弄堂和传统的江南民居不同，也不是西方建筑形式，是传统建筑和外来建筑融合的结果，是近代上海城市的特征。

中国人常说，"五千年历史看西安，三千年历史看北京，一百年历史看上海。"上海是近现代中国的缩影，有着重要的文化底蕴。以浦东开发为代表，现代的上海已经成为中国经济发展和改革开放的新窗口，和世界紧密联系的纽带。新世纪的上海是现代化、国际化、时尚化的代表，上海热情欢迎世界各国朋友们的到来！

文化注释

上海滩

第一块外国租界建立在原上海县的一个荒滩——黄浦滩，后被称为"外滩"。旧上海海运非常发达，码头就是一个海滩，所以旧上海也叫"上海滩"。

三、香港

香港依山伴海，位于中国华南地区，是中国通往世界的“南大门”。旧时的香港还是个小渔村，而现在的香港早已成为亚洲和太平洋地区重要的贸易中心、国际金融中心、海运和航运中心。1997年香港回归祖国以来，依托祖国内地强有力的支持，经济增长稳定，有着“东方之珠”的美名。

香港由香港岛、九龙半岛、新界和附近的岛屿组成。香港地区平地较少，只有沿海(yánhǎi)的一小块地方比较低平，周围都是小山。香港是世界上人口较密集的地区之一，一座座几十层的高楼修建在山坡上，形成了香港独特的景观。

香港是一个自由港，来自世界各国的货物和商品可以自由交易(jiāoyì)，而且免征商品关税。贸易的繁荣促进了香港的银行业、加工(jiāgōng)业和金融业的发展，使香港成为亚洲乃至世界经济发展的重要推动力(tuīdònglì)之一。位于香港岛和九龙半岛之间的海港——维多利亚港是亚洲第一、世界第三大海

词语释义

沿海
coastal

交易
trade

加工
process

推动力
impetus

词语释义

停泊 anchor

天堂 paradise

观光 visit, tour

来源 origin

盛开 bloom

海滨 seaside

设立 set up

包围 surround

观赏 admire

港。这里港口宽阔，可以停泊（tíngbó）很多船只；湾内海水较深，大型船舶能自由进出，海上运输能力强大。它和美国的旧金山湾、巴西的里约热内卢港并称为世界三大天然良港。100多年来，维多利亚港影响着香港的经济和文化，推动香港成为世界知名的国际大都市。

香港的旅游业十分发达。这里来自世界各地的商品种类齐全，价格相对优惠，是真正的“购物者的天堂（tiāntáng）”。它也是一个中西文化交融的地方，来自世界各地的美食汇集到这里，让香港成为“美食之都”。每年有大量世界各地的游客前来观光（guānguāng），目前，旅游业收入已经成为香港外汇的重要来源（láiyuán）之一。

除了购物和美食，香港还有很多美景能给游客们留下深刻的印象。紫荆花广场位于维多利亚港的中心位置，“永远盛开（shèngkāi）的紫荆花”金色雕像矗立在海滨（hǎibīn）花园里，它是为纪念香港回归祖国而设立（shèlì）的。这里三面被港口包围（bāowéi），是观景的好地方。

太平山是香港岛的最高峰，位于香港岛西北部。太平山顶最适合观赏（guānshǎng）香港夜景，游客可以看到整个香港和维多利亚港的景色。夜幕下，繁华的香港岛和九龙像两颗闪耀的明珠，非常漂亮。

香港岛南面的南丫岛虽然没有都市的热闹，但有着如画的美景和安静的气氛，能让人感受到香港宁静的一面。

第四节 中国之旅

一、自然之旅

中国国土面积广阔，各地自然地理环境具有明显的差异，构成了具有不同特色的自然景观。壮丽(zhuànglì)的山河湖海，数不胜数的瀑布涌泉，加上天气变化多样，造就了中国数不清的山水美景。遍布(biànbù)全国的风景游览地能让人们感受到大自然的美丽和神奇(shénqí)：美丽的北国风光，秀丽的江南美景，雄伟的高原，广阔的西北沙漠……

1. 五岳

五岳是中国五大名山的总称，一般指东岳泰山（位于山东省）、西岳华山（位于陕西省）、南岳衡山（位于湖南省）、北岳恒山（位于山西省）、中岳嵩山（位于河南省）。东岳泰山是五岳之首，是中原东部最高的山。古人认为东边代表春天，也是吉祥(jíxiáng)的紫气来的地方，因此泰山成为古时候百姓崇拜(chóngbài)、帝王祭祀(jìsì)的神山，有“泰山安，

词语释义

壮丽
magnificent

遍布
run through

神奇
magical

吉祥
auspicious

崇拜
admire

祭祀
offer sacrifices to gods or ancestors

词语释义

皆
all, also

花瓣
petal

陡峭
cliffy, steep

屏障
barrier

寺庙
temple

雕刻
carve

不禁
can't help (doing sth)

赞叹
highly praise

联合国
the United Nations

络绎不绝
come and go in a continous stream

四海皆(jiē)安”的说法。泰山山体厚重，配合山上云雾的变化，风景美丽神奇。海拔1 532.7米的玉皇顶是泰山最高峰，古时候很多皇帝登山祭祀。沿着台阶从山脚到玉皇顶，泰山雄伟的山石壁上留下了很多古人的题刻，见证着文化泰山辉煌的历史。

与东岳相对的西岳华山，是秦岭的一部分。东、西、南、北、中五座山峰远远看上去像五个花瓣(huābàn)一样。古时候，“花”和“华”两个字相通，所以就叫作“华山”了。华山上气候多变，云雾环绕，好像仙境一样。华山非常陡峭(dǒuqiào)，有“奇险天下第一山”的说法。山上最窄的山脊只有一米宽，两边都是悬崖，游客们只能抓着铁索缓慢通过，没有胆量的人可千万别去冒险！

北岳恒山是内蒙古高原通向平原的第一道天然屏障(píngzhàng)。传说4 000多年前，舜帝(Shùndì)到了这个地方，发现山势雄伟，非常喜欢，就封它为“北岳”。恒山风光美丽，山上的松树、柏树、寺庙(sìmiào)、道观、楼阁、美丽奇异的花草、怪石和山洞构成了著名的“十八景”。这里还有很多文物古迹，如悬空寺、纯阳宫等，在中国古建筑史上占有重要地位。特别是悬空寺，远远望去，好像一座巨大的岩壁雕刻(diāokè)，让游客们不禁赞叹(bùjīn zàntàn)古人建筑技术的高超。

南岳衡山，是中国著名的道教、佛教圣地。这里有大大小小72座山峰，其中祝融峰是最高峰，传说火神祝融居住在这里。由于衡山气候温暖湿润，山上的植物茂密，所以被称为“天然的植物园”。

中岳嵩山地质结构独特，被联合国(Liánhéguó)教科文组织评选为世界地质公园。嵩山周围有很多名胜古迹，中国丰富的传统文化在这里交融。除儒家文化外，佛教文化、道教文化也在这里蓬勃发展，最具代表性的是少林寺。唐朝时，少林寺被称为“天下第一名刹”，是中国佛教禅宗的发源地。少林武术天下闻名，至今到寺庙里学习功夫的人还络绎不绝(luòyìbùjué)。

文化注释

舜帝：舜，华夏族，传说中的上古部落首领，被后世尊称为舜帝。

2. 新疆

新疆位于中国的西部，土地辽阔，原野宽广，茫茫(mángmáng)大地一眼望不到边。新疆占地面积约166万平方千米，几乎占中国陆地面积的六分之一。虽然它的面积很大，但是地形结构却很简单。有人说，新疆的地形是“三山夹两盆”——北边的阿尔泰山脉、中间的天山山脉、南边的昆仑山脉，夹着准噶尔盆地和塔里木盆地。其中，以天山为自然分界线，分为北疆和南疆。北疆矿产丰富，南疆农业发达；南疆的气候比北疆相对干燥，这里有中国最大的内陆(nèilù)盆地——塔里木盆地，盆地里黄沙遍布，有中国最大的沙漠——塔克拉玛干沙漠。

新疆独特的地形地貌形成了美丽的自然风光，这里同时有雪山、盆地、沙漠、戈壁、湖泊等自然景观。高高的雪山影响了南北疆的气候，山上的冰雪融水滋养了山下的绿洲。盆地四周气候相对湿润，底部很干燥，蕴藏(yùncáng)着丰富的天然资源。新疆湖泊很多，像一块块玉石(yùshí)镶嵌(xiāngqiàn)在大地上，其中以天山博格达峰天池风景区最为著名。景区以天池为中心，包括天池上下四个完整的山地垂直自然景观带。天池被称作“瑶池(Yáochí)”，传说是神仙(shénxiān)居住的好地方。天池湖水清澈(qīngchè)，蓝天白云和周围的森林、雪山、草地融为一体，形成美丽的自然风光。除此之外，新疆的喀纳斯湖和赛里木湖(Sàilǐmù Hú)都因为其优美的自然风光，吸引着众多游客。新疆的湖泊好像藏在大山深处的美人，随着季节的变化，不断改变着自己的妆容，静静等待着她的爱人。

词语释义

茫茫
vast and boundless

内陆
inland

蕴藏
contain

玉石
jade

镶嵌
inlay, fill in

神仙
immortal

清澈
clear

词语释义

火焰
flame

砂岩
sandstone

名副其实
be worthy of the name

色彩
color

棉花
cotton

和宁静的湖泊形成鲜明对比的是这里热情的沙漠和山脉。火焰(huǒyàn)山位于吐鲁番盆地的北部，古时被叫作“红石山”。这里的石头真的是红色的吗？事实上，火焰山是一座自然形成的红色砂岩(shāyán)质山，火热的太阳照射在山上红色的石头上，颜色十分好看。但这里实在是太热了，据说夏天的时候最高气温可以达到摄氏47.8度，地表最高温度更是高到70度以上，远远看去，红色的山上热气腾腾，真的是名副其实(míngfùqíshí)的火焰山了。

有人说，新疆是一幅色彩(sècǎi)丰富的画儿，这里有银色的湖泊，红色的山脉，还有着绿色的河谷和绿洲里一眼望不到边的白色棉田。伊犁河谷位于新疆中部、天山脚下，这里气候湿润，空气中飘着果香，到处是绿色的森林、草地和庄稼，好像一块天山里的绿色宝石。南疆的绿洲农业发达，早在2 000多年前新疆的棉花(miánhuā)就很有名了。每到棉花成熟的时候，绿洲里就是一片白色的海洋。

文化注释

1. 瑶池

中国古代神话传说中昆仑山上有瑶池，是西王母住的地方。传说3 000多年前，西周的天子不远千里来到瑶池会见西王母，受到了热情的接待。

2. 赛里木湖

又叫“三台海子”，在新疆的科古琴山顶，海拔2 000多米，湖水很深，湖面宽阔，湛蓝清澈。每年7月，这里都会举行热闹而隆重的“那达慕大会”，蒙古族、维吾尔族、哈萨克族等民族的人们一起庆祝节日。

3. 西藏

中国的西南有一个美丽又神秘的地方——西藏。这里有世界屋脊——青藏高原、世界第一高峰——珠穆朗玛峰、最大最深峡谷——雅鲁藏布大峡谷，有让旅游者向往的高山湖泊、独特的文化艺术和民俗风情，以及珍贵奇异的高原动植物。

青藏高原平均海拔在4 000米以上，北部是一片辽阔、平坦的高原，南边有终年积雪不化的高山。有人说藏北平原是一片神秘的地方，因为这里常年气温很低，气候恶劣，空气稀薄，被称作“生命的禁区”。但是这里自然景观独特，星星点点的湖泊和一处处野草、灌木陪伴着高原的主人——藏羚羊、水鸟等珍稀动物。最有名的藏北高原湖泊是纳木错。传说纳木错本来是一个美丽的仙女，因为她爱上了这里高大的山脉，就变作了湖，从此不再分离。纳木错被称作西藏的圣湖之一，湖中心有一个寺庙。湖水宁静清澈，湖区是水鸟和其他野生动物的家园，这里也是荒凉的藏北地区最有活力(huólì)的地方。

藏南以山地地形为主，喜马拉雅山是世界上最高大的山脉之一。珠穆朗玛峰是喜马拉雅山脉的主峰，像一座高大的金字塔屹立于中国与尼泊尔的边境线上，被称为“世界第三极”。珠穆朗玛峰一直是登山爱好者向往的地方。自1953年5月29日人类首登珠峰成功之后，包括中国在内的世界各地的登山者都在珠峰顶上留下了脚印。

从一座座高山上流下来的冰雪融水，汇聚成了中国最高的大河之一——雅鲁藏布江。江水绕过喜马拉雅山东边的高山，忽然往南转了一个弯，形成了世界上最深、最长、也是海拔最高的大峡谷——雅鲁藏布大峡谷。大峡谷地区是青藏高原最具神秘色彩的地区之一，狭窄(xiázhǎi)陡峭的峡谷里没有通行的道路。这里是人类很难进入的地方，却是各种野生动物们的乐园。雅鲁藏布江一路流经浅滩和河谷，串(chuàn)起来沿江许多重要的城市。

词语释义

活力
vigor

狭窄
narrow

串
connect

词语释义

宗教
religion

宏伟
grand

遗产
heritage

拉萨是西藏自治区的首府，也是西藏政治、经济、文化、宗教（zōngjiào）和交通中心。拉萨平均海拔3 650多米，空气稀薄干净，阳光普照，被称作“日光之城”。这里有很多名胜古迹，如布达拉宫（Bùdálā Gōng）、大昭寺等。布达拉宫建筑高大宏伟（hóngwěi），依山修建。上部涂红的墙面和下面白色的墙体，配上金色的宫顶，色彩鲜明。宫内保存着大量的珍贵文物，到处是精美的壁画。1994年，布达拉宫被列入《世界文化遗产（yíchǎn）名录》。大昭寺建于公元7世纪，由藏王松赞干布建造，是西藏宗教建筑的代表，在藏传佛教中拥有至高无上的地位，也是西藏佛教徒朝拜的圣地。

拉萨的西边有西藏第二大城市日喀则。最初，日喀则是以寺庙为中心形成的，于是有了“城是庙，庙是城”的说法。其中，扎什伦布寺最为有名。现在的日喀则发展迅速，成了西藏最大的粮仓，是西藏重要的农产品产区。

文化注释

布达拉宫

公元7世纪初，吐蕃王松赞干布统一西藏，到当时的唐朝求亲，迎娶了文成公主，在山上修建宫殿居住。公元9世纪中期，宫殿毁于平民起义，直到1645年，布达拉宫才被重新修建，后来又进行过多次扩建，形成了现在的规模。

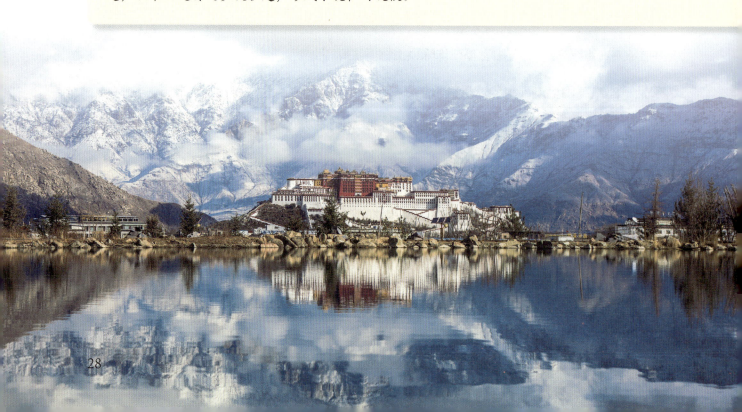

4. 九寨沟

九寨沟风景区位于四川省北部，处于青藏高原到四川盆地的过渡(guòdù)地带，是一条全长50多千米的山沟谷地，平均海拔2 000多米。由于有九个寨子的藏民世代居住在这里，所以就有了这个名字。深山中复杂的地质结构造就了九寨沟独特的地形地貌。宝石一样的湖泊、飞流直下的瀑布、覆盖着白雪的山峰，在多彩的自然植被的装饰下，成了一个美丽的人间(rénjiān)童话(tónghuà)世界。

九寨沟山水是怎么形成的？原来，这里石灰岩很多，流水中的碳酸钙(tànsuāngài)遇到障碍(zhàng'ài)物就附着在石头和草木上，渐渐积累(jīlěi)堆高，形成了一条条白色的堤坝，然后围成了一个个湖，当地人习惯称它们“海子”。湖水多是由高山上的雪融化形成的，清澈见底。大大小小的海子，随着光照和季节的变化，表现出不同的色彩和姿态(zītài)。春风轻拂，山花烂漫(lànmàn)，水面平静，蓝天、白云、远山、绿树、山花倒映湖中，形成秀美的湖光山色。而当秋季来临，山林被秋风染成金黄、火红等色彩，倒映在明丽的湖水中，湖水也斑斓(bānlán)似锦，十分迷人。

九寨沟的美景主要分布在树正沟、则查洼沟和日则沟。深山中的三条沟由许多小河、湖泊和瀑布连在一起，组成一个“Y”字形。有人说，九寨沟是水的世界，是瀑布的王国。藏语中“诺日朗”是“高大雄伟”的意思。和它的名字一样，位于沟尾部的诺日朗瀑布是九寨沟最宽大、最壮观(zhuàngguān)的瀑布。它从几百米高的山上飞出，好像一幅挂在绿色山谷里的巨画，让人不禁惊叹。

九寨沟风景区1992年被列入《世界自然遗产名录》，1997年被纳入世界“人与生物圈”保护区。

词语释义

过渡
transition

人间
human world

童话
fairy tale

碳酸钙
calcium carbonate ($CaCo_3$)

障碍
barrier

积累
accumulate

姿态
shape

烂漫
brilliant

斑斓
gorgeous

壮观
magnificent

词语释义

溪
brook, small stream

放大
enlarge

5. 张家界

张家界位于湖南省西北部张家界市，是中国第一个国家级森林公园，森林资源丰富，植物种类多样，树木茂密。由张家界国家森林公园、索溪峪、天子山等景区组成的武陵源风景名胜区，地层复杂多样，形成了当地的特色景观——面积200多平方千米的核心景区中有3 000多座石峰，样子各不相同，像一幅美丽的中国山水画。有美丽的“仙女”“采药的老人”，还有“孔雀”“狮子”等不同形象，一座座高高的山峰直入云间，好像一座“岩石森林”。张家界景区主要由袁家界、金鞭溪(xī)等景点组成。云雾之下，山峰林立，小溪流水，好像神仙住的地方，所以这里也被人们称为“缩小的仙境，放大(fàngdà)的盆景”。张家界石林1992年被列入《世界自然遗产名录》，2004年成为第一批世界地质公园。

二、人文之旅

中国地域广阔，自然风光美丽，人文风景也各有特色，体现了中国人的智慧和创造力。

1. 长城

长城，是中国古代修建的军事防御(fángyù)工程，也是中国人民团结一心的精神象征。它跨越(kuàyuè)高山，穿过沙漠，绵延(miányán)起伏，是中国古代人民血汗和智慧的结晶(jiéjīng)。

长城始建于公元前7世纪前后的春秋战国时期。公元前221年，秦始皇统一中国，为防御北方敌人的入侵，下令大规模连接和修筑长城，历经多年，绵延5 000多千米。后来，中国的朝代不断变更，几乎每个朝代都会修整和新建长城。明朝初年，开始对长城进行大规模修建，约200年后完成。早期的长城修建多选用当地的材料，由沙土、石块筑成，因年代久远且技术不成熟，很多都风化、倒塌(dǎotā)。明长城的东部主要为砖石结构，经历数百年风雨，依然非常牢固。明长城墙体全长约6 300千米，东起鸭绿江，西至嘉峪关，横贯(héngguàn)中国北部。

词语释义

防御
defend

跨越
stride over

绵延
be continuous, stretch long and unbroken

结晶
fruit, achievement

倒塌
collapse

横贯
traverse

词语释义

险阻 danger

壕堑 ditch

关隘 pass

长城多修筑在高山峻岭和平原险阻(xiǎnzǔ)地带，由高大的墙体、壕堑(háoqiàn)、烽火台、关隘(guān'ài)等组成。战争时期，守卫的士兵会在长城上点燃烟火，传递敌人入侵的信息。战后安定时期，它又担起了经济、文化交流的任务，玉门关(Yùmén Guān)等成为当地重要的经济、文化交流中心。而现在，长城多以旅游景区的形象出现在大家面前，其中，北京八达岭长城闻名中外。

中国人称长城为“万里长城”，那么，它到底有多长？2012年6月5日，国家文物局在居庸关(Jūyōng Guān)长城宣布：中国现存长城总长度为21 196.18千米，分布于中国15个省、市、自治区内，是中国乃至世界上耗时最长、工程量最大的古代防御工程。1987年，长城被列入《世界文化遗产名录》。

文化注释

1. 玉门关

位于甘肃省，始建于汉武帝开通西域道路时期，因古代运输玉石经过这里而得名。公元前100多年，修建长城时设立了玉门关，这里成为丝绸之路上的重要关隘。

2. 居庸关

距离北京市60千米，是长城重要的关隘之一，也是从北边进入北京的门户。居庸关长城地形险要，修建在山谷中，景色十分壮阔。

词语释义

兵马俑 terra-cotta warriors

井 well

考古 archaeology

挖掘 dig

展现 show

2. 秦始皇陵和兵马俑(bīngmǎyǒng)博物馆

秦始皇兵马俑博物馆位于陕西省西安市临潼区秦始皇陵以东1.5千米处。1974年，当地农民打井(jǐng)时发现了几个破碎的、由泥土烧制的陶俑，告知了当地政府。经考古(kǎogǔ)人员挖掘(wājué)，沉睡千年的兵马俑才展现(zhǎnxiàn)在世人面前，被称为“世界第八大奇迹”。

兵马俑，是秦始皇陪葬坑里的兵俑和马俑。从目前已经开挖的三个俑坑来看，兵马俑呈“品”字形排列，全部由陶土制成。兵俑包括步兵、骑兵和车兵，每一个秦俑的大小和真人比例相当，他们神态(shéntài)、服饰和头发的样式都各不相同，面部表情十分丰富，体态多样。而且每个人服饰鲜艳，据统计(tǒngjì)，颜色多达十几种，其中，还有中国独有的颜色，叫作“汉紫”。但遗憾的是，因为最初发掘(fājué)技术水平不高，秦俑的颜色在出土后就瞬间(shùnjiān)褪为土色，直到2004年，才发掘出有彩绘的秦俑。据统计，兵马俑总数近8 000个，另有大量战车和兵器(bīngqì)，规模庞大(pángdà)，令世人惊奇。

秦始皇，即嬴政，是中国历史上建立第一个统一的多民族封建(fēngjiàn)国家的皇帝。据传说，他13岁当秦王后，就开始派人修建死后的陵墓，约公元前246年开始，发动(fādòng)约70万人，用长达39年才完成修建。目前，大多数学者认为放置秦俑的大坑是秦始皇的陪葬坑，由当时来自宫廷和地方的优秀陶工制作。这些做工精美的兵马俑同当年的实物一样以军队(jūnduì)列阵方式布局(bùjú)排列，威武雄壮(wēiwǔ xióngzhuàng)，展现(zhǎnxiàn)了秦始皇军队的风采。目前，受条件限制，秦俑并没有被全部发掘，相信在发掘技术成熟后，将有更多的奇迹展现在世人面前。

1987年，秦兵马俑被联合国教科文组织批准列入《世界文化遗产名录》。秦兵马俑向世界展现了中国古代辉煌的文明，被誉为世界十大古墓稀世珍宝(xīshì zhēnbǎo)之一。

3. 梯田

中国是一个农业大国，古代人们很早就开始耕田，一直把它当作生存(shēngcún)和生活的重要手段。中国国土辽阔，地形多样。东南地区山地、丘陵很多，缺少大面积的平原来种植粮食。于是，早在2 000多年前，聪明的人们便发挥智慧，创造性地把有坡度的小山开垦成为阶梯式的平地，用来种植水稻等庄稼。梯田不仅为种植提供了平整的土地，解决了粮食问题，也有效地缓解了山坡的水土流失。中国梯田主要分布在江南山地丘陵地区，云南省及广西壮族自治区。这些地区常

词语释义

神态
look, expression

统计
statistics

发掘
excavate

瞬间
moment, instant

兵器
weapon

庞大
huge

封建
feudal

发动
motivate, mobilize

军队
army

布局
layout

威武
mighty, powerful

雄壮
magnificent, powerful

展现
reveal

稀世珍宝
rare treasure

生存
survive

年雨水丰富，梯田可以蓄水，适合种植水稻。但由于梯田的粮食产量比平原少，人工成本较高，且对山体的花草树木有一定的破坏，现在的梯田主要给游客们观光游览。最具代表性的两处梯田是云南的哈尼梯田和广西的龙脊梯田。哈尼梯田是哈尼族人千百年来智慧的结晶，规模宏大。一阶一阶的梯田依山建造，远远望去，好像巨人登天的台阶。绿色的山岭，清澈的水面，四季的景色都十分漂亮，被称为“中国最美的山岭雕刻”。龙脊梯田是广西有名的风景区，已经有650多年的历史，海拔最高1 100多米，最低约300米，像一座座宝塔。

思考题

1. 在中国，有人说自己是“南方人”，有人说自己是“西北人”。你知道在中国“南方”“北方”“西北”“西南”等地划分的依据是什么吗？
2. 黄河为什么被称为“中华民族的母亲河”？你还了解哪些与黄河有关的传说？
3. 以北京、上海为例，请谈谈你对中国南北方的城市性格和城市文化的看法。
4. 中国的自然环境优美，但也存在着自然环境与经济发展之间的矛盾的问题。请你谈谈对中国的自然环境保护和生态建设的看法。
5. 中国人常说“一方水土养一方人”，农耕制度对中国人的传统思想有着深刻的影响。请你谈谈对这个问题的思考和想法。

第二章 历史

世界几大古代文明中，古巴比伦、古埃及、古印度文明都在历史长河中渐渐消失了身影，只有中国文明延续到今天。中国拥有世界五分之一的人口，经济快速增长，是当今世界上不可忽视的大国。要理解当今世界，必须理解中国。而要理解中国，有必要了解中国的历史。

第一节 中国古代史

一、黄帝与华夏族形成

中国人总说自己是“炎黄子孙”，这个称呼与传说中的人物黄帝和炎帝有关。黄帝、炎帝和蚩尤是中国远古时期的三个部落首领。

黄帝部落和炎帝部落最早都生活在中国的西北方，是关系密切的兄弟部落。当时在东方还有一个九黎部落，蚩尤是九黎部落的首领。战争首先发生在炎帝部落和九黎部落之间，传说九黎部落为了扩大自己的地盘(dìpán)和炎帝部落打了起来。九黎部落的人勇敢善战，用的武器也好，炎帝部落大败。炎帝不得不向黄帝请求帮助，这两个部落联合起来与蚩尤展开了大战。因为这场大战发生在涿鹿（今河北境内），就被叫作“涿鹿之战”。炎黄部落杀死蚩尤，赶走了九黎部落，占领(zhànlǐng)了中原地区。

后来，为了争夺(zhēngduó)对其他部落的领导权，黄帝部落和炎帝部落又大战三次，最后黄帝打败炎帝，成了中原地区部落联盟(liánméng)的首领，黄帝部落和炎帝部落也进一步结合。再后来，炎黄部落、东方的夷族、南方的黎族和苗族共同开发黄河中下游两岸，他们在经济、文化上互相影响，关系越来越密切，经过长期的融合和发展，形成了华夏族的主要组成部分。黄帝和炎帝就是华夏族的祖先。

传说中的远古帝王以及夏(Xià)、商(Shāng)、周(Zhōu)帝王都被认为是黄帝的子孙。中国各个朝代的帝王也说自己是黄帝的子孙。中国的很多姓氏(xìngshì)都来自黄帝、炎帝或他们的臣子(chénzǐ)。因为中原在“东”“南”“西”“北”四方之中，而华夏族生活在中原地区，所以古时候人们把

词语释义

地盘
territory

占领
occupy

争夺
contend for, fight for

联盟
alliance

姓氏
surname

臣子
official in feudal times

词语释义

同胞
compatriot

祭拜
worship

巩固
strengthen

中央政府
central government

货币
currency

方孔
square hole

这一地区称为“中华”。华夏族和其他各族不断融合以后，中原文化逐渐发展到中国各地，接受了中原文化的少数民族也说自己是炎黄子孙，“中华”便能代表整个中国了。

炎帝陵在湖南省株洲市炎陵县，每年重阳节时，株洲市都会举行“炎帝节”。陕西省黄陵县桥山的黄帝陵得到了海内外炎黄子孙的一致承认，很多港、澳、台同胞(tóngbāo)和海外华人不远万里来到桥山祭拜(jìbài)黄帝。

文化注释

夏、商、周：夏朝、商朝、周朝的简称。黄帝以后，先后出现了三位著名的部落联盟首领尧、舜、禹。一种说法是禹建立了夏朝，还有一种说法是禹的儿子启建立了夏朝。夏朝是中国古代最早的一个王朝，夏以后是商朝，而后是周朝。

二、秦始皇与中国统一

战国时期，七个比较强盛的国家是齐、楚、燕、韩、赵、魏、秦，又称“战国七雄”。因为实行变法，秦国很快成为最强的国家。从公元前230年开始，秦王嬴政用十年时间统一了六国。

秦始皇(Qín Shǐhuáng)采取了许多巩固(gǒnggù)统治的措施。首先，他把国家全部权力紧紧地抓在自己手上。在中央政府(zhōngyāng zhèngfǔ)设有丞相、御史大夫和太尉。丞相帮助皇帝处理国家大事，御史大夫管理官员，太尉管理军队。在地方实行郡县制度，有郡守和县令。他们都由皇帝直接管理。秦朝的统一体现在很多方面：统一法制，全国都遵守秦国法律；统一度量衡，长度、容量、重量有了统一的标准；统一货币(huòbì)，只能使用黄金或者秦国的圆形方孔(fāngkǒng)铜钱，这促进了经济发展。秦始皇还下令统一文字，全国

都用小篆，后来出现了更简单的隶书，文字的统一促进了文化交流。然而，为了统一思想，秦始皇烧掉了六国历史书和诸子百家书，还活埋了一批方士(fāngshì)和儒生(rúshēng)。这两件事，史称“焚书坑儒”。

保护和扩大国土也是巩固统一的重要内容。在北方，匈奴从战国时代起就常常跑到秦、赵、燕北部的土地上杀人、抢东西。大将军(jiāngjūn)蒙恬打败了匈奴。秦始皇下令把原来秦、赵、燕的长城连起来，修了万里长城。在南方，秦始皇的军队打败了百越，更多土地进入了秦朝的版图(bǎntú)。秦朝的国土东到大海，西至陇西，北到长城，南至南海。秦朝人口达到2 000多万，形成了一个统一的多民族大国。“秦人”很早就成了中国人的代称。古代印度梵文称中国为“Cīna”，希腊地理学家托勒密的《地理书》有“秦尼”国，直到今天中国仍被称为“China”，这都是从“秦”字读音变来的。

秦始皇死后，秦二世胡亥根本管理不好国家，越来越多的人反对秦朝。仅仅15年，秦朝的统治就结束了。公元前207年，秦朝灭亡(mièwáng)。

词语释义

方士
warlock

儒生
Confucian scholar

将军
general

版图
domain, territory

灭亡
perish

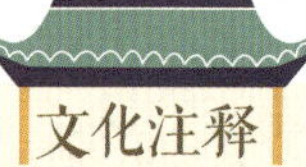

文化注释

秦始皇

嬴政统一中国后称帝，希望秦朝的统治能永远继续下去，自己是始皇帝，子孙就是二世、三世，一直到千世、万世。所以历史上叫他“秦始皇”。

三、汉武帝与丝绸之路

汉朝包括西汉和东汉两个历史时期，长达400多年。在西汉历史上，最有名的皇帝是汉武帝刘彻。他创造了西汉最繁荣的时期，使汉朝成为当时世界上最强的国家之一。同时期世界上只有罗马帝国可以与汉朝相比，在中国历史上只有唐朝可以与汉朝相比。很多时候，它被视为中华民族的代表和象征。汉朝的强大使中国人不再被称为“秦人”，而是被称为“汉人”。

西汉时期，匈奴人控制了河西走廊(Héxī-zǒuláng)和西域的几十个小国，汉朝与西域之间的通道(tōngdào)被匈奴挡住了。公元前139年，汉武帝派张骞去西域联合大月氏一起进攻(jìngōng)匈奴，没想到张骞被匈奴人抓住了。十多年后，他终于逃出来找到大月氏，可是大月氏国王拒绝了联合。张骞回到长安后，向汉武帝详细报告了西域的情况，为打开通往中亚的交通要道提供了宝贵的资料。

词语释义

通道 passageway

进攻 attack

汉武帝积极发展军事，汉朝军队多次打败匈奴，打通了与西域之间的通道。公元前119年，张骞带着国礼——当时中国的特产(tèchǎn)丝绸重回西域，最远到达了今天的中亚，大概是乌兹别克斯坦、塔吉克斯坦一带。张骞访问了大宛、康居、大月氏、大夏等国家，扩大了汉朝的政治影响，增强了各国相互间的了解。公元前115年，张骞回长安时，与他同行的有几十个西域国家派来的使者。从此，汉朝和西域各国的交往越来越多，贸易往来也越来越频繁。

公元前105年，汉朝使者来到安息国（今天的伊朗境内），向安息国王献上了美丽的丝绸，国王非常高兴，也送给汉武帝礼物。这标志着连接东方中国和西方罗马帝国的“丝绸之路”正式建立。中国的丝绸从长安往西，经过河西走廊运到安息国，再运到西亚和罗马。有了丝绸之路，中西经济、文化联系越来越密切，意义十分重大。

西汉以后的许多世纪，以丝绸贸易为主的中西交流大多通过丝绸之路进行。丝绸之路最繁荣的时期是在唐朝，宋朝以后渐渐衰落(shuāiluò)。到了清朝，丝绸之路贸易全面走向衰败。

词语释义

特产 special local product

衰落 decline

文化注释

河西走廊：因在黄河之西而得名，在甘肃境内，东西长约1 000千米。去西域必须经过河西走廊，丝绸之路经这里通向中亚和西亚。

词语释义

盛世
flourishing age

分裂
split, divide, break up

太平
peace

吸取
learn from

开明
enlightened

仓库
granary

派出
send out

香料
spice, perfume

珠宝
jewelry

瓷器
china

渠道
channel

四、唐玄宗与开元盛世（shèngshì）

东汉以后，中国历史进入一个较长的分裂（fēnliè）时期：魏晋南北朝（Wèi Jìn Nán-Běi Cháo）。隋朝重新统一了中国，但很快就灭亡了。隋朝之后是唐朝，唐朝前期先后出现了被称为“贞观之治”和“开元盛世”的太平（tàipíng）时期。

“贞观”是唐太宗李世民的年号，唐太宗吸取（xīqǔ）隋朝灭亡的教训，实行了很多好的措施，使国家得到巩固，社会经济得到迅速恢复和发展。此外，唐太宗开明（kāimíng）的民族政策也赢得了支持，北方各民族尊敬地称他“天可汗”。唐太宗把文成公主嫁给吐蕃首领，汉族和藏族的民族关系从此更加友好。贞观之治后，进入唐高宗和女皇武则天统治时期，社会经济继续发展，人口持续上升。

后来，武则天的孙子唐玄宗李隆基当上皇帝，年号“开元”。唐玄宗也是一位优秀的皇帝，在他的管理下，社会稳定，天下太平。经过100多年的积累，唐朝出现了全面繁荣的盛世。诗人杜甫在诗中描述开元盛世时的情景：小城市都有万户人家，公家和私人的仓库（cāngkù）都装满了粮食（忆昔开元全盛日，小邑犹藏万家室；稻米流脂粟米白，公私仓廪俱丰实）。

唐朝是一个开放的朝代。首都长安（今西安）不但是当时的政治中心，而且是亚洲各国经济、文化交流的中心之一。据史书记载，与唐朝交往的国家和地区达到了200多个，日本遣唐使到达长安15次，东罗马帝国先后7次派使者到长安，阿拉伯帝国曾经36次向唐朝派出（pàichū）使者。很多外国商人集中在长安西市，他们来自伊朗、中亚和东南亚各国，用香料（xiāngliào）、珠宝（zhūbǎo）等货物在长安交换丝绸和瓷器（cíqì）。当时的国子监接受外国留学生，派留学生来中国学习的主要有日本和朝鲜半岛的新罗等国家。这些外国商人和留学生在长安一待就是几十年，住在长安的外国人达数万人。除了长安，洛阳、扬州、广州、兰州、凉州、敦煌都是唐朝对外贸易的重要城市，是沟通中外经济、文化与政治的重要渠道（qúdào）。

唐朝在国际上的影响巨大而深远，直到现在，外国人仍然把唐朝看成中国的象征，把中国人叫作“唐人”，把海外华人聚居的地方称为“唐人街”。

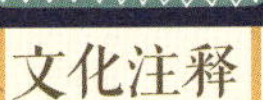

文化注释

魏晋南北朝

是几个朝代的统称，长达369年。“魏”指的是三国的魏，“晋”指由司马氏建立的西晋王朝及其宗室在南方重建的东晋王朝。这时北方是十六国时代，十六国包括前凉、后凉、南凉、西凉、北凉、前赵、后赵、前秦、后秦、西秦、前燕、后燕、南燕、北燕、夏、成汉。晋朝灭亡后有“南北朝”，南方有宋、齐、梁、陈，北方有北魏、东魏、西魏、北齐、北周。直到隋朝统一中国，魏晋南北朝才正式结束。

五、宋太祖与经济繁荣

唐朝灭亡后，中国进入五代十国（Wǔdài Shíguó）的分裂时期。后周的时候，赵匡胤掌握了军事权力，夺取了皇位，建立了宋朝，史称宋太祖。因为害怕别人也这样做，宋太祖想收回军权，他请石守信等几位将军喝酒，劝他们多买田地房产，好好享受，将来留给子孙。第二天，这几位将军就主动辞职了。

在加强中央政府权力的同时，宋太祖一方面努力统一南北，一方面促进经济发展，迅速把北宋推向繁荣。北宋的皇帝都比较重视经济，宋神宗说“政事之先，理财为急”，把理财看作国家第一大事。宋朝官员一般很有经济头脑，实行了许多先进（xiānjìn）的经济政策，制定了盐法、酒法、茶法等经济法。997年，工商业贡献（gòngxiàn）了北宋国家财政（cáizhèng）收入的35%，这个数字在1077年提高到70%。北宋商业发达主要体现在城市商业上。以前，商业区和居民（jūmín）区分开，并且只能在白天营业。到了北宋，街上到处是商店，营业时间更加自由。在首都东京（今开封），

词语释义

先进
advanced

贡献
contribute

财政
(public) finance

居民
resident

词语释义

民间 folk, nongovernmental

发行 issue

相等 equal

富裕 prosperity, affluence

有的地方甚至半夜十一二点结束夜市，早上三四点又开始早市。

如果在网上搜索“人类历史上最有钱的十个人”，你会发现宋神宗是第三名。根据中国台湾淡江大学艾德荣教授的计算，宋朝在宋神宗统治时期贡献了全球GDP的25%到30%。随着市场经济的发展，宋朝民间(mínjiān)出现了人类历史上最早的纸币“交子”。1023年，皇帝在成都设立世界最早的“中央银行”益州交子务，发行(fāxíng)“官交子”。美国在1692年才发行纸币，法国要到1716年，中国用纸币的时间比西方国家早了六七百年。

宋朝时，传统丝绸之路被北方民族挡住了，只好走东南方的海上贸易之路。宋朝有20多个对外贸易港口，在广州、泉州、明州、杭州、密州成立市舶司，类似于现在的海关。海外贸易占国家财政收入的很大一部分。就连皇帝都感叹：只要市舶司管理得好，就能轻易赚到百万钱。据史书记载，宋朝的瓷器被运往全球50多个国家，最远的包括非洲坦桑尼亚等地。最早进入欧洲市场时，瓷器价格几乎与黄金相等(xiāngděng)，成为身份的象征。国内经济和国际贸易的繁荣使宋朝成为中国历史上最富裕(fùyù)的朝代。

文化注释

五代十国

“五代”是指唐朝灭亡后在中原地区先后出现的五个朝代，它们是后梁、后唐、后晋、后汉和后周。与五代几乎同时存在的是“十国”，包括前蜀、后蜀、吴、南唐、吴越、闽、楚、南汉、南平（荆南）和北汉。

六、元世祖与疆域拓展
jiāngyù tuòzhǎn

元朝以前，尽管也有少数民族进入中原并建立自己的政权(zhèngquán)，却从来没能统治整个中国。13世纪初，中国范围内存在七个政权或地区：蒙古地区、西辽、西夏、金、大理、南宋和吐蕃地区。

蒙古族是中国北方草原上一个古老的民族。铁木真统一了蒙古地区，被选举为全草原的首领，人们尊称他“成吉思汗”。大蒙古国建立后，成吉思汗就带着军队不断战斗(zhàndòu)。西辽和西夏先后灭亡，金也在蒙古和南宋的合击下灭亡。然后，蒙古又征服(zhēngfú)了大理和吐蕃。1260年，忽必烈成为大汗，1271年他正式称皇帝，定国号为“元”。忽必烈在北方稳定了自己的统治后，开始进攻南宋。1279年，南宋灭亡，元朝统一了中国。根据《中国历史地图集》的记载，汉地、漠南、漠北、东北、新疆东部、青藏高原、澎湖群岛、济州岛及南海各岛都在元朝统治范围内。1310年，元朝取得漠西，国土面积近1 400万平方千米，成为中国历史上疆域最为辽阔的王朝之一。

词语释义

疆域
territory

拓展
expand

政权
regime, power

战斗
fight

征服
conquer

词语释义

职位
position

创举
pioneering work

驿站
courier station

统治者
governor, ruler

因素
element

种子
seed

实力
strength

艘
measure word (for ships)

元世祖忽必烈不仅是一位出色的军事家，而且是一位优秀的政治家。他保留宋朝的政治制度，推行汉化，重视汉文化，重用汉人，不少汉人在元朝政府担任重要职位（zhíwèi）。忽必烈的一项政治创举（chuàngjǔ）是在中央设立中书省，在各地设立行中书省，当时全国共有十个行中书省。行省制度加强了中央与行省、行省与行省之间的联系，有利于统一的多民族国家的稳定和发展。为了加强中央对地方的管理和便于传递信息，元朝还在全国各地设立驿站（yìzhàn）。

与其他大一统王朝相比，元朝历史不足百年（1271年—1368年），统治期间也没有出现所谓的“盛世”，这还得从元朝统治者（tǒngzhìzhě）自己身上找原因。忽必烈推行汉化并不彻底，许多蒙古旧制度妨碍了社会进步和发展。元朝战争频繁，给百姓带来巨大的压力。作为北方民族建立的统一王朝，元朝的民族关系更加复杂。全体百姓被分成蒙古、色目、汉人、南人四等，社会地位由高到低。其中汉人和南人都是汉族，他们生活在社会底层，长期受到不公平的对待。这些不利于国家稳定的因素（yīnsù）为元朝的灭亡埋下了种子（zhǒngzi）。

七、明成祖与七下西洋

明成祖朱棣是明朝的第三位皇帝，他当皇帝的第三年就派郑和出使西洋，之后的28年时间里，郑和七次下西洋。当时，“西洋”指的是文莱以西的东南亚和印度洋一带。郑和船队曾经去过30多个国家和地区，最远到达非洲东岸、红海和麦加，并有可能去过澳大利亚。

为什么明成祖会这么频繁地派郑和下西洋呢？一般认为有外交和贸易两方面的目的。当时，明朝已经建立30多年，社会经济获得了良好的恢复和发展，可以说明朝前期的中国是世界上最先进、最发达的国家之一。因此，明成祖想借下西洋向海外各国显示实力（shílì），扩大明朝在海外的政治影响。此外，在经济获得良好的发展之后，进行海外交往和海外贸易也十分迫切。

郑和每次下西洋的船队数量都在100艘（sōu）以上，大型宝船（bǎochuán）40艘到60艘，还有运粮船、运水船、运马船和战船等。船队每次可以运27 000多人，有水手和士兵，还有技术人员、翻译等。船上装满金银珠宝和丝绸、瓷器之类的中国特产，每到一个国家或地区，这些特产被当作明朝皇帝的礼物送给当地人，表达友好交往的愿望。郑和船队受到海外各国的热情接待，也收获了友谊。1405年到1433年，四位满剌加（今马六甲）国王五次访问中国。1408年，渤泥（今文莱）国王带着王妃、弟弟和妹妹等150多人访问明朝。除了外交任务，船队还有贸易任务，从海外各国交换或购买中国缺少的香料、珠宝等带回明朝。

郑和第一次下西洋于1405年6月出发，1407年秋天回到南京，大约用了两年时间。28年里，郑和船队都忙碌(mánglù)地往返于中国和西洋各国，建起中国和海外各国之间的友谊之桥和贸易通道。郑和下西洋不仅在中国历史上有重要意义，也是世界航海历史上的一项创举。明朝船队从西太平洋穿过印度洋，直达西亚和非洲东岸，开辟(kāipì)了打通太平洋西部与印度洋等大洋的直达航线(hángxiàn)。郑和下西洋比哥伦布发现美洲大陆早87年，比达·伽马开辟东方新航线早93年，比麦哲伦到达菲律宾早116年，为人类航海事业作出了巨大的贡献。

词语释义

忙碌
busy

开辟
open up, establish

航线
route

文化注释

宝船

郑和船队中最大的海船，相传最大的长148米，宽60米。宝船是明朝时中国造船工人结合历代的造船成果，制造的中国航海史（也是世界航海史）上最大的木帆船。

八、清高宗与康乾盛世

康乾盛世又叫“康雍乾盛世”，因为这段历史时期一共经历了康熙、雍正、乾隆三位清朝皇帝，持续时间有134年。在此期间，清朝疆域广大，社会稳定，经济发达，人口增长迅速，是清朝统治的最高峰，也是中国古代王朝的最后一个盛世。

康熙做了61年皇帝，是中国历史上在位(zàiwèi)时间最长的皇帝。毛泽东说过，康熙皇帝第一个伟大贡献是打下了今天中国所拥有的这块领土(lǐngtǔ)。康熙皇帝平定了三藩(sānfān)叛乱(pànluàn)，打败了蒙古准噶尔，从郑氏手中收回了台湾，使中国重新统一。他还保护了中国领土完整，两次从雅克

词语释义

在位
be on the throne, reign

领土
territory

叛乱
rebel

词语释义

废除
abolish

贵族
noble

勤政
hardworking

奏折
memorial to the throne

整顿
reorganize

国库
national treasury

萨赶走沙皇俄国军队。为了国家的稳定，康熙皇帝废除(fèichú)了贵族(guìzú)霸占土地的特权，把土地还给百姓，并实行减税、免税政策，减轻人民压力，推动了农业生产的恢复和发展。

雍正皇帝在位时间不长，但他的改革措施对于康乾盛世的连续具有关键作用。雍正皇帝非常勤政(qínzhèng)，据说他在位13年间亲手处理过的奏折(zòuzhé)等文件有192 000多件，平均每天40多件。他大力整顿(zhěngdùn)政府官员和国家财政，使社会经济走上了稳定发展之路。我们可以看看这样一组数字对比。康熙把皇位交给雍正时，留了多少钱呢？答案是不到800万两。而雍正留给了乾隆6 000万两。

如果说康乾盛世是清朝统治的最高峰，那么乾隆时期就是康乾盛世的最高峰。清高宗乾隆25岁就顺利坐上了皇位，爷爷和父亲为他打下了良好的统治基础。在此基础上，他把中国这个统一的多民族国家发展到了一个新阶段，在各方面都取得了辉煌的成就。在政治上，乾隆皇帝维护了国家统一，扩大了清朝疆域，彻底解决了蒙古准噶尔问题；平定新疆回部叛乱，新疆重入中国版图；对西藏进行政治和宗教改革，加强了对西藏的管理。这一时期，清朝版图达到最大，有1 380多万平方千米。在经济上，农业、手工业和商业都有较大发展，国库(guókù)里的银子长期保持在7 000万两以上。在文化上，由乾隆皇帝主持、用13年时间编成的《四库全书》基本上包括了中国古代所有图书，对保存和传播中国传统文化意义重大。

文化注释

三藩叛乱

1673年，康熙皇帝宣布撤藩，三个藩王发动叛乱。“三藩”指三个汉族藩王：云南平西王吴三桂、广东平南王尚可喜、福建靖南王耿精忠。平定三藩叛乱是确立清朝统治的标志。

第二节 | 中国近代史

一、鸦片战争

鸦片是一种毒品(dúpǐn)，也叫“大烟”。抽大烟上瘾对人的身体和精神会有很大的伤害。18世纪70年代，英国开始把鸦片卖到中国。19世纪初，英国输入中国的鸦片为4 000多箱；至1839年，猛增到40 000多箱。鸦片不仅给中国人身心带来巨大的伤害，也让大量白银流入英国，中国社会经济受到很大影响。为了维护统治，清政府决定禁止鸦片。1839年，道光皇帝派林则徐去广州禁烟。在人民的支持下，林则徐的禁烟工作取得了胜利。

清政府的禁烟运动使英国在金钱上受到巨大损失，也破坏了英国利用鸦片贸易侵略(qīnlüè)中国的计划。1840年6月，英国舰队来到广东，发动了侵略中国的第一次鸦片战争。清政府开始还想和英国和谈，然

词语释义

毒品
drug

侵略
invade

词语释义

失误
mistake, error

投降
surrender

条约
treaty

割让
cede

开端
beginning, start

势力
force, power, influence

而在英军占领香港岛以后，清政府不得不宣战。中国军民勇敢作战，但由于武器太差、指挥失误(shīwù)等原因而连连失败。英军沿着长江一直打到了南京，清政府吓得连忙投降(tóuxiáng)。这次战争以中英两国签订《南京条约(tiáoyuē)》结束。清政府被迫割让(gēràng)香港岛，开放广州、厦门、福州、宁波、上海为通商口岸，向英国赔款2 100万银元等等。第一次鸦片战争是中国近代史的开端(kāiduān)，《南京条约》是中国近代第一个不平等条约。

1854年，英国要求修改《南京条约》，提出更多过分的要求，被清政府拒绝了。从1856年到1860年，英国和法国一起向中国发动了第二次鸦片战争。1857年，英法联军占领广州，然后很快打到了天津。清政府再次投降，签订了中英、中法《天津条约》。主要内容包括：中国向英国、法国赔款；英法公使可以驻北京；增加通商口岸；英法等外国人在中国可以自由经商、传教等。然而，英法侵略者还不满足。1860年8月，他们再次来到天津，并把枪口直接指向北京。英法联军火烧圆明园(Yuánmíng Yuán)，并在北京郊外烧杀抢近50天，进一步威胁要烧紫禁城。清政府只好签订了《北京条约》，答应了所有不合理要求。通过第二次鸦片战争，外国侵略者从中国拿走更多的利益，他们的势力(shìlì)也从东南沿海地区进入内地。

文化注释

圆明园

在北京西北郊外，是著名的皇家园林。第二次鸦片战争期间，英法联军把珍宝、文物抢走以后，放火烧圆明园，大火三日不灭，圆明园和附近的皇家园林都被烧成废墟。

二、辛亥革命(gémìng)

毛泽东在《纪念孙中山先生》一文中，高度评价了孙中山的一生。他说孙中山是“中国革命民主派的旗帜(qízhì)”“他全心全意地为改造中国而耗费(hàofèi)了毕生的精力，真是鞠躬尽瘁(jūgōng-jìncuì)，死而后已(sǐ'érhòuyǐ)”。

孙中山革命的起点在1894年，他在檀香山的爱国华人中组织了一个反清革命团体(tuántǐ)——兴中会，“兴中”是振兴(zhènxīng)中华的意思。1905年，孙中山、黄兴、陈天华等人在日本东京集会，决定在兴中会等革命团体的基础上成立中国同盟会，作为全国的革命领导中心。中国同盟会的革命目标是推翻(tuīfān)清政府，振兴中华，建立民主政府。孙中山第一次提出以“民族、民权、民生”为核心内容的“三民主义(zhǔyì)”，中国革命运动进入了一个新的发展时期。

同盟会多次组织起义(qǐyì)，不过都失败了。但是革命者坚持斗争(dòuzhēng)的精神，大大鼓舞了全国人民，促进了革命高潮(gāocháo)的到来。1911年，在广州爆发(bàofā)了黄花岗起义，在四川、湖南、湖北、广东爆发了保路运动。10月10日，湖北武昌起义爆发并取得成功，迅速得到了全国各省的支持。到11月底，当时全国24个省中，已经有14个省宣布独立。因为1911年是中国农历(nónglì)辛亥年，历史上便把这场推翻清朝统治的革命叫作“辛亥革命”。

1911年12月，孙中山回国。由于他对革命作出的巨大贡献，孙中山被选举为临时大总统。1912年元旦，孙中山在南京宣誓(xuānshì)就职(jiùzhí)，中华民国临时政府成立。3月，临时大总统孙中山宣布《中华民国临时约法》，这是辛亥革命重要的成果之一。

然而，临时政府成立不久，袁世凯就来抢临时大总统的职位。在各方压力下，孙中山表示如果清朝皇帝退位，袁世凯宣布赞成共和，遵守《临时约法》，就选袁世凯为临时大总统。于是，袁世凯逼清帝退位，并宣布支持共和。南京临时政府便选举袁世凯为临时大总统。就这样，革命的胜利成果落入了北洋军阀(jūnfá)手中。

词语释义

革命
revolution

旗帜
flag, banner

耗费
cost, consume, spend

鞠躬尽瘁，死而后已
do one's best till one's heart ceases to beat

团体
group, organization

振兴
revive

推翻
overthrow

主义
principle, -ism

起义
uprising

斗争
struggle, fight

高潮
high tide

爆发
erupt, break out

农历
the lunar calendar

宣誓
take an oath

就职
take office

军阀
warlord

词语释义

诞生
be born

社会主义
socialism

分子
member

出路
outlet, way out

主权
sovereignty

示威
demonstrate

罢工
strike, go on strike

三、中国共产党的诞生(dànshēng)

1917年，俄国爆发了十月革命。1922年，世界上第一个社会(shèhuì)主义(zhǔyì)国家成立。十月革命的胜利给中国送来了马克思列宁主义，中国的先进分子(fènzǐ)从马克思列宁主义的科学真理中看到了解决中国问题的出路(chūlù)。

1919年，第一次世界大战已经结束。中国作为战胜国之一参加巴黎和会，提出从战败国德国手中收回山东的主权(zhǔquán)，可是被拒绝了，并要将德国在山东的权益转交给日本。消息传回中国，受到中国人民的强烈反对，也导致了北京青年学生的五四运动。5月4日，3 000多名学生在天安门集会示威(shìwēi)，随后学生罢课、工人罢工(bàgōng)、商人罢市的运动在全国展开。最后，中国代表团没有在《凡尔赛和约》上签字。五四运动促进了马克思主义同中国工人运动的结合，直接影响了中国共产党的诞生和发展。

1920年，陈独秀、李大钊等人先后在上海、北京、湖南、湖北、山东、广东等地建立了共产党早期组织，同时法国和日本留学生中的先进分子也组成了共产党早期组织，展开了多方面的革命活动。1921年6月，共产国际(Gòngchǎn Guójì)代表到达上海，他们建议召开党的全国代表大会，正式成立中国共产党。中国共产党第一次全国代表大会于7月23日在上海秘密召开，参加这次代表大会的有来自全国各地的13位代表，还有2位共产国际的代表。“中共一大”共开了七次会议，大会主要讨论党的基本任务、党的组织原则和组织机构等问题，选举产生了党的领导机构“中央局”，通过了《中国共产党第一个纲领（gānglǐng）》。纲领规定党的正式名称为中国共产党，党的性质是无产阶级（wúchǎn jiējí）政党，党的奋斗目标是推翻资产阶级（zīchǎn jiējí）政权，消灭资本家私有制，建立无产阶级专政（zhuānzhèng）。

党的第一次全国代表大会的召开，宣告了中国共产党的成立，从此在中国的政治舞台（wǔtái）上活跃着一个新的力量。中国共产党经过28年的艰苦奋斗，带领人民结束了100多年来战争频繁、国家分裂的局面（júmiàn），实现了民族独立和人民解放（jiěfàng），于1949年建立了人民当家作主的中华人民共和国。

词语释义

纲领
guiding principle

无产阶级
the proletariat

资产阶级
the bourgeoisie

专政
rule, dictatorship

舞台
stage

局面
situation

解放
liberate

文化注释

共产国际

1919年3月，列宁领导创建的世界各国共产党和共产主义团体的国际联合组织，总部在莫斯科。

四、抗日战争

从19世纪后期开始，日本就已经通过各种不平等条约从中国抢夺资源和土地。进入20世纪，日本的野心（yěxīn）越来越大，中国是它的主要侵略目标。为了占领中国的东北三省，日本制造了“九一八事变（shìbiàn）”。1931年9月18日晚，日本关东军炸坏了沈阳柳条湖附近的铁路，反而对外宣布是中国东北军炸坏了铁路，还想袭击（xíjī）日本军队。日本人以这件事为借口，突然进攻东北军北大营和沈阳。第二天日军就占领了沈阳和长春，并继续进攻辽宁、吉林和黑龙江地区。

“九一八事变”发生前，国民政府主席蒋介石命令东北军首领张

词语释义

野心
ambition

事变
incident

袭击
attack

词语释义

抵抗
resist

冲突
conflict, collision

傀儡
puppet

基地
base

宣言
declaration

战线
front

战役
campaign, battle

反攻
counterattack

协定
agreement

学良“应不予抵抗（dǐkàng），力避冲突（chōngtū）”。当时，在东北的日本关东军只有2.7万多人，而中国东北军有近20万人。然而，除了小部分中国士兵违反命令战斗以外，其余的都退走了。因为中国军队不抵抗，日军仅用四个多月时间就占领了东北三省，3 000万东北人成为亡国奴。为了巩固在东北三省的统治，日本建立了亲日政权“满洲国”。表面上，“满洲国”皇帝是清朝末代皇帝溥仪。可溥仪只是个傀儡（kuílěi），实际权力完全被日本人控制。伪满洲国成为日本在中国的侵略基地（jīdì）。

占领东北三省以后，日本准备扩大地盘，把战火烧向全中国。“七七事变”后，在紧急的形势和全国人民的抗日热情下，国共两党发表合作宣言（xuānyán），全国抗日民族统一战线（zhànxiàn）正式形成。中国军队先后取得了平型关伏击战、台儿庄战役（zhànyì）等战役的胜利。

由于日本袭击珍珠港，美国在1941年12月8日向日本宣战。12月9日，中国国民政府正式向德国、意大利和日本宣战。1942年元旦，美国、英国、苏联、中国等26国发表《联合国家共同宣言》，决心共同打败德、意、日。从此，中国不再是独立对日作战，抗日战争成为第二次世界大战的一部分。1943年7月开始，抗日战争进入反攻（fǎngōng）阶段。

1945年8月15日，日本宣布无条件投降。经过14年艰苦战斗，中国人民终于赢得了抗日战争的伟大胜利。

五、解放战争

抗日战争胜利以后，根据全国人民和平建国的迫切愿望，毛泽东、周恩来等共产党领导人于1945年8月28日去重庆与国民党政府进行和平谈判，努力避免内战，实现国内和平。这次谈判共进行了43天，国共双方在10月10日签订了《双十协定（xiédìng）》。1946年1月10日，国共双方又签订了《停战协定》。可是就在同年6月，蒋介石破坏协定，命令军队全面进攻解放区，解放战争正式开始。

战争爆发时，国民党政府有430多万人的军队，控制着中国所有的大城市，还得到了美国的支持，可以说具备明显优势。1947年2月，解放区军民打破了国民党军队的全面进攻。然后，国民党政府对陕甘宁和山东两个解放区的重点进攻也失败了。这时，国共双方力量对比发生了明显变化。国民党军队从430万人减少到373万人，国民党政府在政治和经济上也发生了严重危机(wēijī)。相反，人民解放军由127万人增加到195万人，武器有了很大改善，战斗热情高涨(gāozhǎng)，开始从防守(fángshǒu)变为进攻。

1947年7月起，人民解放军渡过(dùguò)黄河向南进攻，战场(zhànchǎng)从解放区转移(zhuǎnyí)到国民党统治区。到1948年8月，人民解放军的人数增加到280万，解放区面积也扩大了。从1948年9月到1949年1月，人民解放军先后进行了辽沈、淮海、平津三大战役并取得胜利，基本上消灭了国民党军队的主要力量，解放了长江以北地区。

三大战役以后，国民党政府在长江南岸安排军队，打算利用长江阻止人民解放军向南推进(tuījìn)。1949年4月1日，中国共产党代表团和国民党政府代表团在北平（今北京）进行和平谈判。4月15日，中共代表团把《国内和平协定最后修正案》交给国民党政府代表团。但国民党政府拒绝接受这个协定，谈判失败。1949年4月21日，人民解放军发动渡江战役。23日，人民解放军占领南京，国民党政府的统治宣告结束。

词语释义

危机
crisis

高涨
upsurge, run high

防守
defend

渡过
cross, wade across

战场
battlefront, battlefield

转移
transfer, move to

推进
move forward

第三节 | 中国当代史

一、中华人民共和国成立

词语释义

协商 consult

号召 call

响应 respond

民主党派 democratic party

筹备 prepare, arrange

1948年4月30日，中共中央发出召开新政治协商(xiéshāng)会议、成立民主联合政府的号召(hàozhào)，得到了热烈响应(xiǎngyìng)。各民主党派(mínzhǔ dǎngpài)和无党派人士与中国共产党一起进行新政治协商会议的筹备(chóubèi)工作。1949年6月15日到19日，在北平（今北京）召开了新政治协商会议筹备会第一次会议。9月17日，召开了筹备会第二次会议，一致决定将新政治协商会议正式定名为“中国人民政治协商会议”。

中国人民政治协商会议第一届全体会议于9月21日到30日在北平举行，参加会议的有中国共产党、各民主党派、人民团体和无党派民主人士等代表共662人。会议决定新中国的名称是中华人民共和国，采用公元纪年，以北平为首都，改北平为北京，以《义勇军进行曲》为代国歌，以五星红旗为国旗，在天安门前建立人民英雄纪念碑。会议选举毛泽东为中华人民共和国中央人民政府主席，朱德、刘少奇等

六人为副主席，同时选出了中央人民政府委员会和政协全国委员会。

1949年10月1日下午2时，中央人民政府委员会举行第一次会议。中央人民政府主席、副主席、委员宣布就职。会议一致决定，宣布中华人民共和国中央人民政府成立。下午3时，举行开国大典。30万人齐聚天安门广场，毛泽东主席在天安门城楼上向全世界庄严宣告："中华人民共和国中央人民政府今天成立了！"在国歌声中，毛泽东主席亲自升起了第一面五星红旗，并宣读《中华人民共和国中央人民政府公告》。随后进行盛大的阅兵式，士兵们列成方阵由东向西通过天安门广场，飞机在同一时间从空中飞过。接着，游行开始了，人们高举红旗和红灯欢呼，"中华人民共和国万岁！""毛主席万岁！""同志们万岁！"

中华人民共和国的成立标志着旧中国100多年半殖民地半封建的历史彻底结束了，中国历史从此开始了新的篇章，中国真正成为独立自主的国家，中国人民成为新社会、新国家的主人，从此站起来了。

二、中华人民共和国外交

1. 和平共处五项原则

中华人民共和国实行独立自主的和平外交政策，要在新的基础上与世界各国建立新的外交关系。到1950年10月，中国与苏联、波兰、缅甸、印度尼西亚等17个国家正式建立外交关系，为恢复经济建设创造了良好的外部环境。

1953年12月，周恩来总理在会见印度代表团时第一次提出互相尊重主权和领土完整、互不侵犯、互不干涉内政、平等互利、和平共处五项原则，得到印度政府的赞成。1954年6月，周恩来总理访问印度、缅甸，正式倡议将这五项原则作为国际关系的基本准则。五项

词语释义

委员 wěiyuán
committee member

盛大 shèngdà
grand, magnificent

游行 yóuxíng
parade

半殖民地半封建 bànzhímíndì bànfēngjiàn
semi-colonial semi-feudal

自主 zìzhǔ
independent

侵犯 qīnfàn
violate

干涉 gānshè
interfere

倡议 chàngyì
propose

准则 zhǔnzé
principle

词语释义

率领
lead

斡旋
mediate

建交
establish diplomatic relations

席位
seat

签署
sign

超越
surpass

意识形态
ideology

独善其身
pay attention to one's own moral uplift without thought of others

原则的公布，得到各国的广泛支持和响应。为促进亚非国家团结与合作，中国积极支持并参加了1955年4月在印度尼西亚万隆举行的亚非会议。万隆会议确定了指导国际关系的十项原则，核心内容就是和平共处五项原则。

1954年4月到7月，苏、美、英、法、中及有关国家参加的外交会议在瑞士日内瓦举行，主要讨论如何和平解决朝鲜问题和恢复印度支那和平问题。这是中国第一次以五大国之一的地位和身份参加的重要的国际会议，周恩来总理率领(shuàilǐng)中国政府代表团出色地完成了任务，为实现和平作出了贡献，同时也打开了外交新局面。会议期间，英国对中国表现出较友好的态度，中英之间接触频繁，推动了两国关系发展。中美双方为了解决两国共同关心的问题，由英国从中斡旋(wòxuán)，也进行了多次会谈。

70年代，中国迎来了与世界各国建交(jiànjiāo)的热潮，与50多个国家建交。1971年10月，第26届联合国大会恢复了中华人民共和国在联合国的合法权利，恢复了中国安理会常任理事国的席位(xíwèi)。1972年2月，美国总统尼克松访问中国，中美双方在上海签署(qiānshǔ)《中美联合公报》，中美关系走上了正常化道路。1979年，中美正式建交。受到中国国际地位的提高和中美关系正常化的影响，1972年9月，中日两国正式建交。

2. 人类命运共同体

中国一直坚持和平发展道路，近年来又推动构建人类命运共同体。人类命运共同体这一理念超越(chāoyuè)了种族、文化、国家与意识形态(yìshí xíngtài)，为思考人类未来提供了全新的视角。

人类只有一个地球，各国共处一个世界，国际社会日益成为一个你中有我、我中有你的“命运共同体”。面对世界经济的复杂形势和全球性问题，任何国家都不可能独善其身(dúshàn-qíshēn)。当前国际形势基本特点是世界多极化、经济全球化、文化多样化和社会信息化。粮食安全、资源短缺、气候变化、网络攻击、人口爆炸、环境污染、疾病流行、跨国犯罪等全球性问题层出不穷（céngchū-bùqióng），对国际秩序和人类生存都构成了严峻（yánjùn）挑战。因此，各国人民需要共同应对这些全球性问题的挑战。

构建人类命运共同体的目标是建立一个持久和平、普遍安全、共同繁荣、开放包容、清洁（qīngjié）美丽的世界。实现这一目标，需要各国相互尊重、平等协商，摒弃冷战思维（lěngzhàn sīwéi）和强权政治（qiángquán zhèngzhì）；坚持以对话解决争端、以协商化解分歧；同舟共济（tóngzhōu-gòngjì），促进贸易和投资自由化、便利化；要尊重世界文明多样性；要保护好人类赖以生存的地球家园。

为落实"人类命运共同体"的建设，中国正积极推动"一带一路"倡议，派出维和部队（wéihé bùduì），支持第三世界国家建设，将"共赢、共享"理念贯彻到实践中去。

三、改革开放

"一九七九年，那是一个春天，有一位老人在中国的南海边画了一个圈，神话般地崛起（juéqǐ）座座城，奇迹般聚起座座金山……"（歌曲《春天的故事》）

这里的"春天"指什么呢？是改革开放的春天。"一位老人"指邓小平。

词语释义

层出不穷
emerge in an endless stream

严峻
severe

清洁
clean

冷战思维
cold war mentality

强权政治
power politics

同舟共济
pull together in times of trouble

维和部队
peacekeeping force

崛起
rise

词语释义

体制
system

灵活
flexible

经济特区
Special Economic Zone

省会
provincial capital

视察
inspect

方针
guiding policy

和谐
harmonious

对内改革，对外开放。中国的改革开放始于1978年召开的中国共产党十一届三中全会。邓小平是中国改革开放的总设计师。在他的指导下，从农村到城市，从经济领域到其他各个领域，展开了全面改革。以经济建设为中心，首先是经济体制（tǐzhì）改革，把传统计划经济体制改革成为社会主义市场经济体制。政治体制改革与经济体制改革基本上同时进行。到80年代中期，科技、教育、文化等各个领域的改革也开始进行。

沿海、沿江、沿边，从东部到中西部，对外开放的大门打开了。

1979年，中共中央、国务院批准广东、福建在对外经济活动中实行特殊政策和灵活（línghuó）措施，福建省和广东省成为全国最早实行对外开放的省。第二年，确定在深圳、珠海、汕头、厦门试办经济特区（jīngjì tèqū）。1983年，对海南岛也实行经济特区的优惠政策。紧接着在1984年进一步开放14个沿海港口城市，随后增加长江三角洲、珠江三角洲、闽南三角区为经济开放区。到1988年初，辽东半岛和山东半岛全部对外开放，结合已经开放的大连、秦皇岛等港口城市，一起形成环渤海开放区。进入90年代以后，首先开放长江沿岸的芜湖、九江、岳阳、武汉和重庆五个城市，不久又批准合肥、南昌、长沙、成都等17个省会（shěnghuì）为内陆开放城市，同时逐步开放沿边城市。到1993年，对外开放城市已遍布全中国，进入了改革开放新时代。

作为总设计师，邓小平时刻关注改革开放。1984年，他视察（shìchá）了深圳、珠海、厦门三个经济特区。1992年，已经88岁的邓小平到武昌、深圳、珠海、上海等地视察，并发表了重要讲话。他提出的“一国两制（yì guó liǎng zhì）”方针（fāngzhēn）也成功解决了香港和澳门回归的问题。

改革开放经过40多年的发展，中国在经济、政治、文化、社会建设等方面都取得了巨大的成就，国家综合国力增强，人民生活水平提高，社会和谐（héxié）稳定。

文化注释

一国两制

“一个国家，两种制度”，是中国政府为实现中国和平统一而提出的基本国策。“一国两制”是指在一个中国的前提下，国家的主体实行社会主义制度，香港、澳门和台湾保持原有资本主义制度长期不变。

四、走进新时代

进入21世纪，中国在社会各领域都取得了辉煌的成就。

近年来，中国经济保持中高速增长，在世界主要国家中名列(míngliè)前茅(qiánmáo)。2021年中国国内生产总值比2020年增长8.1%，经济总量达114.4万亿元，居世界第二位。人民生活越来越好，现行标准下9 899万农村贫困(pínkùn)人口全部脱贫(tuōpín)。而且，中国走绿色低碳发展道路，2020年碳排放强度(tàn páifàng qiángdù)比2005年降低48.4%。习近平主席在2020年气候雄心峰会上宣布，到2030年中国碳排放将比2005年下降65%以上。

中国的国际地位和影响力不断提高，建交国总数达到181个，并和110多个国家和地区组织建立伙伴关系。越来越多重要的国际会议在中国召开，如2014年北京APEC峰会，2016年G20二十国集团领导人杭州峰会，2017年金砖国家领导人在福建厦门进行第九次会晤(huìwù)，2018年上合组织青岛峰会，以及2017年以来多次在中国举行的“一带一路”国际合作高峰论坛(lùntán)……大型国际活动和国际比赛也特别青睐(qīnglài)中国，2008年北京举办夏季奥运会，2010年上海举办世博会，2014年南京举办夏季青年奥运会，世界大学生运动会更是多次在中国举行。2022年2月，第24届冬季奥运会在北京和河北省张家口市联合举行，北京成为第一个既举办过夏季奥运会、又举办过冬季奥运会的城市。

中国在科技领域取得的重大成果也很多。从神舟二号到神舟十五号，22年里14艘飞船成功飞上太空(tàikōng)。神舟五号在2003年把中国第一

词语释义

名列前茅
come out in front

贫困
poverty

脱贫
break away from poverty

碳排放强度
carbon intensity

会晤
meet

论坛
forum

青睐
favor

太空
outer space

词语释义

航天
spaceflight

潜水
dive

领先
leading

知识产权
intellectual property rights

移动支付
mobile payment

方位
direction and position

名航天员送到太空，中国成为世界第三个能够独立掌握载人航天（hángtiān）技术的国家。从太空来到深海，2020年奋斗者号载人潜水（qiánshuǐ）器把10 909米的中国载人深潜新纪录留在了世界海洋最深处——马里亚纳海沟。“九章”“祖冲之号”让中国量子计算机实现算力全球领先（lǐngxiān）；超级望远镜“天眼”开始看宇宙；中国自主研究制造的大型客机C919飞上了天；被称为“天路”的青藏铁路全线通车；中国具有完全自主知识产权（zhīshi chǎnquán）的“复兴号”高铁跑起来了；以支付宝、微信支付为代表的移动支付（yídòng zhīfù）到处都可以使用……不少在华外国人把高铁和移动支付看作中国“新四大发明（xīn sì dà fāmíng）”的代表。

2017年10月，中国共产党第十九次全国代表大会在北京召开。“十九大”报告指出了中国发展新的历史方位（fāngwèi）——中国特色社会主义进入了新时代。2022年又召开了中国共产党第二十次全国代表大会，“二十大”报告强调坚持以中国式现代化全面推进中华民族伟大复兴。在新时代沿着中国特色社会主义道路继续前进，全面建设社会主义现代化国家，是全体中国人正在努力奋斗的目标。

文化注释

“新四大发明”

2017年5月，来自“一带一路”沿线的20国青年评选出中国的“新四大发明”：高铁、支付宝、共享单车和网购。

思考题

1. 为什么中国人说自己是“炎黄子孙”？

2. 汉武帝第一次派张骞去西域的目的是什么？

3. 为什么说第一次鸦片战争是中国近代史的开端？

4. 你认为改革开放对中国有什么影响？

5. 结合国际形势，请谈谈你对“人类命运共同体”的理解。

第三章 政治体制

词语释义

确立 establish, establishment

奠定 establish

中华人民共和国成立后，中国共产党团结带领全国各族人民完成了社会主义革命，确立（quèlì）了社会主义基本制度，建立了一系列符合中国国情和实际的政治制度，为当代中国的发展和进步奠定（diàndìng）了坚实的制度基础。

第一节 国旗·国徽·国歌

中华人民共和国的国旗、国徽和国歌是中华人民共和国的象征和标志，也体现了中国文化和中华民族的精神。

一、国旗

国旗是国家标志之一，象征国家的主权和尊严。

在新中国成立前夕，“国旗、国徽图案初选委员会”成立，并在《人民日报》等报纸上发表启事，收到了3 012幅来稿。在中国人民政治协商会议第一次全体会议上，五星红旗被选为中华人民共和国国旗。国旗(guóqí)的设计者(shèjìzhě)并非政治家或美术家，而是一名来自浙江的普通公民。

五星红旗长宽比例为3:2，旗面为红色，象征着革命；旗上的五颗五角星为黄色，象征着光明。一颗大五角星代表中国共产党，四颗小五角星代表中国人民，四颗小星环绕在一颗大星的右面，并各有一个角尖正对大星的中心点，象征着中国人民大团结。

《中华人民共和国国旗法》是为了维护国旗尊严、增强公民的国家观念而专门制定的法律。根据《国旗法》规定，每个公民和组织都应当尊重和爱护国旗；国庆节、国际劳动节、元旦和春节，各级国家机关和各人民团体应当升挂国旗，企业事业组织，村民委员会、居民委员会，城镇居民院（楼）以及广场、公园等公共活动场所，有条件的可以升挂国旗；举行升旗仪式(yíshì)时，在国旗升起的过程中，参加者应当面向国旗肃立(sùlì)致敬，并可以奏国歌或者唱国歌。

词语释义

仪式
ceremony

肃立
stand solemnly

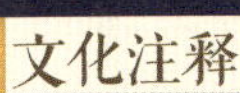

文化注释

国旗的设计者

看到征集国旗图案的通告后，曾联松设计并提交了他的国旗样稿。经过多次讨论和少量修改，他的设计被选为新中国的国旗。1949年11月，曾联松收到了中央人民政府办公厅的一封信，信中说：“曾联松先生：你所设计的中华人民共和国国旗，业已采用。兹赠送人民政协纪念刊一册，人民币五百万元（约折合今500元），分别交邮局及人民银行寄上，作为酬谢你对国家的贡献，并致深切的敬意。”

二、国徽

国徽通常象征一国的历史、文化、民族传统、经济制度或政治制度的特点。

中华人民共和国国徽的内容主要由国旗、天安门、齿轮（chǐlún）和谷穗构成。国徽中间是五星照耀下的天安门，周围是谷穗和齿轮。天安门是中国灿烂（cànlàn）文化和悠久历史的象征，同时又是中国新民主主义革命开始的地方。齿轮和麦稻穗象征工人阶级（jiējí）领导下的工农联盟，五颗星代表在中国共产党领导下中国人民实现了大团结。

国徽是国家的象征和标志，国徽的图案和使用办法由《中华人民共和国国徽法》专门规定。根据《国徽法》规定，一切组织和公民，都应当尊重和爱护国徽。北京天安门城楼、人民大会堂、县级以上各级人民代表大会及其常务委员会会议厅、各级人民法院和专门人民法院的审判庭（shěnpàn tíng）、出境入境口岸的适当场所等应当悬挂国徽。

三、国歌

国歌是国家规定的代表国家的歌曲，一般都反映国家的历史和现实，以鼓舞人们内心深处的家国情怀（qínghuái）。

中华人民共和国国歌是《义勇军进行曲》，由田汉作词，聂耳（Niè Ěr）作曲。它曾是电影《风云儿女》的主题歌，被称为中华民族解放的号角（hàojiǎo），对激励中国人民的爱国主义精神起了巨大的作用。

作为国歌的《义勇军进行曲》磅礴（pángbó）雄壮、节奏（jiézòu）感很强，代表着中国人民万众一心、自强不息（zìqiáng-bùxī）的精神，有利于增强国家和民族的凝聚力（níngjùlì）、自豪感，激发中国各族人民团结、奋斗的精神。

自2017年10月1日起，《中华人民共和国国歌法》正式实施，对应当奏唱国歌的场合（chǎnghé）、礼仪规范（guīfàn）等作出规定，同时鼓励广大人民群众唱国歌、爱国歌。

词语释义

齿轮
gear

灿烂
splendid, brilliant

阶级
class

审判庭
court

情怀
feelings

号角
horn

磅礴
majestic, vast

节奏
rhythm

自强不息
make unremitting efforts to improve oneself

凝聚力
cohesion

场合
occasion

规范
standard

聂耳与《义勇军进行曲》

聂耳被誉为“国歌之父”，原名聂守信，1912年2月出生于云南省昆明市。聂耳从小就对音乐表现出浓厚的兴趣，也表现出极高的音乐天赋。大家都说，只要能从耳朵进去的，都能从他嘴里唱出来。久而久之，大家都叫他“耳朵先生”。1935年，正值中华民族面临生死存亡的危急时刻，聂耳在上海淮海中路1258号3楼的小房间里忘我地进行创作，他时而在钢琴上弹奏，时而用手在桌上打拍子，时而在地板上走来走去，仅用两天时间就完成了《义勇军进行曲》曲谱的初稿。

第二节 国家机构

一、人民代表大会

人民代表大会制度是中国的根本政治制度。全国人民代表大会是最高国家权力机关，行使国家立法权，在中国国家机构体系（tǐxì）中居于最高地位。它由省、自治区、直辖市人民代表大会和解放军选出的代表组成，各少数民族也都有适当名额（míng'é）的代表参加。每届任期五年，每年举行一次全体会议。

全国人民代表大会的常设机关是全国人大常务委员会。它的主要职权有：修改宪法（xiànfǎ）和监督宪法的实施；制定和修改国家基本法律；选举、决定任命中央国家机构组成人员；决定国家重大事项等。

地方各级人民代表大会是地方国家权力机关。县、乡级人民代表大会由选民直接选举产生，每届任期三年，省级人大由下级人大选举产生，每届任期五年。地方各级人大按照宪法的规定行使自己的职权。

人民代表大会代表（简称“人大代表”）是国家权力机关组成人

词语释义

体系
system

名额
the number of people assigned or allowed

宪法
constitution

词语释义

审议 deliberate

表决 vote

议案 bill

质询 inquiry

员，依法选举产生。中华人民共和国年满18周岁的公民，不分民族、种族、性别、职业、家庭出身、宗教信仰、教育程度、财产状况、居住期限，都有选举权和被选举权，依法律被剥夺政治权利的人除外。人大代表的权利主要包括审议(shěnyì)权，表决(biǎojué)权，提名权，选举权，提出议案(yì'àn)权，质询(zhìxún)权，提出建议、批评、意见权等；人大代表的义务主要包括模范地遵守宪法和法律，保守国家机密，密切联系群众，经常听取和反映人民的意见和要求，接受选民或原选举单位的监督等。

人民代表大会制度体现了中国政治制度的特点和优点。第一，国家的一切权力属于人民。全国人民代表大会制度是人民当家作主的主要制度形式，具有真正的人民性和广泛的代表性。全国和地方各级人民代表大会都由民主选举产生，对人民负责，受人民监督，人民通过各级人民代表大会，依照宪法和法律规定管理国家事务，管理经济和文化事业，管理社会事务。第二，各级人民代表大会及其常委会实行民主集中制原则。集体行使权力，集体决定问题。人大及其常委会在决定问题时，所有组成人员只有一人一票的权力，不是个人或少数人说了算，以保证决定的问题集中人民的意志，代表人民的利益。第

三，国家行政机关、审判机关和检察机关都由人民代表大会产生，对它负责，受它监督。第四，中央和地方的国家机构职权的划分，遵循（zūnxún）在中央的统一领导下，充分发挥地方的主动性、积极性的原则。第五，各民族一律平等。国家保障（bǎozhàng）各少数民族的合法权利和利益，维护和发展各民族的平等、团结、互助关系。

二、国家主席

中华人民共和国主席（简称“国家主席”）是中华人民共和国的国家代表，也是国家机构之一。中华人民共和国主席、副主席由全国人民代表大会选举产生，每届任期五年。

中华人民共和国主席的职权包括：根据全国人民代表大会的决定和全国人民代表大会常务委员会的决定，公布法律，任免国务院总理、副总理、国务委员、各部部长、各委员会主任、审计长、秘书长，授予国家的勋章（xūnzhāng）和荣誉称号，发布特赦令（tèshè lìng），宣布进入紧急状态，宣布战争状态，发布动员令。中华人民共和国主席代表中华人民共和国，进行国事活动，接受外国使节；根据全国人民代表大会常务委员会的决定，派遣（pàiqiǎn）和召回驻外全权代表（quánquán dàibiǎo），批准和废除同外国缔结的条约和重要协定。

三、行政机关

中华人民共和国国务院也称“中央人民政府”，是最高国家权力机关的执行机关，也是最高国家行政机关。按照宪法的规定，自1954年9月第一届全国人民代表大会第一次会议起，设立国务院。

国务院由总理、副总理、国务委员、各部部长、各委员会主任、审计长、秘书长组成。国务院实行总理负责制。各部、各委员会实行部长、主任负责制。每届任期五年。

词语释义

遵循
follow

保障
ensure

勋章
medal

特赦令
amnesty

派遣
send, dispatch

全权代表
plenipotentiary delegate

词语释义

生态
ecological

国务院总理人选由中华人民共和国主席提名，经全国人民代表大会决定，再由国家主席任免。国务院其他组成人员由总理提名，经全国人民代表大会决定，最后由国家主席任免。

国务院组成部门有：中华人民共和国外交部、中华人民共和国国防部、中华人民共和国国家发展和改革委员会、中华人民共和国教育部、中华人民共和国科学技术部、中华人民共和国工业和信息化部、中华人民共和国国家民族事务委员会、中华人民共和国公安部、中华人民共和国国家安全部、中华人民共和国民政部、中华人民共和国司法部、中华人民共和国财政部、中华人民共和国人力资源和社会保障部、中华人民共和国自然资源部、中华人民共和国生态(shēngtài)环境部、中华人民共和国住房和城乡建设部、中华人民共和国交通运输部、中华人民共和国水利部、中华人民共和国农业农村部、中华人民共和国商务部、中华人民共和国文化和旅游部、中华人民共和国国家卫生健康委员会、中华人民共和国退役军人事务部、中华人民共和国应急管理部、中国人民银行、中华人民共和国审计署。

国务院的职权包括：制定行政法规，规定行政措施，发布决定和命令；向全国人民代表大会或其常务委员会提出议案；组织领导各部委及全国性行政工作；管理指挥全国经济、文化建设和对内、对外事务；对国家行政工作全面监督等。

地方各级人民政府是地方各级国家行政机关，负责组织和管理本行政区域的各项行政事务。同时，地方各级人民政府也是地方各级国家权力机关的执行机关，地方国家权力机关所通过的决议人民政府必须贯彻执行。地方各级人民政府一方面要对本级人民代表大会负责，另一方面也要对上一级国家行政机关负责。

除特别行政区以外，中国的地方政府分为三级，即省级、县级和乡级。地方各级人民政府分别实行省长、自治区主席、市长、州长、县长、区长、乡长、镇长负责制。政府工作的重大问题，由政府常务会议或全体会议讨论决定。

四、司法机关

中国高度重视全面依法治国，持续推进科学立法、严格执法、公正(gōngzhèng)司法、全面守法，坚持依法治国、依法执政、依法行政共同推进，坚持法治国家、法治政府、法治社会一体建设。

中华人民共和国人民法院是国家审判机关，分最高人民法院、地方各级人民法院和军事法院等专门人民法院。人民法院依照法律规定独立行使审判权，不受行政机关、社会团体和个人的干涉。最高人民法院是最高审判机关，监督地方各级人民法院和专门人民法院的审判工作，上级人民法院监督下级人民法院的审判工作。最高人民法院对全国人民代表大会和全国人民代表大会常务委员会负责；地方各级人民法院对产生它的国家权力机关负责。

人民检察院是国家的法律监督机关，分最高人民检察院、地方各级人民检察院和军事检察院等专门人民检察院。人民检察院依照法律规定独立行使检察权，不受任何行政机关、社会团体和个人的干涉。最高人民检察院是最高法律监督机关，它领导地

词语释义

公正
just, fair

方各级人民检察院和专门人民检察院的工作。最高人民检察院对全国人民代表大会和全国人民代表大会常务委员会负责；地方各级人民检察院对产生它的国家权力机关和上级人民检察院负责。

五、监察（jiānchá）机关

为了维护宪法和法律法规权威，依法监察公职人员行使公权力的情况，调查职务违法和职务犯罪（zhíwùfànzuì），开展廉政建设（liánzhèng jiànshè）和反腐败（fǎn fǔbài）工作，中国设立了国家监察委员会和地方各级监察委员会。

国家监察委员会是最高监察机关。国家监察委员会领导地方各级监察委员会的工作。国家监察委员会对全国人民代表大会和全国人民代表大会常务委员会负责并接受监督。地方各级监察委员会对产生它的国家权力机关和上一级监察委员会负责。

监察机关的职责是监督、调查、处置（chǔzhì）。监察委员会依照法律规定独立行使监察权，不受任何行政机关、社会团体和个人的干涉。监察机关办理职务违法和职务犯罪案件，与审判机关、检察机关、执法部门相互配合、相互制约（zhìyuē）。

词语释义

- 监察 supervise
- 职务犯罪 duty crime
- 廉政建设 build a clean government
- 反腐败 anti-corruption
- 处置 dispose
- 制约 restrict

第三节 | 地方政府

一、地方行政区域划分

根据《中华人民共和国宪法》规定，中国分为四级行政区。另外，国家在必要时设立特别行政区。

截至2022年12月31日，中国共有（省以下行政区划单位统计不包括港、澳、台地区）：

一级行政区（省级行政区）：34个（4个直辖市、23个省、5个自治区、2个特别行政区）；

二级行政区（地级行政区）：333个（293个地级市、7个地区、30个自治州、3个盟）；

三级行政区（县级行政区）：2 843个（977个市辖区、394个县级市、1 301个县、117个自治县、49个旗、3个自治旗、1个特区、1个林区）；

四级行政区（乡级行政区）：38 602个（2个区公所、21 389个镇、7 116个乡、153个苏木、957个民族乡、1个民族苏木、8 984个街道）。

二、民族区域自治

在中国，各少数民族聚居的地区实行民族区域自治。按照民族聚居的人口多少和区域大小，分别建立各民族自治机关。

自治区相当于省级行政单位，自治州是介于自治区与自治县之间的民族区域，自治县相当于县级行政单位。

民族自治地方的自治机关是自治区、自治州、自治县的人民代表大会和人民政府。

民族自治地方自治机关享有自治权，包括民族立法权，变通执行权，财政经济自主权，文化、语言文字自主权，组织公安部队权、少数民族干部具有任用优先权等自治权力。

1949年后，中国先后建立了五个省级自治区：内蒙古自治区、西藏自治区、宁夏回族自治区、广西壮族自治区、新疆维吾尔自治区。实行民族区域自治的民族达到44个，形成了具有中国特色的民族区域自治制度。

民族区域自治制度是根据中国的历史发展、文化特点、民族关系和民族分布等具体情况做出的制度安排，符合各民族人民的共同利益和发展要求，是中国的一项基本政治制度。民族区域自治制度体现了充分尊重和保障各少数民族管理本民族内部事务权利的精神，体现了各民族平等、团结和共同繁荣发展的原则。民族区域自治制度还有利于维护国家统一和安全，有利于保障少数民族人民当家作主的权利得以实现，有利于发展平等、团结、互助、和谐的民族关系，有利于促进中国式现代化建设事业蓬勃发展。

三、特别行政区

特别行政区是中国政府“一国两制”战略构想的创新实践。“一国两制”是“一个国家，两种制度”的简称。1978年，中国政府为收回香港、澳门和解决台湾问题，实现国家和平统一，提出了“一国两制”的战略方针，即在中华人民共和国主权范围内，大陆实行社会主义制度，香港、澳门和台湾实行资本(zīběn)主义制度。

“一国两制”这一构想已经在香港、澳门问题上实施。根据中英两国政府和中葡两国政府分别签署的联合声明，香港和澳门已经分别于1997年7月1日和1999年12月20日回归中国，建立了香港特别行政区、澳门特别行政区。

特别行政区是中华人民共和国的一个地方行政区域。特别行政区的基本法由全国人民代表大会制定。特别行政区的立法机关可以根据基本法规定、按既定程序制定法律，但须报全国人民代表大会备案。特别行政区的行政长官在当地通过选举或协商产生，由中央政府任

词语释义

资本
capital

命。特别行政区不能行使国家主权。特别行政区的外交事务由中央政府统一管理；防务（fángwù）由中央政府负责。

特别行政区享有高度自治权，可实行与中华人民共和国内地不同的社会经济、政治和文化制度。特别行政区的立法机关和政府机构由当地人组成。特别行政区的立法机关，在不与特别行政区基本法相抵触（dǐchù）的前提下，可以制定、废除和修改法律。特别行政区享有司法终审权。特别行政区的财政收入不上缴（shàngjiǎo）中央政府，中央政府也不在特别行政区征税（zhēngshuì）。特别行政区可以以自己的名义单独同各国、各地区以及有关国际组织保持和发展经济、文化联系，签订双边和多边经济、文化、科技等协定，参加各种民间国际组织，自行签发出入本特别行政区的旅行证件。

词语释义

防务
defense

抵触
contravene

上缴
turn over to the higher authority

征税
collect tax

第四节 政党

一、中国共产党

近代以来，中华民族面临两大历史任务：一是求得民族独立和人民解放；二是实现国家繁荣富强和人民共同富裕。中国共产党就是在这样的历史背景下诞生的。

中国共产党自成立以来，始终把为中国人民谋幸福、为中华民族谋复兴作为自己的初心使命，始终坚持共产主义理想和社会主义信念，团结带领全国各族人民为争取民族独立、人民解放和实现国家富强、人民幸福而不懈奋斗。

截至2022年底，中国共产党党员总数为9 804.1万名，基层组织总数为506.5万个。党员来自工人、农民、知识分子、党政机关工作人员、学生、军人等各行各业。

1. 历史概况

1921年7月23日，中国共产党第一次全国代表大会在上海召开，正式宣告了中国共产党的成立。中国共产党领导中国人民经历了第一次国内革命战争（1924—1927年）、第二次国内革命战争（1927—1937年）、抗日战争（1937—1945年）和全国解放战争（1945—1949年）四个阶段，终于在1949年推翻了帝国主义（dìguó zhǔyì）、封建主义（fēngjiànzhǔyì）、官僚资本主义（guānliáo zīběn zhǔyì）在中国的统治，建立了中华人民共和国。在中华人民共和国成立后，中国共产党领导中国人民建立了社会主义制度，开始了全面的大规模的社会主义建设。

特别是在1978年十一届三中全会后，中国共产党总结历史经验，带领中国人民成功走出了一条中国特色社会主义的新道路，中国道路所显示的蓬勃生机和巨大活力受到全世界瞩目。

词语释义

帝国主义
imperialism

封建主义
feudalism

官僚资本主义
bureaucratic capitalism

2022年10月，中国共产党召开第二十次全国代表大会，党的二十大报告提出："从现在起，中国共产党的中心任务就是团结带领全国各族人民全面建成社会主义现代化强国、实现第二个百年奋斗目标，以中国式现代化全面推进中华民族伟大复兴。"

2. 组织结构

自成立以来，中国共产党自上而下地建立了各级组织机构和领导机关，包括中央组织、地方组织和基层组织。

中国共产党的组织原则是民主集中制。党的中央组织有：（1）党的全国代表大会：全党的最高权力机关，每五年举行一次，由中央委员会负责召集，讨论和决定重大问题。（2）中央委员会：由党的全国代表大会选举产生，在代表大会闭幕期间执行全国代表大会的决议，领导党的全部工作，对外代表中国共产党，每届任期五年。（3）中央政治局、中央政治局常务委员会和中央委员会总书记：由中央委员会全体会议选举产生；中央政治局和它的常务委员会在中央委员会全体会议闭会期间，行使中央委员会的职权。中央书记处是中央政治局及其常务委员会的办事机构。中央委员会总书记负责召集中央政治局会议和政治局常务委员会会议，并主持中央书记处的工作。中央军事委员会组成人员由中央委员会决定。

党的地方组织有：省、自治区、直辖市、设区的市、自治州，以及县（旗）、自治县、不设区的市和市辖区的代表大会，每五年举行一次；由上述各级党的代表大会选举的委员会，每届任期五年。在企业、农村、机关、学校、科研院所、街道、人民解放军连队和其他基层单位，凡有正式党员三人以上的，都成立党的基层组织。

词语释义

执政党
governing party

3. 领导方法

中国共产党是中国的执政党（zhí zhèng dǎng），是中国特色社会主义事业的领导核心，也是中国的最高政治领导力量。中国共产党集中体现人民群众的利益和意志，领导和支持人民当家作主，通过“从群众中来，到群众中去”的原则和方法，动员和组织人民群众依法管理国家和社会事务，管理经济和文化事业。

中国共产党的领导主要是政治、思想和组织的领导。按照总揽(zǒnglǎn)全局、协调各方的原则，中国共产党集中精力领导经济建设，组织、协调各方面的力量，同心协力，围绕经济建设开展工作。所谓总揽全局，就是把主要精力放在抓方向、议大事、管全局上，集中精力抓好带有全局性、战略性、根本性和前瞻性(qiánzhānxìng)的重大问题，把握政治方向，决定重大事项，安排重要人事任免，抓好思想政治工作，维护社会政治稳定，有效地实施党在各个领域的政治、思想、组织的领导。所谓协调各方，就是从推进全局整体工作的要求出发，统筹协调好党委、人大、政府、政协的关系，统筹安排好纪检、组织、宣传、统战、政法、武装以及群众团体等方面的工作，使各方面都能各司其职(gèsī-qízhí)，各尽其责(gèjìn-qízé)，相互配合，形成合力(hélì)。

总揽全局、协调各方的领导方式，有利于加强和完善党的领导体制，改进党的领导方式和执政方式。既保证了党的领导核心作用，又充分发挥了人大、政府、政协以及人民团体和其他方面的职能作用。

4. 工作方法

中国共产党在长期的革命、建设和改革中，创造出了一整套的科学的工作方法。中国共产党的工作方法主要包括：一切从实际出发，理论联系实际的工作方法；一切为了群众，一切依靠群众，从群众中来，到群众中去的密切联系群众的方法；坚持真理，修正错误，勇于批评和自我批评的方法；抓工作中心环节，统筹工作全局的方法；抓典型带一般的工作方法等等。

词语释义

总揽
take the whole situation into consideration

前瞻性
prospective

各司其职
each performs his own function

各尽其责
each does his own duty

合力
joint force

词语释义

路线
line

继承
inherit

借鉴
use for reference, draw lesson from

这些工作方法，对于实现党的正确领导，保持党同群众的密切联系，保证党的路线(lùxiàn)、方针、政策的贯彻执行，都起了重要作用。同时，中国共产党还根据形势和党的中心任务的变化而不断改进和充实工作方法，以适应新形势和任务的要求，在继承(jìchéng)和发扬优良传统的基础上，不断创造出新的工作方法，推动了各项工作的顺利进行。

二、多党合作和政治协商制度

中国共产党领导的多党合作和政治协商制度是中国的一项基本政治制度。这一制度既植根中国土壤、彰显中国智慧，又积极借鉴(jièjiàn)和吸收人类政治文明优秀成果，是中国新型政党制度。《中华人民共和国宪法》规定：“中国共产党领导的多党合作和政治协商制度将长期存在和发展。”

1. 多党合作制度

中国多党合作制度中包括中国共产党和八个民主党派。八个民主党派是中国国民党革命委员会（简称民革）、中国民主同盟（简称民盟）、中国民主建国会（简称民建）、中国民主促进会（简称民进）、中国农工民主党（简称农工党）、中国致公党（简称致公党）、九三学社、台湾民主自治同盟（简称台盟）。

民革是由原中国国民党民主派和其他爱国民主人士创建的政党。目前，民革主要由同原中国国民党有关系的人士、同民革有历史联系和社会联系的人士、同台湾各界有联系的人士以及社会和法制、“三农”研究领域专业人士组成，现有党员15.8万余名。

民盟是由一批社会知名人士和追求民主进步的知识分子建立的政党。目前，民盟主要由文化教育以及相关的科学技术领域高、中级知识分子组成，现有盟员34.8万余名。

民建是由爱国的民族工商业者及有联系的知识分子发起建立的政党。目前，民建主要由经济界人士以及相关的专家学者组成，现有会员22万余名。

民进是由文化教育出版界知识分子及一部分工商界爱国人士发起建立的政党。目前，民进主要由教育文化出版传媒以及相关的科学技术领域高、中级知识分子组成，现有会员19.5万余名。

农工党是由坚持孙中山先生“联俄、联共、扶助农工”三大政策的国民党左派为主建立的政党。目前，农工党主要由医药卫生、人口资源和生态环境以及相关的科学技术、教育领域高、中级知识分子组成，现有党员19.2万余名。

致公党是由华侨社团发起建立的政党。目前，致公党主要由归侨、侨眷中的中上层人士和其他有海外关系的代表性人士组成，现有党员6.9万余名。

九三学社是由部分文教、科学技术界知识分子建立的政党。目前，九三学社主要由科学技术以及相关的高等教育、医药卫生领域高、中级知识分子组成，现有社员20.4万余名。

台盟是由从事爱国主义运动的台湾省人士为主建立的政党。目前，台盟主要由居住在中国大陆的台湾省人士以及从事台湾问题研究的高、中级知识分子组成，现有盟员3400余名。

此外，还有一批具有较大社会影响的知名民主人士，他们虽然没有参加任何党派，但同样为民族独立、人民解放和国家富强、人民幸福作出了积极贡献。目前，把没有参加任何政党、有参政议政愿望和能力、对社会有积极贡献和一定影响的人士称为无党派人士，其主体是知识分子。

在中国多党合作制度中，中国共产党是中华人民共和国的唯一执政党，八个民主党派在接受中国共产党领导的前提下，具有参政党（cān zhèng dǎng）的

词语释义

参政党
participating party

词语释义

框架
frame

举荐
recommend

大政方针
fundamental policy

决策
decision

地位，与中国共产党合作，参与执政，形成了“共产党领导、多党派合作，共产党执政、多党派参政”的基本特征。

多党合作的主要形式是参政议政、民主监督。参政议政是在中国共产党的领导下，各民主党派成员参与国家重大方针、政策、法律、法规的制定和执行，参与国家重大政治问题和国家机构领导人选的协商，参与国家事务的管理。民主监督是在多党合作和政治协商的框架(kuāngjià)下，由民主党派对中国共产党及中国共产党领导下的国家机关工作的监督。监督的主要形式是：在政协会议上向中共中央提出意见、建议和批评；在调查研究的基础上就国家政治、经济、社会等重大问题提出建议和批评；具有民主党派成员身份的人大代表、政协委员通过议案、提案、检查实行监督。此外，民主党派的成员还被举荐(jǔjiàn)担任各级政府和司法机关的一定职务，各个民主党派一般均有成员被中国共产党举荐担任各级政府和司法机关的领导职务。

2. 政治协商制度

政治协商制度是在中国共产党的领导下，各民主党派、各人民团体、各少数民族和社会各界的代表，对国家的大政方针(dàzhèng fāngzhēn)以及政治、经济、文化和社会生活中的重要问题在决策(juécè)之前举行协商和就决策执行过程中的重要问题进行协商的制度。

中国人民政治协商会议（简称“人民政协(zhèngxié)”）是中国共产党领导的多党合作和政治协商的重要机构，是中国政治生活中发扬民主的重要形式。人民政协是中国政治体制的重要组成部分，在中国政治生活中具有不可替代的作用。人民政协的主要职能是政治协商、民主监督、参政议政。这三项主要职能是各党派团体、各族各界人士在中国政治体制中参与国事、发挥作用的重要内容和基本形式，体现了人民政协的性质和特点，是人民政协区别于其他政治组织的重要标志。

政治协商是对国家和地方的大政方针以及政治、经济、文化和社会生活中的重要问题在决策之前进行协商和就决策执行过程中的重要问题进行协商。

民主监督是对国家宪法、法律和法规的实施，重大方针政策的贯彻执行、国家机关及其工作人员的工作，通过建议和批评进行监督。

参政议政是对政治、经济、文化和社会生活中的重要问题以及人民群众普遍关心的问题，开展调查研究，反映社情民意（shèqíng mínyì），进行协商讨论。通过调研报告、提案、建议案或其他形式，向中国共产党和国家机关提出意见和建议。

词语释义

社情民意
social facts and public opinion

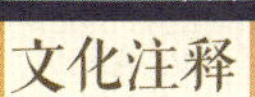

文化注释

“政协”的诞生

中国人民政治协商会议第一届全体会议于1949年9月21日至9月30日在北京举行。中国共产党及各民主党派、人民团体和无党派民主人士等46个单位的代表共662人参加了会议。会议通过了《中国人民政治协商会议共同纲领》《中国人民政治协商会议组织法》《中华人民共和国中央人民政府组织法》三个重要文件，还通过了关于国旗、国歌、首都、纪年等决议，揭开了历史的新篇章。

思考题

1. 中华人民共和国的国歌、国旗是什么？国徽是如何构成的？
2. 结合你们国家的情况，谈谈你对人民代表大会制度的理解。
3. 结合中国文化，谈谈你对中国新型政党制度的理解。

第四章 哲学

词语释义

治理
governance

一个民族的哲学思想，是这个民族精神文化中最基本、最稳定的东西。古代的中国人在长期的生活实践中，对宇宙、社会、人生等都有自己的思考和认识，形成了一套完整的思想体系，具有自身的民族特性，影响着中国人的思维方式与生活方式。

总体而言，中国传统思想更偏重于从实用的角度来对社会、人生做出解释，正如《史记》在评论诸子百家时说的那样，各家的学说“皆务为治者也”，都是为了把这个现实世界治理（zhìlǐ）得更好。在这些思想流派中，儒家和道家无疑是最重要的。特别是儒家的伦理道德，很长时间以来，中国人一直用它来指导自己的生活。

第一节 | 儒家的代表人物

一、孔子

词语释义

没落 decline

典范 model, standard

排挤 push (somebody) aside

儒家思想是中国传统哲学中最重要的一部分。在孔子以前，儒家类似于一种职业，以主持礼仪作为自己的谋生手段，是孔子把儒家学问改造成一种政治学说，一种哲学思想，一种生活态度。孔子是儒家最重要的思想家，后世的中国人把他尊称为圣人。

孔子名丘，字仲尼，生活在一个动乱的年代中。他出生在春秋鲁国一个没落（mòluò）的贵族家庭，年轻时不受重视，做过很多杂事。但孔子好学，不管对方地位高低，他都愿意向对方学习，每到一个地方都详细询问相关的知识，特别是有关礼的知识。孔子年轻的时候，晚上睡觉梦见周公，他希望自己能像周公那样，帮助天下恢复周朝黄金岁月时的景象。他做事认真，曾经管过仓库，把仓库管理得井井有条；也曾经放过牛羊，牛羊数量增加了很多。渐渐地，孔子的名声越来越大，向他学习的人越来越多，于是孔子开始兴办自己的学校，招收学生，把自己的人生智慧和政治理想教给学生们。据说中国的私立学校就是从孔子才开始有的，所以孔子又被称为大教育家。传说他有3 000多学生，包括大贵族、武士、商人、农民、工匠等不同层次的人。不管什么人，只要愿意来学，孔子都不拒绝。他善于针对不同人的特点来进行教育，把学生培养成材，比如孔子著名的学生之一子路，就从一个粗鲁的人变成守礼的典范（diǎnfàn）。

孔子形成了一套治理国家、社会的思想，他希望通过自己的思想学说、自己的努力来拯救世界。他出来做鲁国的大法官，据说只用了三个月的时间，就把鲁国治理得很好，东西掉在路上都没人据为私有。结果引起大贵族和邻国的猜疑，把他排挤（páijǐ）出鲁国。孔子只好带着他的学生周游列国，希望能找到一个地方可以实践自己的理想。可是

词语释义

调节
regulate

修养
self-cultivation

他历经艰辛，经过十多年，到过70多个国家，却始终得不到国王们的信任，最终只能灰溜溜地返回鲁国。

孔子之所以失败，是因为他推行的仁政或者说德政太理想化了。孔子生活的春秋时期，诸侯国(zhūhóu guó)已不受周朝中央政府的控制，各国为了土地、人口而互相攻击，各国内部贵族之间也因为争权夺利而矛盾重重，旧的秩序被破坏，新的秩序还未建立起来。孔子希望用“礼”来调节(tiáojié)贵族内部的关系，每个人都做符合自己身份的事情，不要超越自己的职权与地位；他鼓励每一个人都能加强自身修养(xiūyǎng)，与别人和谐相处，互相都能替对方考虑，保证对方的利益，他把这称为“仁”。

虽然孔子没有得到当权者的信任，可他坚持理想，安于贫穷，对生活、对社会始终报以积极、乐观的态度。他称赞他的学生颜回，说颜回住在一个简陋的地方，吃得也很简单，别人都觉得这样的日子没法再过下去，可是颜回内心很满足，一直都感到很快乐，并不为外在的物质条件而烦恼。孔子认为一个人对社会要有所贡献，但在他心目中，最高的人生境界（jìngjiè），应该是一种忘记功利、自然和谐的境界。有一次，他与学生们谈论人生志向，学生们纷纷表示要成为政治家、礼仪官、外交官等，只有曾皙说他的志向是在春天的时候，带着朋友、家人，穿着春天的服装，在河边游泳、吹风，欣赏春天的美景，然后唱着歌一起回家。孔子欣赏曾皙的志向，也向往着这样的生活。这表明孔子并没有将人生的得失放在心上。实际上，孔子思想对普通中国人的意义更多地体现在这些方面，体现在这种安贫乐道、积极乐观的人生态度上。

孔子晚年开始有目的地整理文献，编定《诗》《书》《礼》《乐》《易》《春秋》等书，把自己的是非标准、人生智慧、政治思想都体现在这些书中。他的学生们也把他的言论收集起来，编成《论语》一书。这些书后来都成为儒家的经典（jīngdiǎn），千百年来被人们反复阅读和背诵，对中国人、中国社会造成了深远的影响。可以说，孔子思想已经融入中国人的血液中，成为中国人精神世界不可分离的一部分。

词语释义

境界
extent or level reached

文化注释

1. 诸子百家

先秦众多思想流派的总称。“诸子”指孔子、老子、墨子、庄子、孙子、孟子等学术思想代表人物。

2. 诸侯国

西周实行封建制，天子把土地和人民分封给不同的贵族，形成大大小小很多个国家。这些国家原来受到西周天子控制，后来力量越来越强，渐渐失去控制。

3. 儒家的经典

儒家最重要的经典是四书五经，四书包括《大学》《中庸》《论语》《孟子》；五经包括《诗》《书》《礼》《易》《春秋》。

词语释义

一脉相承
come down in one continuous line

二、孟子

孟子，名轲，战国时期儒家代表人物。孟子继承并发扬了孔子的思想，成为仅次于孔子的儒家大师，有“亚圣”之称，与孔子合称为“孔孟”。

孟子的出生距孔子之死（公元前479年）大约100年。关于他的身世，现在我们已经不是很清楚，《列女传》记录他的母亲为了他有一个更好的成长环境而三次搬家，说明母亲对他的教育起了很大的作用。据《史记》的记载，孟子曾经向子思（孔子的孙子）的学生学习，可见孟子与孔子在学术思想上确实是一脉相承（yīmài-xiāngchéng）的。

和孔子一样，孟子也曾带领学生游历诸国，推行自己的思想主张。他先后到过齐国、宋国、魏国、鲁国等。他口才很好，这为他赢得了名声，跟随他的学生多达数百人，每到一个地方，他也总能受到国王的接见。可是他也和孔子一样，没能得到统治者的信任，晚年回到故乡，从事教育。

孟子继承了孔子的学说，发展了孔子的仁政思想。在孔子看来，治理国家其实并不复杂，统治者通过修身（即提高自己的道德修养），就可以把国家、天下治理好。孟子进一步说明了从“修身”“齐家”到“天下大治”这一过程中，一个人的美好品德如何推广成天下共有的品德。所谓“老吾老以及人之老，幼吾幼以及人之幼”，爱护自家的老人、孩子，把这种爱心再推广到别人家的老人、孩子身上，每个人都能这样做，仁德就逐渐推广开来。就像往水塘中扔块石头，水波一圈圈向外扩散，最终整个水塘都被波及了。

孟子的贡献还在于他提出了性善论，论证了这一道德推广过程之所以能够实现的心理、生理（shēnglǐ）基础。孟子认为，人性（rénxìng）本来是善良的，人生下来就有仁心。就好像看到一个婴儿快要掉到水井里了，不管认识不认识的人，都会情不自禁地紧张起来。在孟子看来，这种情不自禁地紧张，就是人性本善的证明。在此基础上，孟子进一步提出人都有四心，即恻隐（cèyǐn）之心、羞恶（xiūwù）之心、辞让（círàng）之心、是非之心，也因此有仁、义、礼、智。在孟子看来，提高道德修养，是每个人的生理与心理需要，就像我们每天都要喝水、吃饭一样。一方面，一个人善良的本性与“四心”决定了他要做好人，有修身的内在冲动（nèizài chōngdòng）；另一方面，一个人天生的是非之心与羞恶之心又决定了他知道什么是对的，什么是错的，他知道应该向谁学习，而且必定会向道德榜样学习。在这两方面的作用之下，全社会修养的普遍提高，仁德的推广并不困难。仁政也就成为自然而然的事，而不是一种不可能实现的空中楼阁。

既然人都有“四心”，那为什么社会上还有那么多不善良的人和事呢？孟子解释说，这是因为后天的欲望（yùwàng）把人的本性给遮盖了。他举例说，齐国首都附近的牛山光秃秃的，可是牛山一开始就是这样吗？不是

词语释义

生理
physiological

人性
human nature

恻隐
pity, compassion

羞恶
shame

辞让
self-effacing, modesty

内在冲动
immanent impulse

欲望
desire, lust

的，牛山本来长满了树木，可是天天有人拿着斧头到山上去砍树，牛山有再多的树也被砍光了。

欲望能遮盖人的善良本性，所以孟子强调修养的重要性，他非常详细地从技术上讨论了个人如何提高修养，具体说就是养气、养志与养性，也就是如何坚守一个人的本性，以此来完善人格。这些对后世的儒家，对每一个中国人都产生了很大的影响。

第二节 | 儒家的核心概念

一、礼

词语释义

沐浴
bath

习俗
custom

维持
maintain, keep

实质
nature, essence

尊卑
superiors and inferiors

礼是儒家最重要的概念之一，这与原始儒家有关。儒家最初都是些什么人呢？从字源上分析，“儒”表示一个人正在沐浴（mùyù），沐浴是主持礼仪的需要。最初的儒家其实就是以主持礼仪为职业的人，所以儒家非常看重礼。

礼的范围非常广，从国与国之间的关系到家与家之间的关系，从皇帝宴客到普通人的餐桌礼仪。在儒家看来，上到国家的各项制度、法律，下到人与人相处的种种礼节、习俗（xísú），都是礼。社会生活、社会秩序正是靠着各种各样的礼才能维持（wéichí）正常。儒家认为，如果没有礼，那人与动物也就没有什么区别，正如孔子比较欣赏的齐国政治家晏子所说，人之所以贵于禽兽，就是因为有礼。

礼的实质（shízhì）是什么？在儒家看来，礼是以一种合适的身份去和别人相处。在社会中，人与人之间都会有尊卑（zūnbēi）贵贱、长幼亲疏等方面的差异，尊卑贵贱决定一个人在社会上的地位和行为，长幼亲疏决定一个人在家族内的地位和行为，每个人都有自己的位置，也有不同的身份。儒家承认这些差异与分别，孟子说“物之不齐，物之情也”，就是说事物之间存在差异，这是自然规律决定的。就好像不同的人做出

来的鞋子，不可能完全相同，有的质量好些，有的质量差些。如果不承认这些差异、分别，无贵无贱无长无幼，那反倒有失公平，带来混乱(hùnluàn)。就好比不同质量的鞋子，如果不承认它们质量的差异，非得让它们卖同样的价钱，这会扰乱(rǎoluàn)市场，导致市场上出售的都是质量糟糕的东西。礼的实质，便是确认与维护这种差异，规定彼此间差异化的权利与义务：国王有国王的权利与义务，臣子有臣子的权利与义务，国王有国王的礼，臣子有臣子的礼。每个人都能以合适的身份去与人交往，便能避免矛盾，保证社会的和谐与和睦(hémù)。在儒家看来，礼是社会秩序的外化，是国家治乱的根本。

具体到一个人，他在自己父亲面前是儿子，这时他就要遵守儿子所应遵守的礼节；在自己儿子面前他又是父亲，这时候他要有做父亲的样子；他在自己的员工面前是领导，这时他应该承担做领导应该承担的责任；在自己的上级面前他又是下级员工，这时他应该履行(lǚxíng)做员工的义务。这些礼节、义务、责任都照顾到了，上下齐心协力(qíxīn-xiélì)，家

词语释义

混乱
chaos

扰乱
disturb

和睦
harmony

履行
perform, fulfil

齐心协力
make concerted efforts

词语释义

亦
also

束缚
bound, tie

庭、公司、国家才能团结一致，兴旺发达。

礼既然是人与人之间差异的确认与维护，从理论上说，这种差异是无穷无尽的，那么礼的数量也一定是很大的。比如说，一个人对自己的父亲、叔叔、堂叔，因为亲疏的差异，所遵行的礼节自然也应不同。经过儒家的归纳，仍然有所谓的礼仪三千的说法，数量仍然很多。要准确地掌握这么多的礼仪，不是一件容易的事，所以儒家强调要不断地学习。孔子不管到什么地方，见到什么人，都注意学习礼。所以孔子说，“学而时习之，不亦（yì）乐乎”。学礼，是儒家提高自我修养的主要内容。

学了礼，还要守礼。守礼，就是记住自己的身份，履行自己应尽的义务，承担自己应尽的职责，不做不应该做的事情。孔子说，“一日克己复礼，天下归仁”，如果人人都能守礼，在不同的时间、不同的地点，按照自己的身份，做自己应该做的事情，这个社会才能避免产生矛盾，维持正常的秩序，才能和谐发展。

二、仁与仁政

从字形来看，“仁”是两个人友好地站在一起。孔子说，“仁者爱人”，仁就是去关爱别人。每个人都关爱别人，也感受到别人对自己的关爱，这个世界就会美好得多。

儒家强调礼，但同时又认为，一个人做到守礼、守法、守秩序，这还不够，还要有仁心。礼是仁的外在表现，仁是礼的内在核心。儒家认为如果只讲礼而不讲仁，那么礼所代表的秩序就会像绳子一样把人越捆越紧，让人很不舒服。社会虽然有秩序，可如果没有仁心，一个冷冰冰的世界绝对谈不上和谐，也难以长久，最终还是会导致冲突与混乱。要实现社会和谐，人与人之间应该互相关心，互相爱护。有了仁心，才能真正自觉自愿地按照礼的要求来做事，而不是把礼当成一种束缚（shùfù）。

那怎样才能做到仁呢？怎样去关爱别人，知道对方想要些什么、不想要什么？怎么才能避免冒犯(màofàn)别人呢？孔子认为并不难，当你考虑该如何去做一件事情的时候，应该站在别人的角度来考虑一下。“己所不欲，勿施于人”，如果一件事，你不希望别人这样对你，那你也不要这样对待别人。“己欲立立人，己欲达达人”，如果你希望自己顺利，那就要明白，别人也有同样的想法和希望。就好像一个没有红绿灯的十字路口，你想先过去，可是别人也想先过去。如果大家按顺序通行，每辆车都能很快通过；如果大家都抢先，不考虑别人，一窝蜂(yīwōfēng)地往前挤，结果就是所有的车都堵在那儿，谁也走不了。仁，就像孔子所说的，要像对待自己一样对待别人。

其次，仁者爱人，爱的对象并不是抽象的世界，而是一个个具体的人。儒家的经典《中庸》说，“仁者，人也，亲亲为大”。一个仁者，他先爱自己身边的家人，再推而广之，爱朋友，爱邻居，然后再到整个社区(shèqū)、整个国家的人。孟子说，“老吾老以及人之老，幼吾幼以及人之幼”，关爱自己的老人和孩子，再推广到关爱别人的老人和孩子。一个不爱自己家人的人，很难想象他会去爱朋友，爱邻居，爱全世界。

统治者以仁心来施政，就是仁政。按照孔子对仁的解释，仁政就是要求统治者爱民，关爱老百姓，以人民为本。所以孟子直接提出，“民为贵，社稷次之，君为轻。”也就是说，对于一个国家来说，老百姓最重要，其次是国家，再次才是统治者。孟子甚至认为，统治者有过错，臣民可以提意见，提意见多次不听，就可以推翻他。

在制定具体政策时，仁政要求统治者学会换位思考，从人民的角度来考虑问题。所以孔子的学生有若建议鲁国国王减免税收，从十分收二降低到十分收一。孟子主张，统治者应保证人民的生活水平，使人民都有基本的衣食，这样才能使人民有信心，国家也才能有稳定的基础。

词语释义

冒犯
offend

一窝蜂
do something in a confused manner

社区
community

词语释义

运行
run, move

轨迹
path

纹路
line, grain

好好先生
one who tries not to offend anybody, a man who is always polite and never says no

三、道、理、格物致知

从字面上说，道就是道路，万事万物都有自己的运行轨迹(yùnxíng guǐjì)和发展道路，不能偏离。太阳、地球都有运行轨迹，树木花草都有成长规律，如果偏离轨迹，违反规律，就会带来混乱和灾难。

理，最初的意思是指物体内在的纹路(wénlù)，比如木头、玉石的纹路。一个优秀的木匠在制作木器时，善于顺着木头本身的纹路来制作；一个优秀的玉匠在加工玉器时，善于顺着玉石本身的纹路来加工。这样，才能最大程度保留木头、玉石本身的美。这样的加工方式，也是最省力、最科学的。

儒家认为，世界和社会也有自身的“纹路”，而这些纹路就是这个世界、这个社会内在的特点、规律和道理。比如水到了100℃就会变成蒸汽，苹果总是从高处往低处掉落，以及人的生老病死等等。到了宋代，儒家学者们进一步假设，除了万事万物都有各自的特点与规律外，世界和宇宙还有一个总的原则——“天理”，它是人类社会的最高原则。

在儒家看来，一个人要有仁心，要关爱别人，替对方考虑，但并不是要你做好好先生(hǎohǎo-xiānsheng)，也不是要你放弃自己的原则。真正的仁者，按规律做事，让事物得以和谐发展，最终大家都从中得到好处。

中国的各个思想流派都讲“道”，都认为自己的学说最符合“道”，所以儒家有儒家的道，道家有道家的道，甲有甲的道，乙有乙的道。那怎么才能知道自己找到的道路、规律是正确的，是符合实际的呢？儒家认为不能只凭想象，不能武断，而要“格物致知”，也就是认真研究每一个东西、每一件事情，认真研究客观世界，找到其中规律，然后利用这一规律为人类、为社会做事，造福人类。比如英国科学家瓦特通过观察烧水的炉子，发现水蒸气的力量，发明了蒸汽机，才有了火车、汽车、轮船等，给人类带来了极大的方便。找到规律、道理，按规律做事，才能做到真正的心安理得，才能“随心所欲”而不违反规矩。儒家把“格物致知”看作一个人提高自身修养的基础。

可是中国古代的儒家学者们偏向于研究人的内心、人性，以及作为宇宙最高原则的天理，却忽视了对外部世界客观事物的研究。他们从儒家经典和个人感悟中进行研究，而不以实践、实验的方法来思考和探索。儒家的大学者朱熹（Zhū Xī）说，致知格物，关键在“即物而穷其理”，也就是观察、研究客观事物，寻找它的规律。可是包括朱熹在内的儒家在这一方面做得都不够好。曾有一个明代大学者王阳明的故事，很能说明儒家在研究方法上的不足。王阳明为了“格物致知”，曾跑到屋前去看竹子，希望以此得到有关竹子的知识和道理。他连续看了七天，用心去感悟，可是最终什么知识也没获得。如果只是动眼而不动手，如果只是用感悟的这种方式，而不是实践、实验，大概再看几百年也无法获得有用的知识。

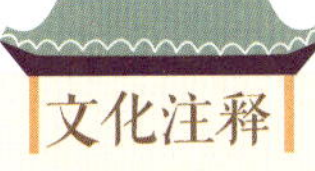

文化注释

朱熹：南宋的儒家学者，是儒家理学的代表，他的思想后来成为官方学说，在中国影响极大。

第三节 |《周易》与阴阳五行

《周易》是儒家重要经典，内容包括《经》和《传》两部分，《经》主要是六十四卦（guà）和三百八十四爻（yáo），卦、爻各有解释说明文字，即卦辞和爻辞。相传中国最早的帝王之一伏羲氏通过观察天上日月星辰的运行轨迹、地上山川河流的走向，又研究鸟兽的毛皮纹路等，画出了八种图形：☰、☷、☳、☴、☵、☲、☶、☱，分别象征天、地、雷、风、水、火、山、泽八种自然现象，后世将这八种图像称为八卦。相传西周的周文王把这八种图形上下组合，又进一步创造出六十四卦。据现代学者研究，《周易》的《经》部可能产

生于西周早期，最初是一部卜筮（bǔshì）之书，用八卦来推测自然和社会的变化，为人们提供行动的依据。

《传》是对《经》的解释，相传是孔子所作。《传》认为，《周易》是古代圣人观察世界，对大自然进行模拟（mónǐ）、仿效（fǎngxiào）的结果，体现了天地阴阳变化的规律，其中也包含着深刻的人生道理，于是《周易》成为一部可以治国安邦（zhìguó-ānbāng）、修身养性的经典。

在长期的生活实践中，古代中国人建立了一套认识和分析世界的知识系统，这个系统以阴阳、五行观念为核心。

古代中国人认为宇宙间有两股力量，一为阳，一为阴。人们在日常生活中观察到世界上一切现象都有与它相反或相对的方面，比如天与地、日与月、昼与夜、男与女、雄与雌、暖与冷、夏与冬、君与臣、上与下等，后来就总结出“阴阳”的概念，用来解释自然界以及人类社会两种矛盾对立但又互相促进的气或力量。阴阳两种力量相反相成（xiāngfǎn-xiāngchéng），互相作用，宇宙因此有了活力，宇宙万物的发展变化也因此获得了动力。《易传》说，“一阴一阳之谓道”，把阴阳的

词语释义

卜筮
divination

模拟
simulate

仿效
imitate

治国安邦
manage and safeguard a country

相反相成
be both opposite and complementary to each other

矛盾对立和转换变化看成宇宙的根本规律。

五行即金、木、水、火、土五种物质，中国古代思想家把这五种物质作为构成世界万物的基本元素(yuánsù)。古人用五行观念来解释说明世界万物的起源，古人也因此认识到，世界万物虽然种类很多，但构成万物的基本元素却只有五种，世界具有多样统一的特点。五行的“行”字有“运行”之意，包含着一个非常重要的观念——万物之间是相通的，可以互相变动转化。五行观念后来进一步发展，与五方（东、西、南、北、中）、五色（青、赤、白、黑、黄）、五脏（肝、肺(fèi)、肾、脾、心）、五常（仁、义、礼、智、信）等联系起来，涉及的内容就更广泛了。

到战国时期，五行与阴阳这两个中国文化中非常重要的概念就已经结合在一起，用来表示宇宙间万事万物周而复始的变化。在这样一种世界观看来，世界是一体的，以五行为构成元素，以阴阳为变化动力，通过五行、阴阳的中介作用，天、地、人可以互相感应(gǎnyìng)，由此产生天人感应、天人合一的思想。

最初的天人感应、天人合一强调天道与人道的相通，将人的活动与自然界的现象联系起来，带有较强的神秘色彩。今天我们说的天人合一，更多强调中国人思维方式中对整体性、关联性的重视。中国人看重自然界事物之间的相互关联，也看重人与人之间以及人与自然之间的相互关联。中国文化将世界看成一张“关系网”，任何一种事物都无法独立在这张网之外。

按照天人合一思想，人是宇宙整体的一部分，是万物中的一种。人与自然，并不是改造与被改造的关系。人自身的发展，人对自然的改造，最终目的都是求得世界整体的和谐，万物（包括人类）在这个和谐的世界中各得其所(gèdé-qísuǒ)。

词语释义

元素
element, elementary substance

肺
lung

感应
response, interaction

各得其所
play their poper role

文化注释

《周易》的爻与卦

爻，卦画的基本单位为“爻”，爻分奇画与偶画，奇画由一条长的横线而成“—”，俗称“阳爻”；偶画是以两条断开的横线而成“- -”，俗称“阴爻”。

卦画（卦的符号），即由“—”“- -”奇偶画爻组成。每一卦从最底层数起，总共有六爻。

六十四卦最初由八卦相重而成，所以六爻卦亦可以分解为上半部分和下半部分，即上卦（又称外卦）和下卦（又称内卦）。如“复”卦（䷗），为上“坤”（☷）下“震”（☳）。

第四节 | 道家

一、老子

词语释义

审美
aesthetic

按照《史记》的说法，老子姓李名耳，春秋时期人，曾做过周朝守藏室之史（管理藏书的官员），孔子曾经向他学习过礼，这说明老子在当时就以博学而闻名。

老子的思想，都体现在《道德经》一书中。《道德经》不长，只有5 000多字，汉代时分为《道经》与《德经》，共81章。虽然简短，但它对中国文化的影响却极大，以它为基础，先后产生了哲学流派道家和宗教流派道教。老子思想影响了中国人思维方式和审美（shěnměi）趣味的形成。《道德经》一书于唐代传入日本，15世纪左右传入欧洲，在海外也产生了很大影响。

老子哲学的核心是“道”，“道”是什么呢？在老子看来，“道”表示宇宙本来的状态，是天地形成、万物出现之前宇宙原始的状态。所以老子说，“有物混成，先天地生”。“道”又是世界的本源，天地万物都是由“道”产生而来。“道生一，一生二，二生三，三生万物”。

那么“道”有什么特点呢？“人法地，地法天，天法道，道法自然。”在老子看来，“道”是自然而然的，是“莫之命而常自然”的，它并不听从谁的命令，也不刻意追求什么，一切都顺其自然。道是这样，由“道”派生（pàishēng）出来的宇宙间的万事万物也都是这样，日出日落，花谢花开，鸟在天上飞，鱼在水中游，老虎吃肉，兔子吃草，一切都是自然而然，按照自身的规律发展。人是万物之一，不仅要顺从人自身的规律，还应尊重其他各种事物的规律，不能强行改变这些规律。老子因此将自然和人为对立起来。人为是对自然状态的破坏，是不尊重事物的客观规律。

“道”又是无为的，老子说，“道常无为，而无不为”。无为，才能做到顺其自然。无为并不是说什么都不做，消极地等待事情的成功。而是说，一切行为、活动都应该在顺应自然的基础上去做，不能违反自然的规律，强行改变自然的节奏。老子反对的是盲目（mángmù）作为，乱作为。

词语释义

派生
derive

盲目
blindly

词语释义

膨胀
expand, inflate

滋润
moisten

寓言
fable, allegory, parable

老子用“道”以及“道”的特点来观察世界和人类社会，提出了许多富有启发意义的人生哲理。他顺应“道法自然”“道常无为”的特点，认为人生在世，应当不争。老子认为，争斗是由人的欲望膨胀(péngzhàng)所引起的，违反了自然、无为的特性，人的欲望也随着争夺而越来越膨胀，最终导致灭亡。只有清静无为，才符合世界和人类社会的发展规律，立于不败之地。

老子又进一步提出以柔弱胜刚强的人生哲理。他说，“水善利万物而不争”，水是柔弱不争的最好榜样。人总是受到欲望的推动，好高而恶下，而水却永远往低处流，不考虑自己的得失，只有如此，才能滋润(zīrùn)万物，成就最大的功业。所以老子说，天下没有比水更柔弱的，但水却能战胜最坚强的东西。水因为不争，不为利益和欲望推动，所以能无往而不胜。

老子还提出“反者道之动”，认为矛盾的事物可以互相转化，“祸兮福所倚，福兮祸所伏”，好事可能转化成坏事，祸事也可能转化为福事。这句话对中国人的思维方式、处世方式产生了很大的影响。后世的道家学者用了一个寓言(yùyán)来说明它：塞翁家中有匹马跑丢了，邻居都来安慰他，塞翁说，“不必安慰，说不定是件好事呢。”不久，这匹马带着很多良马又跑回来了，邻居们都来祝贺，塞翁说，“先不要祝贺，说不定是件坏事呢。”结果，塞翁的儿子就因为骑马把腿摔断了。邻居们又来安慰，塞翁却说，“说不定是件好事呢。”不久，国家发生战争，青年都要当兵打仗，塞翁的儿子因为腿摔断了而无须当兵。好事、坏事就是这样互相转化，因此要用发展的眼光去看问题。

二、庄子

庄子名周，战国时期人，曾做过宋国管理漆园的小官，此后便拒绝做官，以讲学为生，成为老子之后道家的代表人物。

庄子生活困难，衣食经常短缺，总是身穿打了补丁(bǔdīng)的粗布衣服，脚穿用草绳绑住的破鞋子。但在战国那样的乱世，庄子认为这样才能保全自己的自由和生命。他曾经用两个比喻(bǐyù)来说明自己为什么拒绝做官。他对魏国国王说，不做官的时候，他就像树林中的猴子，自由自在，可是一旦做官，就会变成像荆棘(jīngjí)林中的猴子，行动做事必须十分小心。在拒绝楚国国王邀请他做高官的时候，他又说，不做官的时候，他像拖着尾巴在泥水中爬来爬去的乌龟，虽然低贱，可是自由；一旦做官，就像神庙中供着的神龟遗骨，虽然高贵，却失去了生命。

对庄子来说，保全生命和个人的自由、自尊是放在第一位的。曾经有邻居来向他夸耀，自己因为替秦国国王做事而被赏赐了很多车马财宝。庄子讽刺(fěngcì)说，听说秦王屁股上长了疮(chuāng)，舔(tiǎn)一下就给一辆马车，邻居的车马大概就是这么来的吧。为统治者服务，必然要放弃自尊，庄子不愿意这么做，他也因此被后代的读书人看成保持自由、自尊的榜样。

在哲学上，庄子继承和发展了老子“道法自然”的观点，认为事物都是按照各自的发展规律，选择适合自己的方式在发展变化。他提出“齐物”的观点，认为万物都是平等的，应该齐物我、齐是非、齐大小、齐生死、齐贵贱。他举例说，大鹏鸟能飞到九万里的高空，小麻雀却最高只能飞到树顶，看起来大鹏鸟能力更强、更优秀，但小麻雀不也选择了一种适合自己的生活方式吗？在自由快乐方面，小麻雀并不比大鹏鸟差。说到底，大鹏鸟和小麻雀都有所依靠才能飞行。大鹏鸟飞得高，所依靠的空气浮力更大；小麻雀飞得低，所依靠的空

词语释义

补丁 patch

比喻 metaphor

荆棘 brambles

讽刺 irony

疮 sore

舔 lick

词语释义

逍遥
free and unfettered

打鸣
crow

枝
branch

美学
aesthetics

马鞍
saddle

马笼头
headstall

气浮力要小一些。但无论大鹏鸟还是小麻雀，都做不到真正的逍遥(xiāoyáo)。要做到真正的逍遥，必须做到“无待”，也就是无所依靠，完全顺应大道。

在处世哲学上，庄子提出，人生在世要处在材与不材之间，也就是有用与无用之间。他举例说，成材的树木总是先被砍倒，这是因为“材”；可是不打鸣(dǎ míng)的公鸡也容易先被杀掉，这是因为“不材”。因此在乱世之中，处在材与不材之间才更容易保全生命。

他进一步提出要重视无用之用。什么是无用之用呢？庄子举例说，一棵不成材的大树，树枝(zhī)、树干都弯弯曲曲，做不成任何家具，木匠们因此放弃它，它也因此而越长越茂密，从这一点上说，这棵树是无用的。但换一个角度，这棵茂密的大树长在路边，给行人提供阴凉，如果再搬来一张躺椅，让人逍遥地在树下休息，不也是一件非常美好的事情吗？难道能说这棵树真的没用吗？

庄子的美学(měixué)思想对中国人影响也很大，他说“天地有大美而不言”，自然最美，不要用人为的东西去破坏天然的美。他举例说，对于马来说，什么时候才是最美的呢？是披上漂亮的马鞍(mǎ'ān)，戴上金银装饰的马笼头(mǎ lóngtou)的时候，还是无拘无束在天地间自由奔跑的时候？

第五节 其他思想流派

一、法家

春秋以前，法律只适用于社会地位较低的人，社会上也没有形成文法，如何定罪，如何判刑，一切都随贵族统治者的心意而定。因此，法律在那时所起的作用并不明显。

到了春秋战国，有一派学者开始看重法律对治理国家的作用，这一派是法家。当时，各个诸侯国都或多或少采用了法家的学说来改革，改革比较晚但最彻底的是秦国，秦国也因此强大，最终统一了中国。

为什么是法家使秦国强大起来，而不是别的学派？因为法家的学说在当时最具有现实针对性。诸侯国在国内面对的最大问题是权力分散和权力下移，国王不能有效地把全国的力量集中起来。而法家反复强调权力必须集中在中央，他们提出要用法、势、术来保证权力集中在国王手中，防止臣下夺权。法是法律，势是权势，术是保持权势的种种手段。

在法家的代表人物中，商鞅主要讲法，慎到主要讲势，申不害主要讲术。而韩非则将三者综合在一起，成为法家的代表，也是与儒家争论的主力。法家和儒家的争论主要围绕着应该以礼治国还是应该以法治国来进行。

儒家以礼治国，实质是承认每个人在社会中都有一个不同于他人的身份与地位，儒家承认这些差异与分别，又根据这些差异给不同的人规定不同的权利与义务，于是贵有贵的礼，贱有贱的礼，长有长的礼，幼有幼的礼，君君臣臣父父子子，建立起社会秩序。

法家批评儒家这样的做法，认为这样做反而会给社会带来混乱，因为人的身份总是多样的。韩非举例说，有个楚国人，他父亲偷羊，于是他把父亲告到法官那儿，法官该怎么判呢？这个人虽然对国王、政府很忠心，但却对父亲不孝，是国王的忠臣，却是父亲的不孝儿子。楚国的法官最后下令把他杀了，他应该被杀吗？韩非又举例说，有个鲁国人跟着国王出去打仗，可是每次都在战场上当逃兵。孔子问其中的原因。这个逃兵说他有老父亲，如果自己战死了，父亲就没人养了。孔子把这个逃兵作为孝子的榜样，上报给国王，让国王奖励。可是这个鲁国逃兵，应该奖励吗？楚国人与鲁国逃兵都有双重社会关

词语释义

防止 fángzhǐ
prevent

权势 quánshì
power and influence

孝 xiào
filial piety

奖励 jiǎnglì
reward

系，既是君之臣，又是父之子，想做忠臣就不能做孝子，想做孝子就不能做忠臣，以礼来判断是非对错，会带来混乱，总不如以法来判定那么清楚，所以法家更愿意以法来治国。

儒家以礼治国，相信道德教育的力量，认为统治者只要自己做好道德榜样，做尧、舜那样的圣人，就很容易把国家治理好。比如舜，为了解决历山农民争抢土地的问题，就亲自到历山去做农民，花了一年的时间，用自己的谦让(qiānràng)品德感动别的农民，不再争抢土地。韩非则批评说，舜这样治理国家，效率非常低，一年只解决了一个问题，一辈子也解决不了几个问题。而且，像尧、舜这样的明君，一千年也没几个，如果迷信(míxìn)尧舜而放弃法律，则国家常乱；只有相信法律，丢掉对圣人的幻想，国家才能治理好。

在法家看来，礼是过去的一种制度。时代变了，出现了新的问题，如果还想着用礼来解决，就如同刻舟求剑(kèzhōu-qiújiàn)一样可笑。

词语释义

谦让
modestly decline

迷信
have blind faith in

刻舟求剑
carve a mark on the gunwale in the moving boat where a sword was lost — ridiculous stupidity

二、兵家

春秋战国之时，战争不断，产生了一个研究战争、研究军事理论的学派，即兵家。兵家的主要代表人物有春秋末期的孙武、战国的吴起和孙膑，代表作有《孙子兵法》《吴子》《孙膑兵法》等，其中以孙武的《孙子兵法》最为著名。

孙武是春秋末年齐国人，他由齐入吴，受到吴国国王阖闾的重用，带领吴军打败楚国，取得了很大的胜利。孙武总结带兵打仗的经验，研究军事理论，写成《孙子兵法》十三篇，既有实战指导意义，又有很强的哲学意味（yìwèi），被后世尊为兵书之祖。

《孙子兵法》是一部兵书，研究怎么打胜仗，但并不鼓励统治者或将军们好战。它提出“兵者，国之大事，死生之地，存亡之道”，不管对于什么人、什么国家，战争都是关系到士兵和百姓生死、国家存亡的大事，决不可轻易发动战争，更不能好战。所以，《孙子兵法》不断提醒统治者和将军们要慎重对待战争，决不能因为一时激动而挑起战争。

《孙子兵法》提出不战而使敌人屈服（qūfú），反对过分使用武力（wǔlì）。战争的目的是取得胜利，实现己方的利益，并不是杀人越多越好，要尽量避免对国家的破坏和对人的伤害，尽量使用政治、外交、经济、心理以及各种威慑（wēishè）手段来取得胜利，不战而使敌人屈服，才是最理想的。

《孙子兵法》提出应“先计而后战”，要事先对敌我双方的各种因素进行比较研究，全面地分析敌我、众寡、强弱、虚实、攻守等矛盾因素，了解双方的真实情况，做到知己知彼，掌握战争的主动权。

《孙子兵法》强调战略战术的灵活运用。战场上的情况千变万化，要根据敌人的情况而不断调整变化，不应机械（jīxiè）地套用理论；要善

词语释义

意味
signify, mean

屈服
yield

武力
(military) force

威慑
terrorize with military force

机械
inflexible

词语释义

推崇
hold in esteem, praise highly

于根据实际情况创造有利于自己的环境和条件，不能只沿用过去的或别人的经验。

《孙子兵法》具有很强的指导性，受到各国军人和军事学家的推崇（tuīchóng）。唐朝时《孙子兵法》就传播到了日本，18世纪传播到了欧洲，今天更是成为各国军事院校的必读书。《孙子兵法》的很多观点具有很强的哲学意味，把战争中的智慧提升为具有普遍意义的方法和原则，适用于社会生活的方方面面，它的影响也因此逐渐超出军事领域，开始在经济、政治、外交等多个领域发挥作用。《孙子兵法》也成为世界各国商界、政界、体育界不少人士赖以成功的人生宝典。

兵家思想在中国流传较广、影响较大，于是有人根据兵家思想与史书中的实际战争例子，总结成所谓的“三十六计”，在民间传播。“走为上计（zǒuwéishàngjì）”“借刀杀人（jièdāo-shārén）”“调虎离山（diàohǔ-líshān）”“苦肉计（kǔròujì）”等都是中国人熟悉的故事，其中包含的斗争智慧和人生哲学，已经成为中国人宝贵的精神财富。

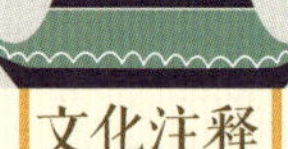

文化注释

1. 走为上计

碰到强大的敌人，暂时回避是最好的办法。

2. 借刀杀人

自己不出面，借别人的力量去打击敌人。

3. 调虎离山

想办法引诱敌人离开他熟悉的地方。

4. 苦肉计

故意伤害自己，骗得对方的信任。

思考题

1. 孔子讲“仁”，是希望大家都去做好好先生吗？

2. 在庄子看来，大鹏鸟的生活状态比小雀儿更好吗？

3. 孟子讲“人性本善”，中西方在这方面有什么不同？

第五章 宗教

词语释义	

词语释义

需求
demand

中国的宗教信仰与世界其他国家的宗教信仰情况有些不同。在中国，不管是本土宗教还是外来宗教，一直没有出现过一种宗教控制所有人精神信仰的情况，也就是说，中国不存在所谓的国教，而是多种宗教共同存在，互相影响，各自发展。而且，不论什么宗教来到中国之后，总是不可避免地与中国文化融合，最终带上一些中国色彩。

第一节 中国本土信仰与宗教

自给自足
be able to support oneself (and supply one's own needs)

传统的中国文化是一种农业文化，农民们自己种田，养鸡养猪，满足自己的生活需求（xūqiú），过着自给自足（zìjǐ-zìzú）的生活。这种生活状况形成了中国人讲究现世和现实利益的文化心态（xīntài），宗教信仰的目的是希望对现实的生产、生活有直接帮助。对老百姓来说，既然信神是为了有助于现世生活，那么，不管什么神，释迦牟尼佛也好，太上老君也好，上帝也好，只要能在苦难的时候提供救助和安慰，就是值得信仰的神灵。所以，他们常常并不只是信仰某一种宗教，而是既拜佛，又拜老君。也正因为这个原因，中国的庙里既有观音，又有火神、财神等，方便人们祭拜。

一、民间信仰

中国的民间信仰是指中国民间广泛存在、自发（zìfā）形成的对某些神、鬼、祖先、圣人以及其他一些超自然力量的信仰或崇拜。各国都有民间信仰，但像中国社会这样，一直到很晚的时候，仍然有着丰富的民间信仰的，却不是很多。这可能与中国人讲究现实利益有关。现实生活总是有那么多不如意的地方，需要求助于神的时候也就很多。在中国人眼中，每一种东西都有主管之神，山有山神，河有河神，花有花神，树有树神。每一种工作或者职业也都有主管之神，所以有财神爷、送子观音、灶神、土地神……假如某年粮食歉收，那是土地神拜得太少；假如某年钱赚得不多，那是财神拜得不够。事实上，中国老百姓拜起财神爷、土地爷和送子观音娘娘来，要比拜玉皇大帝或释迦牟尼佛等还要来得更虔诚、更积极。

神既有全国性的，比如关公（Guāngōng）（元代以后，每个大点的村子几乎都有一座关公庙）；也有地方色彩非常强的，比如妈祖（东南沿海对妈祖有着虔诚的信仰，可内陆地区的人并不知道妈祖是谁）。

民间信仰一般不具备完整的教义，也缺乏相关的经典。比如关

词语释义

心态
mentality

自发
spontaneous

词语释义

祷告
pray

符号
symbol

图腾
totem

于关公，人们只知道在关公面前跪拜烧香，希望关公可以保佑自己发财，可是却并没有什么可供诵读的经文，只有随口念诵的几句祷告（dǎogào）之词。

民间信仰一般也没有严密的组织或复杂的仪式。比如每个村子可能都有一间祭拜土地神的土地庙，可是绝大多数土地庙中并没有像和尚、道士那样的神职人员；有关土地神的祭拜仪式，可能是在春秋两季的某一天，全村人集中在一起，由村里有威望的人主持活动，但具体的仪式，每个村子都有所不同。

有些民间信仰则有比较严格的仪式，比如对妈祖这样的地方性神灵的祭拜。经过很长的历史时间，有些信仰形成了比较固定的象征符号（fúhào），变成了类似于图腾（túténg）的东西，比如雨神常用龙的形象。

对风水的信仰也比较有中国特色。在相信天人合一观念的中国人眼中，人是环境的一部分，自然要受到环境的影响。不同的地方、不同的环境，由于所在位置山川河流的走向不同，会影响到风、水、气

的流动，进而影响这个环境中的人与事，给人带来吉凶祸福。所以，挑选在什么样的地方建房或修坟时，中国人总是特别慎重，因为这关系到一辈子和子孙后代的祸福。后世的风水说影响越来越广，不只是选位置建房与修坟，甚至窗户、房门的朝向，桌椅家具的安排，花草的摆放……在相信风水的人看来，都能够影响人的健康与否，及事业的成败。

文化注释

关公

关羽，本是三国时一名武将，以忠义著名，后来渐渐被神化，被称为“武圣”。道教尊关公为关帝圣君。民间又尊关公为财神。

二、祖先崇拜

世界各国的文化中或多或少都有祖先崇拜的因素，中国因为农业文化发达，聚族而居的现象特别明显，所以祖先崇拜也就更突出一些。

一般来说，古代的中国人认为，死去的祖先其灵魂（línghún）仍然存在，会影响现世子孙的生存，所以中国人祭拜自己的祖先，希望祖先的神灵能保祐自己。随着社会的文明程度加深，祭拜祖先更多是为了表达对祖先的追思和怀念，是感恩之情和亲情的一种表现。当然，祭祖也有现实目的，为了提升同一宗族的认同感，加强宗族凝聚力。

儒家的忠孝观念也强化了祖先崇拜，在儒家看来，应当尊敬已经去世的先人，在节日时要举行祭礼。大概在周朝的时候，随着礼乐制度的建立，祖先崇拜开始制度化，大大小小的贵族都立宗庙祭祖。按照儒家的说法，皇帝应该立七庙，祭开国始祖和血缘最近的六代祖先

词语释义

灵魂
soul

词语释义

祠堂
ancestral temple

（北京太庙就是皇帝祭祖之庙），而老百姓没有资格设立宗庙，祭祖只能在自家房屋的厅堂中进行。直到明朝，朝廷才允许老百姓建立宗庙，有能力的宗族纷纷建立本族的祠堂（cítáng），祭拜祖先。到了清朝，几乎每个村子都建起了自己祭祖的祠堂。祠堂也成了所在村子的宗教中心与权力中心。

词语释义

源头
origin, source

原始社会
primitive society

支配
dominate

三、道教

道教是中国本土产生的宗教，它形成于东汉时期，但它的渊源却更早。道教的源头（yuántóu），一是原始宗教和巫术。在原始社会（yuánshǐ shèhuì），人们对很多自然现象不能理解，认为有鬼神在起支配（zhīpèi）作用，于是采取祭拜和祈祷的办法，以求得鬼神的保佑，求福消灾。二是春秋战国时代产生的方术。方术认为药物能使人长生不老，甚至成仙。中国历史上秦始皇、汉武帝等都曾相信方术，派人到海外求取仙药。三是道家学说。道家说的“道”本身就比较神秘，道家所宣传的养生理论，也包含了长生的思想，这些思想后来都被道教吸收。

道教的正式产生是在东汉顺帝时期，创始人张道陵在四川鹄鸣山中修道，编写《道书》24篇，把老子尊为教主，用符水、咒语给人治病，教人修道，很快拥有一批信徒。张道陵把信徒按地区分为24个教区，每个教区都有信徒集中开会修道的房子，相当于后来的道观，也有专门的“祭酒”负责管理这个地区的信徒，相当于后来的道士。因为入道的人必须交纳五斗米，所以又称“五斗米道”。张道陵自称天师，就是上天派下来传道的老师。

道教的基本信仰是“道”，道教把“道”看成宇宙的本体（běntǐ）、天地万物的创造者。道生元气，又由元气发展变化出玉清境清微天、上清境禹余天、太清境大赤天，这就是道教所说的“一气化三清”。道教崇拜的三个最高神就分别住在这三清天上，元始天尊住玉清境清微天，灵宝天尊住上清境禹余天，道德天尊住太清境大赤天。此后，道教的教义不断丰富，神仙系统也逐渐完备（wánbèi）。

和其他宗教一样，道教在发展过程中也产生了很多派别。根据宗教活动形式的不同，可分为两大派：丹鼎派和符箓派。丹鼎派由方术发展而来，主要特点是炼制丹药（dānyào）、祈求长生成仙。符箓派由巫术发展而来，主要特点是鬼神崇拜、画符念咒（huàfú-niànzhòu）、驱鬼降妖，祈福消灾。元朝以后，道教主要分为正一、全真二派。正一道以江西龙虎山为基地，保留了符箓派的许多特点，这一派的道士可以结婚，历代天师都是张道陵的后代，受到朝廷尊重。全真派试图（shìtú）把儒家、道教、佛教三家的教义融合在一起，注重修身养性，以隐居修炼为主，不重符箓，也不炼丹，且道士必须出家，不能结婚。

道教的基本特点是保留了较多的民间信仰和方术，把民间信仰中的很多神灵也吸纳到它的神仙系统中，比如关公、妈祖先后都成为道教中的神仙。这种特点使它与中国的传统文化、民间风俗、老百姓的日常生活紧密地联系在一起。道教以长生成仙为信仰目标，以修身养性为现实利益，用驱鬼治病来吸引信徒。成仙虽然难以实现，但修身养性却是现实可行的，驱鬼治病更是受到缺医少药的普通百姓的欢迎。因此，道教在很长的历史时期中都有强大的生命力。

道教重视养生，为此发展出来的养生之道和导引之术（呼吸控制

词语释义

本体
noumenon

完备
complete

丹药
medicinal pellet

试图
try, attempt

词语释义

传授
impart, teach

和肢体运动相配合的一种养生术），是中国某些传统医学、气功、武术的直接源头，至今仍受人们关注。比如武当派的武术太极拳就是武当山的道士们在养生锻炼过程中创造出来的。

在长期的发展过程中，道教对中医、中药的形成也起到了很大的推动作用。中药当中不少丹药就是来自道教炼丹术。

道教经书分为《洞真》《洞玄》《洞神》三部分，相传是由道教三位最高神天宝君、灵宝君和神宝君把天上的宝书传授（chuánshòu）给道士们的，实际上是东汉、魏、晋以来道士们假托天神的名义自己创造出来的。此外，先秦思想流派中的一部分，如《老子》《庄子》《列子》等也被道教归入其经典之中。

道教认为，神仙修炼和居住喜欢选择高山深洞，所以中国的名山几乎都与道教有关系，道教也因此形成了三十六洞天、七十二福地的说法。著名的泰山就是道教的第二洞天，华山则是第四洞天，武当拳的发源地武当山则是第六十五福地。比较著名的道观有楼观台、上清宫、白云观等。楼观台据说是最早的道观，是老子讲授《道德经》的地方，上清宫则是历代天师在龙虎山居住修炼的地方。

画符念咒

道教宣称“符”是天上神灵的命令，“咒语”则是道士们与鬼神交流的语言。通过画符念咒，道士们获得鬼神给他们的力量。

第二节 佛教

一、佛教进入中国

公元前6世纪，佛祖释迦牟尼出生于古代印度，他生活的年代大约与孔子同时。释迦牟尼建立了佛教。那佛教是什么时候传入中国的呢?

大约在中国的秦朝、西汉时期，也就是释迦牟尼死后200多年，佛教已经流传到了今天中亚的各个国家以及中国的新疆地区。新疆地区当时有很多小国，沿着丝绸之路分布，这些国家与西汉有商业、外交甚至战争等方面的人员往来，佛教自然而然也就沿着丝绸之路传进中国内陆。现在能看到的最早记录是公元前2年，当时的大月氏国王派了一个外交官伊存来到中国当时的首都长安，伊存是个佛教徒，他把佛教知识传授给了一个名叫景卢的中国官员。此外，佛教还有从海上经过东南亚传进中国的南传路线。

佛教最初传进中国时，只被少数人接受，没被上层社会注意。真正被社会上层接受，是到了东汉时期。东汉初年，楚国国王刘英接受了佛教信仰，在自己的王宫里安放佛像，进行膜拜。他的哥哥，当时的东汉皇帝汉明帝刘庄，据说有天晚上做了一个梦，梦见一位金色身体的神人，升在空中。醒来后他问大臣，这个神人是谁。有人告诉他，这是西方的佛。汉明帝于是派人到西方去学习佛法，迎接佛像。这个故事不知真假，但他鼓励弟弟楚国国王刘英信佛却是史书中有清楚记录的。受刘英的影响，他统治下的楚国（今天的江苏徐州一带）信佛的风气在东汉、三国时期一直比较浓。

据佛经和史书记录，汉明帝刘庄派官员去大月氏国求取佛法。他们从大月氏国带回了

词语释义

佛塔
pagoda

佛经、佛像，还带回了两个外国僧人竺摩腾和竺法兰，并为这两个僧人在洛阳建了寺庙。因为僧人们是骑着白马来到洛阳的，因此寺庙就叫白马寺，据说这是中国最早的佛教寺庙。此后，佛教便在中国内陆生根发芽，慢慢兴盛起来。寺庙也越建越多，南北朝时期，光洛阳一个城市，就建了1 000多所寺庙。同一时期，南方的梁朝首都建康（今江苏南京）也有700多座寺庙。寺庙的规模也越来越大，佛塔（fótǎ）越修越高。洛阳的永宁寺佛塔据说高130多米。到唐朝时候，著名的少林寺拥有土地14 000多亩，房屋5 000多间。

做僧人要剃去（tìqù）头发（tóufà），离开自己的家庭，这不符合中国传统的孝道（xiàodào）思想，所以中国最初的僧人都来自中亚或印度。信教的中国人以在家修行的形式，做佛教的居士（jū shì）。直到东汉末、三国时期，才渐渐出现中国本土的僧人，据说第一个本土僧人叫朱士行。此后，僧人便越来越多，有一些是因为信仰而出家，也有一些是因为贫穷，生活不下去

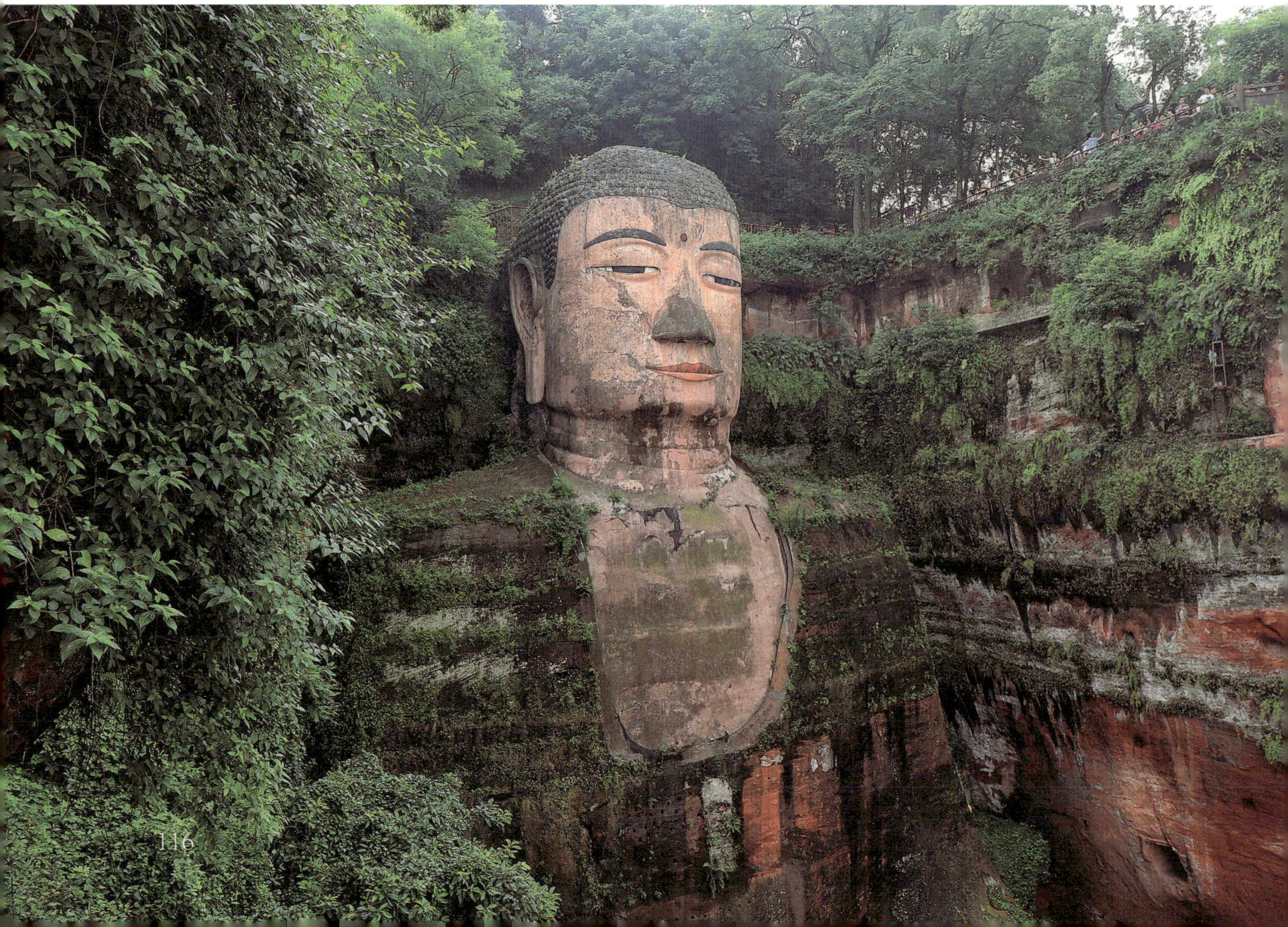

了，便选择到寺庙出家，也可以借此逃避当兵和其他苦役（kǔyì）。北魏末年，全国僧人有200多万，而全国人口最多也不过3 500万人。在家修行的居士也很多，不少皇帝、贵族都信仰佛教，比如梁朝的皇帝梁武帝萧衍，曾经四次到寺庙出家，住在寺庙里，不肯回到皇宫，可是国家不能没有皇帝，梁朝为此先后捐了好几万亿钱给寺庙，才把梁武帝从寺庙中请回来继续做皇帝。

有了寺庙，有了僧人，还要有佛经。中国最早的佛经据说是伊存口头（kǒutóu）翻译过来的，今天已经失传（shīchuán）了。现存最早的汉译佛经，是外国僧人翻译过来的《四十二章经》。东汉以后，翻译佛经和到西域、印度求取佛经是中国佛教的重要内容。西行求法的僧人有朱士行、法显等。最著名的是唐朝僧人玄奘，他不怕困难，单独一个人，于公元629年从长安出发，前往印度，一共花了17年，走了五万多里路，取得600多部经书。随后，他又花了20多年将它们翻译成汉语。玄奘的努力对中国佛教产生了深远的影响，其意义已经超出了佛教范围，成为中外文化交流史上的一件大事。后来的小说《西游记》便是从他取经的故事发展而来。

词语释义

苦役
hard labour

口头
oral, verbal

失传
fail to be handed down (from past generations)

文化注释

剃发不合孝道：儒家认为，一个人的身体、头发都是从父母那儿得来，因此不能损伤，损伤了便是不孝。

居士：信仰佛教的教徒，可以选择在寺庙中出家修行，也可以选择在家中修行，在家中修行的便是居士。

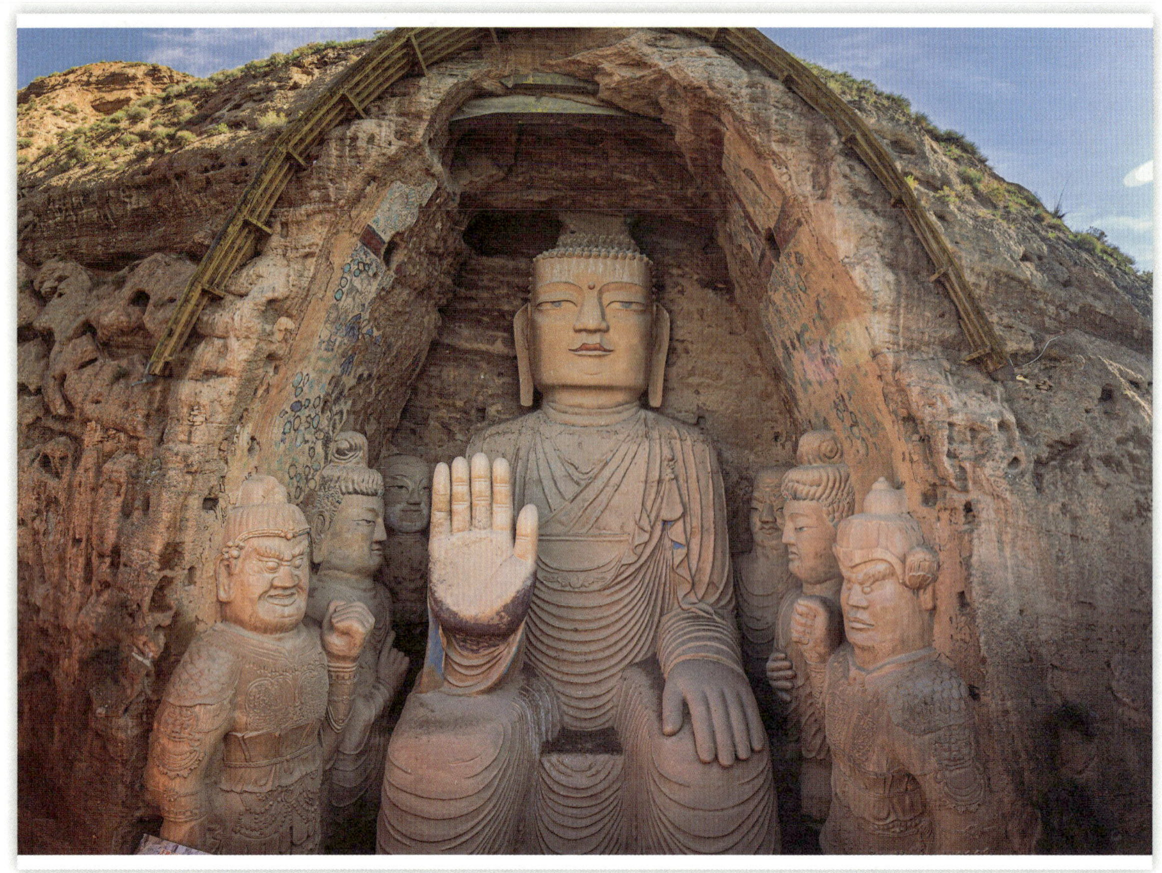

二、佛教教义、禅宗与佛教名胜

词语释义

因缘
karma, cause and condition

对经常处在痛苦烦恼中的世俗中人来说，佛教教义还是很有吸引力的。把现实的世界、人生看成无常，这是佛教对世界的基本判断，也是佛教思想的基本出发点。无常，就是变化不定，佛教认为世间一切事物都随因缘(yīnyuán)而生，处在生灭变化之中，不是固定的，不能长时间存在，因而虚幻不真实。比如山头上一棵树的存在，是因为正好有只鸟把嘴里衔着的种子掉在这里，又有阳光雨露，如果没有这些“因”，就不会有树的存在。鸟嘴里的种子掉在这里还是掉在那里，或者干脆就不掉下来，都影响这棵树是不是存在。佛教认为这棵树的存在由众因缘和合而成，也就是在各种条件聚合的情况下才有了相关事物的存在。条件变化了，事物也跟着变化。人生也是这样，我们在现实世界中的一切成功、喜悦、失败、痛苦，甚至生老病死，都随因缘而生，因而都是虚幻不真实的。现实世界中的人，生而痛苦，痛苦的原因是受到迷惑产生种种欲望，欲望不能满足。要消灭人生的痛苦烦恼，只有从根本上领悟到这个世界的无常本质。有了这个领悟，就能摆脱欲望，从烦恼中超脱出来，行善去恶，从生死轮回中解脱出来，这就是涅槃。

为了在中国广泛传播，佛教又适应中国社会与中国文化，发展出一些新的教义和修行方法，用来满足社会不同阶层的需要，产生了众多的宗派，比如天台宗、华严宗、法相宗、净土宗、禅宗等。其中，净土宗、禅宗都具有明显的中国文化特色，唐宋以后，这两个宗派（特别是禅宗）的影响，远远超过其他宗派。

“禅”的本意是静坐默念，本来是印度佛教的一种修炼方法。传进中国后渐渐产生了一整套理论体系和修行方法。一般认为，禅宗创始于南北朝时期，以印度僧人菩提达摩为始祖，相传他面对墙壁静坐，坐了九年，整天不说话。他用简易的禅法代替当时流行的复杂禅法，但最初传播的地区只在河南嵩山一带，影响不大。禅宗真正繁荣是在唐代，特别是禅宗六祖慧能，他创立顿悟说，提倡通俗简易的修行方法，适合中国普通老百姓学习佛法。禅宗于是在中国流行起来，也成为佛教的代名词。禅宗是佛教中国化的最典型的产物。

禅宗主张不立文字，直指人心，见性成佛，认为每个人的心中都有佛性，只要碰到合适的机会，都能在某个时刻领悟佛教的教义，成就佛性。所以禅宗认为不需要背诵佛教经书，甚至不需要繁琐的戒律，我心即佛，顿悟成佛，人人都能成佛。这对信教群众的吸引力非常大。早期的佛教，在修炼过程中，要念经、修行、遵守戒律，以此断绝自己的世俗欲望，转变对现实世界的认识。所以佛教为信徒们规定了一系列必须掌握的修行方法和必须严格遵守的戒律。禅宗则不需要多年的修行，不要繁琐的宗教仪式，不要讲习背诵那众多的经文，

词语释义

迷惑 be puzzled

领悟 realize

解脱 release

创立 found, set up

代名词 synonym

不立文字 no reliance on written scripts

繁琐 loaded down with trivial details

只要凭着每个信徒的信仰和佛性，都能成佛。这无疑会受到没读过多少书、甚至不识字的信徒的欢迎。所以禅宗在中国迅速传播，而且很快流传到朝鲜和日本。

佛教对中国哲学、文学、艺术等产生了很大的影响，形成了很多与佛教有关的名胜古迹，比如佛教四大名山、三大石窟、乐山大佛等。佛教四大名山包括山西五台山、四川峨眉山、安徽九华山、浙江普陀山，这四座山都寺庙密集，僧徒众多，每到佛教节日，信徒从四面八方云集而来，佛教的气氛十分浓烈。三大石窟艺术包括云冈、敦煌、龙门三处规模庞大的石窟雕像群，艺术价值非常高。乐山大佛于唐代开凿，历时90年，高70米，气势非常雄伟。

文化注释

1. 生死轮回

佛教认为，按照生命前世的善恶表现，未来将在天道、人道、阿修罗道、地狱道、饿鬼道、畜生道等六道中生死交替，就像车轮一样转个不停，称生死轮回。只有领悟了佛法的真义，才能脱离生死轮回，进入涅槃境界。

2. 戒律

禁止教徒某些不当行为的规定，佛教有五戒、十戒、二百五十戒等，比如不准饮酒、不杀生、不偷盗等。

第三节 其他外来宗教

一、伊斯兰教

公元7世纪左右，阿拉伯人穆罕默德在麦加建立了伊斯兰教。伊斯兰教信仰真主安拉是唯一的神，世间万物都由安拉创造；穆罕默德则是安拉的使者，由他传达神意，教导世人。安拉的教导都记录在《古兰经》中，《古兰经》是信徒生活的准则。伊斯兰教信仰“死后复活”“末日审判”等，认为安拉根据人在现世的善恶表现，来判断后世是永居天国还是永入火狱。

唐朝初年，伊斯兰教开始传入中国。唐宋时期，来华的阿拉伯商人数量不少，他们聚集在一起，定居在当时的中国首都和沿海一些较大的港口城市，如扬州、泉州、广州等，形成“蕃坊”，也就是外国人聚集区。为了方便做礼拜，他们在蕃坊中建起清真寺，又在附近兴建公共墓地。他们和他们的后代就成了中国最早的穆斯林。

公元13世纪，成吉思汗、忽必烈时期，蒙古人西征，将部分中亚、西亚地区信奉伊斯兰教的人迁移到中国内陆，他们后来定居下来，与当地人结婚，史称为“回回”，逐渐形成回族。此外，今天生活在新疆、青海、甘肃等西北地区的少数民族也信仰伊斯兰教。

伊斯兰教对中国文化产生了一定的影响。随着伊斯兰教的进入，一些阿拉伯文化也传到中国，这当中包括天文、数学、医学等各种知识，对中国古代的社会生活产生过较大的影响。此外，回族中的许多人在历史上对中国的发展也作出了巨大的贡献，比如明代著名的大航海家郑和就是回族人。伊斯兰教在中国的流传也引入了一些阿拉伯风格的建筑，比较著名的清真寺有建于唐代的广州怀圣寺、建于北宋的泉州清净寺等。

二、基督教

基督教大约在公元1世纪时产生于罗马帝国。基督教认为上帝创造了世界，而人类因为始祖亚当和夏娃违反了上帝禁令，偷吃禁果，带有原罪(yuánzuì)，因此必须忍受苦难。上帝为了挽救(wǎnjiù)人类，派耶稣来到人世，做人类的救世主，凡信仰他的人，灵魂都可得救，升入天堂，否则死后要受到末日审判，沉入地狱。早期基督教曾遭到罗马帝国的禁止，耶稣也因此被钉死在十字架上。随着基督教传播得越来越广泛，罗马帝国于公元4世纪时承认它的合法地位，宣布它为国教。基督教后来分裂为天主教、东正教、新教等。基督教的经典为《旧约全书》和《新约全书》，后人把两书编在一起，称《新旧约全书》，也就是《圣经》。

基督教在唐初传进中国。基督教的一支——景教，曾经由波斯传进中国，并且获准在中国传教。这一情况记录在西安碑林的《大秦景教流行中国碑》中，大秦即当时中国对罗马帝国的称呼。公元13世纪，成吉思汗西征，将天主教引入中国，称为“也里可温教”。随着元朝的灭亡，也里可温教也就灭绝了。明代后期，天主教重新进入中国，当时的耶稣会教士如意大利人利玛窦(Lìmǎdòu)、汤若望等为传教做了很多努力，推动了天主教的传播。清朝时，罗马教廷因中国礼仪问题颁布(bānbù)

词语释义

原罪 original sin

挽救 save, redeem

颁布 promulgate

"禁约"，康熙皇帝也下令禁止西方传教士（chuánjiàoshì）在中国传教，天主教在中国的传播又一次陷入停顿状态。直到鸦片战争，西方国家强迫清政府打开国门，天主教、新教等才再次进入中国。基督教在中国的传播促进了中西方文化交流。

词语释义

传教士
missionary

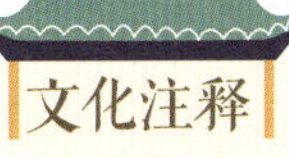

文化注释

利玛窦：意大利天主教传教士，明朝时来中国传教。他以西方僧人的身份与众多中国官员和知识分子结为朋友，传播西方天文、数学、地理等方面的知识，为中西文化交流作出了重要贡献。

第四节 中国的宗教现状

中国是个多宗教的国家，中国公民可以自由地选择、表达自己的信仰和表明宗教身份。中国人信仰的主要有佛教、道教、伊斯兰教、天主教和基督教（新教）。

据不完全统计，中国现有各种宗教信徒近2亿人，经登记的宗教活动场所（chǎngsuǒ）14.4万处。各种宗教教职人员38万余人，宗教团体约5 500个，宗教院校91所，当选为人大代表和政协委员的宗教界人士约有2万人。

中国政府的宗教政策包括：宗教信仰自由；国家依法管理宗教事务；宗教坚持独立自主自办的原则；积极引导宗教与社会主义社会相适应。

词语释义

场所
place, location

词语释义

抵御
resist

境外势力
outside forces

渗透
infiltrate

擅自
unauthorized

宗教信仰自由是指：每个公民既有信仰宗教的自由，也有不信仰宗教的自由；有信仰这种宗教的自由，也有信仰那种宗教的自由；在同一宗教里有信仰这个教派的自由，也有信仰那个教派的自由；有过去不信教而现在信教的自由，也有过去信教而现在不信教的自由。

国家依法管理宗教事务是指：政府依法对涉及国家利益和社会公共利益的宗教事务进行管理；管理是为了保护宗教界的合法权益和正常的宗教活动，制止和打击利用宗教进行的违法犯罪活动，抵御(dǐyù)境外势力(jìngwài shìlì)利用宗教进行的渗透(shèntòu)。

在中国的外国人应该注意，中国的法律规定，信教公民的集体宗教活动一般应当在已经登记的宗教活动场所（寺院、道观、清真寺、教堂以及其他固定宗教活动处所）内举行。任何组织和个人不得在宗教活动场所外（如学校、商场等）进行传教活动，不得在公共场所擅自(shànzì)设立宗教设施和宗教造像。

思考题

1. 道教的形成时间比佛教要早，这种说法对吗?
2. 禅宗什么时候开始在中国流行，它对中国文化有什么影响?
3. 怎么理解中国宗教的包容性?

第六章 文学艺术

词语释义

散文
prose, essay

参照
refer to

体裁
genre or form of literature

光辉
splendor

文学是以语言文字为工具反映社会生活的艺术，包括诗歌、散文(sǎnwén)、小说、戏剧等。因为文学是人类创造的，可以反映人类的生活，所以也有人说文学就是人学。要了解一个国家，或者说要了解一个国家的深层文化，一定离不开文学。中国是一个文明古国，文学艺术源远流长，为人类文明的发展作出了重要的贡献。

如果把中国文学史比作一条长河，那么它的源头在哪里却很难找到。最早期的文学没有文字记载，只通过口耳相传。直到大约公元前11世纪，随着《诗经》中一些诗篇的出现，这条河才逐渐清晰起来。中国文学的分期参照(cānzhào)了中国历史的分期，但并不完全一致。中国文学的体裁(tǐcái)很完备，各种体裁在不同时期都有自己独特而光辉(guānghuī)的成就。

第一节 | 中国古代文学

谈到中国古代文学，一般来说有先秦散文、唐诗、宋词、明清小说和戏曲（xìqǔ）这样的表达。这是指先秦诸子散文、唐代诗歌、宋代的词、明清小说和戏曲，分别是这些朝代最具有代表性的文学体裁。当然，这种概括（gàikuò）不全面，先秦也有诗歌，如著名的《诗经》和《离骚》。但与唐代诗歌相比，数量、作者、接受的人群都少得多。再如唐和宋的散文也很出名，也产生了很多著名的作家，但比起先秦的诸子散文影响和成就要小。

当然，这些文学体裁不是同时出现的，各种文体都有一个萌芽（méngyá）、发展、成熟的过程。每种文体形成和成熟的时间是不同的。诗歌是最早形成的文体，未有文字之前就已经有诗歌了，早在商周时代就有用文字记载的诗文。散文的产生晚于诗歌，在文字产生之后。而小说则是在1 000多年后的唐代中期才发展成熟。戏曲到了宋元两代才发展形成。不难看出，中国文学的各种体裁形成的时间相差非常大。

词语释义

戏曲
traditional opera

概括
summary

萌芽
sprout

歌谣
(folk) song

一、先秦文学

先秦文学位于中国文学长河的上游，也就是刚开始发展的阶段。中国文学从原始社会时期就存在了，这一时期的文学并没有文字记录，最主要的文学形式是简单的歌谣（gēyáo）和神话传说，内容与现实生活结合得非常紧密，有和自然作斗争的神话，有反映人们生产劳动的诗歌，也有表达美好愿望的祷祝辞（dǎozhù cí）。

文化注释

祷祝辞

祷，表示人向天、神求助求福；祝，表示对事的美好愿望。祷祝辞指表示愿望、趋吉避凶的咒语式的话。

词语释义

创作
create

现实主义
realism

君子
a man of noble character

参差
irregular

1.《诗经》

《诗经》是中国第一部诗歌总集，共收入自西周初年至春秋中叶大约500多年的诗歌305篇，分风、雅、颂，都可以合乐歌唱。《诗经》不是由一个人，而是由很多人创作（chuàngzuò）的。它奠定了中国诗歌的抒情和现实主义（xiànshí zhǔyì）传统，在中国文学史中具有非常重要的地位，对后世的作家和作品有着深远的影响。孔子曾经说“不学诗，无以言”，意思就是一个人如果没有学过《诗经》的话，就不能在与人交流时说出正确的话。在当时的社会活动中，人们常用唱诗来表达自己的想法。

作品欣赏

关雎

关关雎鸠，在河之洲。窈窕淑女，君子（jūnzǐ）好逑。
参差（cēncī）荇菜，左右流之。窈窕淑女，寤寐求之。
求之不得，寤寐思服。悠哉悠哉，辗转反侧。
参差荇菜，左右采之。窈窕淑女，琴瑟友之。
参差荇菜，左右芼之。窈窕淑女，钟鼓乐之。

2. 屈原和《离骚》

楚辞（Chǔcí）的产生是《诗经》后的一次诗体大解放，它汲取楚声歌曲的新形式，建立了一种新的诗歌体裁。《离骚》是楚辞的代表作品，是中国古典文学中最长的抒情诗。作者屈原（约公元前340年或339年—公元前278年）是战国时期楚国诗人、政治家，也是楚辞的创立者和代表作者。屈原的出现，标志着中国诗歌从集体歌唱进入个人独创时代。他的作品很多，最著名的是《离骚》，与《诗经》中的《国风》并称“风骚”。楚辞也因此被称为“骚体”，是中国现实主义文学和浪漫主义文学最重要的源头之一。屈原非常爱国，有政治理想，但是遭到了不公正的对待，最后跳江自杀了。他死后，楚国百姓非常难过，担心他的尸体（shītǐ）被河里的鱼虾吃掉，就用植物的叶子包了糯米扔进河里，希望鱼、龙、虾、蟹（xiè）吃饱了不去咬屈原的身体，这就是端午节（Duānwǔ Jié）吃粽子的由来。

词语释义

尸体
dead body

蟹
crab

端午节
the Dragon Boat Festival

文化注释

楚辞

有两种含义：一是诗歌的体裁，是屈原创作的一种新诗体；二是一部诗歌总集的名称，它是中国文学史上第一部浪漫主义诗歌总集。

词语释义

富贵
rich and noble

差别
difference

光彩夺目
shine with dazzling brilliance

3. 先秦历史散文及诸子散文名句

外国人在了解中国的时候，可能会听到一些似懂非懂的话，比如“和而不同”“己所不欲，勿施于人”“富贵（fùguì）不能淫，贫贱不能移”“老吾老以及人之老”“上善若水”“道可道，非常道”“祸兮福所倚，福兮祸所伏”“君子之交淡如水”等等。这些影响中国人思想和价值观的句子都来自先秦诸子散文。诸子百家不是真的指100个人，而是一个概数，他们的创作宣扬各种不同的学术流派和政治观点，既是哲学，也是文学，比较著名的有《论语》《孟子》《荀子》《墨子》《老子》《庄子》和《韩非子》等。《论语》主要是记录孔子言行的书。孔子的核心思想是“仁”，“仁”是指（从家庭出发的尊卑长幼、贵贱亲疏）有差别（chābié）的爱。《孟子》是记录孟子与其弟子们言行的书。《孟子》的核心思想是“仁义”，主张行“仁政”而王天下，是对孔子思想的发展。《庄子》是先秦道家学派的代表人物庄子和他后学的作品集。他继承和发展了老子“道法自然”的观点，主张顺从自然，抛弃“人为”。先秦诸子散文代表了不同的政治观点和人生态度，几千年来一直对中国人有着重要的影响。其中的儒家和道家对中国文化的影响最为深远。

二、唐诗宋词

看完了中国文学这条大河的上游，我们顺流来到了河的中游，河流到了这里变得更为宽广起来。比如唐代除了有辉煌的诗歌，也出现了比较成熟的小说，即唐传奇；宋代的词（一种和唐诗一样光彩夺目（guāngcǎi-duómù）的文学体裁）很流行，戏曲也进一步发展。这些新出现的文学体裁都流进了中国文学这条大河，一起滚滚向前。

1. 唐诗

中国最初的诗歌是和音乐、舞蹈结合在一起的，后来慢慢发生了一些变化，到了唐代大放异彩，进入黄金时代。唐代文学的繁荣，既来自国家的强大和统一，也是文学本身不断发展的结果。说到唐代文学必须谈到两个大的方面，一个是体裁比以前多了起来，除了诗歌和散文，唐传奇也逐渐发展成熟了，同时，词也开始萌芽，等待破土而出；另一个是唐王朝的强盛在诗歌中体现了出来，表现出一种张扬着理想的乐观主义精神，我们称为盛唐气象（qìxiàng）。现代的很多诗歌和爱情有关，唐诗的主题不仅是爱情，更多的是理想、友情、山水、家国兴亡之叹等，这在盛唐诗歌中表现得尤为明显。诗人们高扬理想，乐观自信，希望建功立业，这是唐诗最独特、最有魅力的地方。

唐诗之前的诗歌称为古体诗，唐诗及其之后的诗歌称为近体诗，因为从唐诗开始，诗歌的形式有了严格的韵律，讲究平仄，形式也更加丰富多样，有五绝、七绝、五律、七律和排律等。

唐诗数量众多，作者广泛，据《全唐诗》存录，唐诗有4.89万余首，2 200多名作者。李白、杜甫、王维、白居易都是唐代的著名诗人：李白豪放（háofàng）飘逸，是浪漫主义（làngmàn zhǔyì）的代表作家；杜甫沉郁顿挫（chényù dùncuò），是现实主义的代表作家；王维的诗安静朴素（pǔsù）；白居易的诗通俗易懂。唐诗题材（tícái）多样，涉及友情、山水、田园、动植物、边塞等社会与自然现象的各个方面。凡生活中用到文字的地方，他们都可用诗的形式来表达，达到任何事物无不可以入诗的程度。

唐诗有三个主要的特点：感情、押韵和意象。

（1）唐诗的语言背后是丰富的感情。唐诗有很多主题，比如亲情、爱情、思乡、友情、送别和梦想等："慈母手中线，游子身上衣"表达了浓浓的亲情；"桃花潭水深千尺，不及汪伦送我情"表达了深厚的友情；"曾经沧海难为水，除却巫山不是云"表达了忠贞的爱情；

词语释义

气象
atmosphere, scene

豪放
bold and unconstrained

浪漫主义
romantism

沉郁顿挫
The style of poetry is profound, with pauses and twists in language.

朴素
simplicity

题材
theme

"男儿何不带吴钩，收取关山五十州"表达了爱国之情；"举头望明月，低头思故乡"表达了思乡之情……唐诗在表达这些感情的时候大都较委婉，这是诗歌的含蓄和朦胧之美。

作品欣赏

黄鹤楼送孟浩然之广陵

李白

故人西辞黄鹤楼，烟花三月下扬州。

孤帆远影碧空尽，唯见长江天际流。

我们仿佛看见：李白把朋友送上船，船已经扬帆远行，而李白还没离开，直到船影逐渐消失在天尽头……诗人用无声的远眺表达了他对朋友的深情厚谊。

（2）押韵是唐诗的又一个重要特征，以李白的《静夜思》为例。

作品欣赏

静夜思

李白

床前明月光，疑是地上霜。

举头望明月，低头思故乡。

在这首诗中，"光""霜""乡"的韵脚是相同的，这就是"押韵"，也是唐诗读起来顺口的原因。

（3）唐诗还有打动人心的意象。诗人在创作诗歌时给一些事物附上一定的情感，例如用“月亮”“红豆”表达思念，用“梅”表现坚韧不拔的品质（pǐnzhì）等。

作品欣赏

红豆

王维

红豆生南国，春来发几枝。
愿君多采撷，此物最相思。

红豆，俗称“相思子”，可用来寄托对他人的相思之情和表达无限的思念。

唐诗用简简单单二三十个字就可以把阔大、深远、动人的感情表达出来，哪怕千百年后的读者依然会被深深打动，这就是唐诗的魅力。

2. 宋词

宋词每一句的字数不固定，有长有短，所以也称“长短句”。一般认为，词是配合音乐用于演唱娱乐的，可以表达诗里不能表达的感情；而诗是用来表达有关政治教化的内容。但几位重要词人的出现，为词的创作和理念注入了不同的内容：苏轼以诗为词，周邦彦以赋为词，辛弃疾以文为词，这使得诗、词的功能和界限（jièxiàn）慢慢模糊了。唐诗之后，宋词再创辉煌。根据风格不同，宋词分为豪放和婉约（wǎnyuē）两大流派，苏轼和李清照二人分别是豪放派和婉约派的代表。

作品欣赏

水调歌头

苏轼

丙辰中秋，欢饮达旦，大醉，作此篇，兼怀子由。

明月几时有？把酒问青天。不知天上宫阙（gōngquè），今夕是何年。我欲乘风归去，又恐琼楼玉宇，高处不胜寒。起舞弄清影，何似在人间？

转朱阁，低绮户，照无眠。不应有恨，何事长向别时圆？人有悲欢离合，月有阴晴圆缺，此事古难全。但愿人长久，千里共婵娟。

词语释义

品质
quality

界限
boundary

婉约
graceful and restrained

宫阙
imperial palace

作品欣赏

声声慢

李清照

寻寻觅觅，冷冷清清，凄凄惨惨戚戚。乍暖还寒时候，最难将息。三杯两盏淡酒，怎敌他、晚来风急？雁(yàn)过也，正伤心，却是旧时相识。

满地黄花堆积。憔悴损，如今有谁堪摘？守着窗儿，独自怎生得黑？梧桐更兼细雨，到黄昏、点点滴滴。这次第，怎一个愁字了得！

词语释义

雁
goose

三、四大名著

四大名著指的是四部中国古典长篇小说，分别是清代曹雪芹、高鹗所著《红楼梦》，明代罗贯中所著《三国演义》，明代吴承恩所著《西游记》和元末明初施耐庵所著《水浒传》。四大名著是中国文学

史中的经典作品，有着很高的文学价值和艺术成就，是中国古典小说的精华（jīnghuá）。作品里的故事、场景、人物已经深深地影响了中国人的思想观念和价值取向。

《红楼梦》被认为是中国古典小说的巅峰之作，成功塑造（sùzào）了众多的人物，尤其是女子形象。“娴静时如姣花照水，行动处似弱柳扶风”的林黛玉成为文学中的经典形象。小说以贾宝玉、林黛玉、薛宝钗的爱情婚姻故事为主线，以贾、王、史、薛四大家族由兴盛到没落为背景，通过描述贾府的日常生活，描写了大观园中众女子的人性美和悲剧美，赞美追求光明的叛逆人物，通过叛逆者的悲剧命运揭示出封建末世危机。

《三国演义》是四大名著中唯一一本根据历史事实改编的小说，以描写三国时代魏、蜀、吴三国之间的政治和军事斗争为主。全书刻画了许多叱咤风云的人物形象，如刘备、关羽、张飞、诸葛亮、曹操、孙权、周瑜、司马懿等。其中，关羽倍受推崇，因为他身上完美地体现了中国人追求的“忠”“义”“信”“智”“仁”“勇”。忠，是忠诚（zhōngchéng）；义，是讲义气；信，是守信用；智，是有智慧；仁，是仁义；勇，是勇敢。

《西游记》讲述了唐僧、孙悟空、猪八戒和沙僧去西天取经的故事。师徒四人在前往西天取经的途中经历了九九八十一难，战胜了无数妖魔，最终取回真经。唐僧的原型是唐代高僧玄奘，西安的大雁塔就是为了珍藏玄奘从印度带回的佛教经典而建造的。书中最吸引读者的英雄形象是孙悟空，他勇敢智慧，爱憎分明（àizēng-fēnmíng），敢于反抗（fǎnkàng）。猪八戒则是《西游记》中着力塑造的一个喜剧形象，他贪吃贪睡，胆小自私，经常被妖怪的美色所迷惑。现实中的很多人身上都有猪八戒的影子。

《水浒传》讲述了北宋末年，以宋江为首的梁山好汉从聚众起义，到受朝廷招安的故事，再现了封建时代农民起义从发生、发展到

词语释义

精华
essence

塑造
portray

忠诚
loyalty

爱憎分明
draw a clear demarcation between whom or what to hate or love

反抗
revolt

失败的全过程。作者叙述了宋江、李逵、武松、吴用、林冲、鲁智深等英雄不同的人生经历和反抗道路，塑造了人物鲜明的性格和生动的形象。如嫉恶如仇、直爽率真的李逵，武艺高强、勇而有谋的林冲等。值得一提的是，《水浒传》和《红楼梦》刚好相反，《水浒传》里塑造了大量生动鲜活的男性形象，而对女性的描写非常少。

第二节 现当代文学

广义上，中国的现代文学大致是从1917年开始的，分为现代文学和当代文学两个部分。现代文学可以细分为：第一个十年（1917年—1927年），第二个十年（1927年—1937年），第三个十年（1937年—1949年）。当代文学可细分为：建国十七年文学（1949年—1966年），“文革”十年文学（1966年—1976年），新时期文学（1976年—现在）。

一、中国文学的现代化转变

中国现代文学以“鸦片战争”后的近代文学为先导，始于“五四运动”时期，这一时期的西方知识观念对中国文学起着促进作用，“西学东渐”使得中国知识分子开始接受西方近代的科学观念，并思考国家和民族命运，社会变革促进文学发展。

在西方新思潮、文化、科技的冲击下，一场思想和文学观念的变革在诗、文、小说、语言、观念、翻译等各个方面展开。这一阶段是中国文学由旧到新的伟大转折（zhuǎnzhé），体现了思想解放和思想启蒙（qǐméng）特征，文学和文化观念发生了重大变化，促进了中国文学的现代性。

1. 诗、文、小说革命。梁启超、谭嗣同等提出“诗界革命”的口号，主张诗歌要有新意境，要有新语句。梁启超在1899年提出“文界革命”的口号，力图创造出一种借鉴日本和西方的思想内容和语言形式的“新文体”。“文界革命”促进了大量政论散文的出现。一批晚清改良（gǎiliáng）思想家希望小说对现实社会政治改良有所贡献，倡导“小说界革命”，推动了中国传统小说的发展和新小说的产生，强化了小说与社会、民族、政治的关系。

2. 白话文运动。最早提出“言文合一”的是黄遵宪，他认为中国言文分离是落后的主要原因，文言误国。胡适提出以白话文取代文言文（wényánwén）的主张。1917年1月，《新青年》发表胡适的《文学改良刍议》，明确提出“今日之文学应以白话文为正宗”的观点，主张“言文合一”，号召使用白话文和新式标点。

3. 小说翻译。很多知识分子认为，西方强大的主要原因在于文学，尤其是小说对民众的教化，于是大量翻译西方小说。因此，这一时期中国文学受到西方文学的影响较大。大量翻译作品的进入，在碰撞中影响了文学的改革。

4. 五四新文化运动。1915年9月，上海《青年杂志》发表了陈独

词语释义

转折
transition

启蒙
enlightenment

改良
improve

文言文
classical Chinese

秀的《敬告青年》一文，标志着新文化运动的开端。民主和科学是新文化运动的两面大旗。五四精神是爱国精神、人文精神、启蒙精神和科学精神。

二、现当代文学名家名作

词语释义

意识
consciousness

果断
resolutely, decisively

探索
explore

文艺
literature and art

批判
criticize

中国现代文学在吸收了世界文学的基础上开始走向世界，它与中国社会、人的思想意识(yìshí)变革紧密结合，成为推动中国进步的重要力量。这个时期产生了许多优秀的作家，其中最为著名的有鲁迅、茅盾、老舍、巴金、徐志摩、闻一多、郭沫若、曹禺、沈从文、张爱玲、钱钟书等人，在小说、新诗、散文、话剧等方面都取得了巨大成就。

1. 鲁迅（1881年—1936年）原名周树人，著名文学家、思想家、革命家，中国现代文学的奠基人。他是中国现代文学的一座高峰，在思想文化领域有极其重要的地位和影响。他是五四新文化运动的主将，对之后的中国文学和社会思想文化发展产生了深远影响。

鲁迅曾留学日本，在仙台医学院学医，后认为学医并不能真正改变国人的精神，于是果断(guǒduàn)弃医从文，广泛接触西方现代思潮，探索(tànsuǒ)中国的出路，希望能以文艺(wényì)改造国民。1918年5月，周树人首次以“鲁迅”作为笔名发表中国现代文学史上第一篇白话小说——《狂人日记》，具有开创意义。鲁迅小说的主题集中在两个方面：一是通过对中国农民思想和命运的观照和反思，以达到改造国民性的目的，如《阿Q正传》(Ā Q Zhèngzhuàn)《故乡》《祥林嫂》等；二是思考和揭示时代交替中知识分子的困境及性格，如《孔乙己》《伤逝》等。鲁迅的杂文犀利深刻，批判(pīpàn)反思现实。他希望能以文艺参与和推动历史发展。

鲁迅的主要作品集有：短篇小说集《呐喊》《彷徨》《故事新编》，散文诗集《野草》，散文集《朝花夕拾》，杂文集《热风》《坟》《华盖集》等。

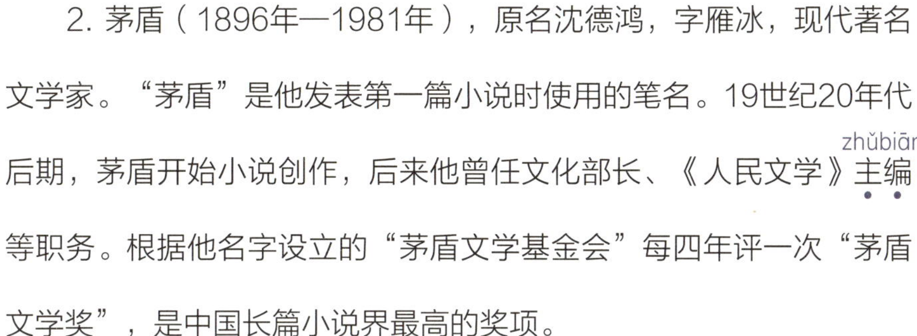

文化注释

《阿Q正传》

阿Q是一个生活在社会最底层的农民，他遇见强者不敢反抗，却欺负比他更弱小的人。对于失败、屈辱等人生中遇到的大问题，他总是用假想的胜利来自我安慰。后来被人们称为“精神胜利法”。阿Q这个形象既令人同情又让人痛恨。

2. 茅盾（1896年—1981年），原名沈德鸿，字雁冰，现代著名文学家。“茅盾”是他发表第一篇小说时使用的笔名。19世纪20年代后期，茅盾开始小说创作，后来他曾任文化部长、《人民文学》主编（zhǔbiān）等职务。根据他名字设立的“茅盾文学基金会”每四年评一次“茅盾文学奖”，是中国长篇小说界最高的奖项。

茅盾主张“文学为人生”的艺术观，强调文学要反映人生并服务人生；文学创作上“大规模地描写中国社会现象”；认为文学家应该“担当起唤起民众从而给他们力量的重大责任”，看重文学的政治功利性，主张小说必须有明确的政治性。作为中国现代文学史上的现实主义巨匠，茅盾喜欢以巨大的篇幅“记录”历史，反映时代的全貌和发展。他塑造了不少典型环境下的典型人物，开拓了都市题材作品的创作。

茅盾有《虹》《子夜》等六部长篇小说，《幻灭》《动摇》等六部中篇小说，还有50多部短篇小说，十多本散文，一部剧本。其中最为著名的是《子夜》。

3. 老舍（1899年—1966年）原名舒庆春，字舍予，北京人，满族，著名小说家、剧作家。他是继鲁迅之后又一位深刻批判中国国民性的作家。老舍是位多产作家，在40多年的创作生涯中，写作了1 000多篇（部）作品，代表作有小说《四世同堂》《骆驼祥子》和话剧《龙须沟》《茶馆》等。

词语释义

主编
chief editor

词语释义

深沉
deep, concealing one's real feelings

武侠
martial heroes

科幻
science fiction

老舍善于描写市民世界，多层面地展现了中国市民文化的复杂性。他实现了中国现代文学从文言文到白话文的转变，作品既容易被读懂，又有很高的艺术性，被称为“人民艺术家”“平民诗人”。老舍在作品中揭示了人性的丰富性，其创作中既综合中西方的小说写作方法，又使小说体现出明显的民族性，体现了中国传统小说向现代小说的转变。

4. 巴金（1904年—2005年）原名李尧棠，字芾甘，现当代杰出的小说家、散文家和翻译家，曾任中国作家协会主席、全国文联副主席，2001年获诺贝尔文学奖提名，被誉为“20世纪中国文学的良心”。

巴金1927年赴法国，1928年在巴黎完成第一部中篇小说《灭亡》，1928年冬回国，著作颇丰。主要作品有著名的“爱情三部曲”（《雾》《雨》《电》）和“激流三部曲”（《家》《春》《秋》）。其中《家》《春》《秋》是他的代表作，也是中国现代文学史上最优秀的作品之一。

巴金文学的思想核心是真与善。他的语言风格特征明显，前期主要是热烈、明快的抒情语言风格，后期作品语言开始变得深沉（shēnchén）、悲伤。巴金的长篇小说以描写家庭生活为主，喜欢通过家庭生活来反映社会生活，把家庭当作社会的缩影，以反映时代特点。

三、新时期文学

1976年后到现在的文学被称为新时期文学。新时期的小说创作从复苏走向繁荣，短篇小说空前丰收，中篇小说硕果累累，长篇小说的创作也取得了前所未有的成就。新时期的小说大都紧贴现实，有着强烈的现实主义创作方法。西方的意识流小说和荒诞魔幻小说也逐渐被中国作家引入创作中。武侠（wǔxiá）小说、网络文学和科幻（kēhuàn）小说迅速发展。这一时期涌现出很多优秀的作家，如莫言、余华、苏童、王蒙、路遥、闫连科、金庸、刘慈欣等。

莫言（1955年— ），原名管谟业，是第一位获得诺贝尔文学奖的中国籍作家。20世纪80年代，莫言以一系列乡土作品崛起，被称为“寻根文学”作家。1985年，他发表《透明的红萝卜》，一举成名。有人甚至说这是一个天才作家诞生的重要信号。1986年，他发表中篇小说《红高粱》，引起轰动（hōngdòng）。由《红高粱》改编的同名电影1988年获得柏林电影节金熊奖。2011年，他的小说《蛙》获得茅盾文学奖。2012年，莫言获得诺贝尔文学奖，获奖理由是：“通过魔幻现实主义（móhuànxiànshí zhǔyì）将民间故事、历史与当代社会融合在一起”。

莫言的创作重视思考人对“生存”的理解，超越了一般“乡土文学”。他的作品以独特的写实方法和丰富的想象力，描写了中国城市与农村的现状。莫言在借鉴西方现代主义的同时又努力从《聊斋志异》、民间故事等传统和民间文化中汲取营养，是现代派和本土文化的完美结合。他的作品不仅反映了中国传统文化和现代社会的变革，更展示了人性的多样性和复杂性。

词语释义

轰动
sensation

魔幻现实主义
magic realism

第三节 中国戏曲

词语释义

载歌载舞
sing and dance

中国戏曲是包含文学、音乐、舞蹈、美术、武术、杂技以及表演艺术等各种因素而成的传统艺术，是中华传统文化的重要组成部分，是中国传统艺术之一，具有明显的中国艺术特征，在世界艺术舞台上独树一帜。

戏曲的表演形式载歌载舞（zàigē-zàiwǔ），有说有唱，集“唱”“念”“做”“打”于一体，主要由民间歌舞、说唱、滑稽戏三种艺术形式融合而成。中国戏曲现有约360个剧种，各地都有代表地域特色的戏曲，如陕西的秦腔、四川的川剧、广东的粤剧等。观众最多的五个剧种被称为“五大剧种”：京剧、越剧、黄梅戏、评剧和豫剧。

一、发展演变（yǎnbiàn）

原始村落产生原始歌舞，并在此基础上不断变化，向着戏曲的方向一点点发展。先秦为中国戏曲的最初时期。中唐以后，中国戏曲艺术逐渐成形。唐代文学艺术的繁荣，从多方面给戏曲提供了丰富的营养，促进了戏曲艺术的独立和发展。戏曲至宋金初具规模，是集文学、音乐、舞蹈、美术、武术、杂技（zájì）等为一体的表演艺术。宋代的杂剧，金代的院本、诸宫调，为元代杂剧打下了基础。元杂剧标志着中国戏曲进入了成熟的阶段。元代也是戏曲的繁荣时期，产生了很多优秀的作品，如关汉卿的《窦娥冤》、马致远的《汉宫秋》等作品。到了明代，出现了最为重要的戏曲家汤显祖和他的代表作“临川四梦”。戏曲出现了广受大众欢迎的折子戏（折子戏是指从有头有尾的完整剧目中摘选出来的一些相对独立、内容精彩的片段）。

词语释义

演变
develop, evolve

杂技
acrobatics, acrobatism

二、主要剧种及代表曲目

1.“中国戏曲之母”——昆曲。原名“昆山腔”“昆腔”，又被称为“昆剧”，发源于苏州昆山一带，是中国传统戏曲中最古老的剧种之一。昆曲与古希腊戏剧、印度梵剧并称世界三大古老戏剧，而且是唯一仍然活跃在现实生活中的古典戏剧。元代后期，“南戏”与江苏昆山一代的语音和音乐相结合，又经昆山音乐家顾坚改进，进一步发展。明以后，杂剧衰落，“南戏”传奇兼收杂剧音乐，改名昆曲，成为明清两代有着最多作家和作品的第一声腔剧种。京剧、川剧、越剧、黄梅戏等许多剧种都是在昆剧的基础上形成和发展起来的，因此昆曲有“中国戏曲之母”之称。昆曲剧目丰富，格律严格，受到上层社会欢迎。乾隆末年，昆曲在北方的优势地位慢慢丢失。昆曲的代表作品有《牡丹亭》《长生殿》等。昆曲最著名的作家为明代戏曲家汤显祖（1550年—1616年），他的代表作是《牡丹亭》（Mǔdān Tíng）《邯郸记》《南柯记》《紫钗记》等四部作品，被称为“临川四梦”，300年来传唱不衰，产生了深远的影响。其中，“游园”“惊梦”是《牡丹亭》的代表片段，也是昆曲中最著名的折子戏。2001年5月，中国昆曲被联合国教科文组织授予首批“人类口述和非物质文化遗产代表作”称号。

《牡丹亭》

全名《牡丹亭还魂记》，以文词典雅著称。作品讲述了杜丽娘和柳梦梅生死离合的爱情故事，宣扬爱情有着能让人起死回生的力量。“情不知所起，一往而深”“良辰美景奈何天”都是其中的名句。

2. 京剧。又称“平剧”“京戏”，有200多年历史，有“国剧”之称。京剧前身是清初流行于江南地区的徽班。大概在清代的乾隆年间，此剧开始吸收安徽徽剧、湖北汉剧、江苏昆曲、陕西秦腔等地方剧种的剧目、曲调和表演方法等，通过不断交流融合，最终形成京剧。京剧的脸谱尤具特色，红脸代表忠勇（比如中国人敬仰供奉的关羽“关二爷”），黄脸和白脸含贬义（biǎnyì）（比如狡诈的曹操），黑脸表示正直（zhèngzhí）（比如包公）、勇猛甚至鲁莽（比如张飞）。京剧大概有1 000个传统剧目，常演的大概三四百个。

京剧流派众多，名家无数，其中最为著名的是四大名旦：梅兰芳、程砚秋、尚小云和荀慧生。经典的剧目有《贵妃醉酒》《三岔口》等。2010年11月，京剧被列入《人类非物质文化遗产代表作名录》。2014年10月，习近平总书记明确指出：“京剧、民乐、书法（shūfǎ）、国画等都是我国文化瑰宝（guībǎo），都是外国人了解中国的重要途径（tújìng）。”

3. 越剧。江南传统戏曲形式，中国第二大剧种。主要流行于浙江、上海、江苏、福建等地。越剧起步较晚，1852年由浙江嵊州马塘村“落地唱书”的说唱形式开始发展，到1906年正式形成。越剧在发展中汲取了昆曲、绍剧等剧种的特色，经历了由男子到女子主演的变

词语释义

贬义
derogatory sense

正直
honest, upright, fair-minded

书法
calligraphy

瑰宝
gem, treasure

途径
way, road, avenue, channel

化。越剧以唱为主，长于抒情，清悠婉丽，极具江南地方色彩。内容上喜欢“才子佳人”的主题。代表名家有袁雪芬、尹桂芳、筱丹桂等。代表剧目有《梁山伯与祝英台》《红楼梦》《五女拜寿》等。值得注意的是，越剧在早期就使用乐器模拟需要表达的声音，如用胡琴拉出开、关门声，用唢呐吹出婴孩啼哭声等。20世纪30年代末开始，越剧学习话剧和电影，使用特殊工具来表达比较真实的声音，如雨声、雷声、风声等。20世纪60年代，上海越剧院开始使用录音机制作仿真效果，在演出时，用录音机播放事先录好的声音，追求更形象逼真的效果。2006年，越剧被列入首批国家级《非物质文化遗产名录》。

4. 豫剧。明朝中后期兴起于河南，在河南梆子的基础上改革发展起来，因河南简称“豫”，故称“豫剧”。豫剧的传统剧目大部分取材于历史小说和演义，如封神戏、三国戏、包公戏、杨家将、岳家将等故事主题；也有较多讲述爱情和道德伦理的戏。名家有陈素真、常香玉、马金凤等，代表曲目有《花木兰》《穆桂英挂帅》等。2006年，豫剧被列入首批国家级《非物质文化遗产名录》。

5. 黄梅戏。旧称“黄梅调”或“采茶戏”。它的出现最早可追溯到唐代的黄梅采茶歌，经宋代民歌的发展、元代杂剧的影响，逐渐形成雏形，至明清才发展壮大。黄梅戏发源于湖北黄梅，发展于安徽。据说这很大程度上是因为地理和自然灾害的原因。黄梅县地处长江北

词语释义

活泼
lively, active

团圆
reunion

真相
truth

眷属
couple

岸，大部分地面低于江岸，经常发生水灾。为了方便在遇到灾害、逃水荒时行乞糊口，黄梅人纷纷学唱黄梅戏，这也从某种程度上加速了黄梅戏由山区向外发展。黄梅戏的代表名家有严凤英、王少舫和韩再芬等，经典剧目有《天仙配》《牛郎织女》《孟丽君》等。2006年，黄梅戏被列入首批国家级《非物质文化遗产名录》。

6. 评剧。清末出现于河北滦县一带，在民间说唱艺术基础上吸收东北歌舞等艺术形式发展而成，是中国北方的一个戏曲剧种，在华北、东北及其他一些地区流行很广。评剧形式活泼（huópō）、自由，唱词浅显易懂，演唱吐字清楚，表演亲切，富有民间气息。评剧有东路、西路之分，以东路评剧为主。名家有新凤霞、白玉霜等，著名剧目有《秦香莲》《杨三姐告状》等。2006年，评剧被列入首批国家级《非物质文化遗产名录》。

三、主题特点

中国戏曲的故事多为历经种种困难，最终“善有善报，恶有恶报”，这是中国戏曲的特点，也是中国人对美的欣赏习惯的反映。明代戏剧家丘濬说：“亦有悲欢离合，始终开阖团圆（tuányuán）。”《窦娥冤》中，尽管窦娥含冤而死，但她的父亲做官重审此案，人们都知道了真相（zhēnxiàng）。《梁祝》中，梁山伯与祝英台死后双双化蝶。《西厢记》中，张生与崔莺莺起初受到反对，但二人最终有情人终成眷属（juànshǔ）。为此，许多学者认为中国古代没有西方戏剧中的那种悲剧。古代中国处在农业社会，人民普遍追求稳定幸福的生活，不喜大的变动。再加上儒家的“忠恕”“中庸”思想与佛家的“轮回报应”观的影响，大多数人们相信“善恶终有报”，这种观念在戏曲里表现得特别突出。

四、艺术特征

与其他国家的戏曲（戏剧）相比，中国戏曲主要有四个特点：一是分为生、旦、净、丑四大行当，每一种行当内又有更为精确的分工。以京剧为例，“生”是花脸以及丑角以外的男性角色的统称，又分为老生（须生）、小生、武生、娃娃生等；“旦”是女性角色的统称，又分为正旦、花旦、闺门旦、武旦、老旦、彩旦、刀马旦等；“净”又称花脸，大多是性格、品格或相貌上有些特异的男性人物，分为大花脸和二花脸；“丑”以在鼻梁上抹一小块白粉为标志，是喜剧角色。二是有夸张性的化妆（huàzhuāng）。戏曲中的生、旦、净、丑的化妆都有一定的讲究，如生和旦应通过化妆达到美化效果；净、丑则采用夸张的造型和色彩达到某种舞台效果，如京剧中的人物脸谱十分夸张。三是戏曲的虚拟性表演。这也是中国戏曲最基本的特征之一，是中西戏剧的重要区别。中国戏曲能够通过虚拟性表现布景、行为、场景等。手中拿着一根马鞭就可以象征着骑马，一根马鞭配上一些动作就可以表示长途跋涉和地点的变化。一些大的场景，例如几万人作战，也只是几名士兵在大将的指挥下来回走动便可表示。表现黑夜的黑暗和黑暗中的打斗时，舞台上可以不熄灭灯火，而是表演者通过动作来表现。四是表演的程式化（chéngshìhuà）。中国戏曲的程式性是按照一定的要求对生活经过总结、概括、美化而形成的。戏曲在剧本形式、角色行当、音乐唱腔、化妆服装等各个方面，都有一定的程式，如关门、骑马、坐船等，都有一套固定动作来表达。程式在戏曲中虽然有规定，但也很灵活，优秀的艺术家可以形成自己的风格。比如为大家熟知的京剧大师梅兰芳，就在程式中形成了自己独特的风格。

词语释义

化妆
make-up

程式化
stylized

第四节 中国音乐

词语释义

媒介
medium

成语
idiom

音乐是人类共同的语言，是人类用以表达情感、记录生活、调整心理、相互交流的重要工具和媒介（méijiè）。

从上古时代起，音乐就在中国人的生活中起着极为重要的作用，以各种形式参与到中国人的宗教、政治、教育、家庭、娱乐、生活中。许多音乐故事变成了成语（chéngyǔ），流传至今，成为中国人文化性格的重要组成部分。

一、五声音阶

如果有人问，音乐是什么？很多人会想到“do, re, mi, fa, sol, la, si”，这是现代音乐普遍使用的七声音阶。而中国传统音乐使用“五声音阶”，去掉七声音阶中第四个“fa”和第七个“si”，剩下的“do, re, mi, sol, la”就组成了中国五声音阶。五声音阶是中国音乐的标志性音阶，给中国音乐带来了特有的民族风格。

“五”这个汉字代表着天地、阴阳交错（jiāocuò）的形象，因此宇宙有“五行”（金、木、水、火、土），音乐有“五声”（宫（gōng）、商（shāng）、角（jué）、徵（zhǐ）、羽（yǔ））。如果一首乐曲以宫音作为主音，就称为“宫调”（如《义勇军进行曲》《平湖秋月》），以商音为主的乐曲则称为“商调”（如《春江花月夜》《阳关三叠》）。

二、中国传统音乐观念

公元前1世纪，汉朝人把儒家思想确定为中国的统治思想，儒家用“仁”的思想强调人与人之间的和谐共生，而音乐则在调节人际关系、社会关系中起着特别重要的作用。在儒家看来，音乐直接从人心而来，所以音乐不会说谎，开心的人唱起歌来必然快乐活泼，不幸福的人唱起歌来自然让人感觉痛苦；伟大的时代会产生伟大的音乐，混乱时代的音乐也能反映出人们内心的迷茫（mímáng）。因此，人心、音乐、政治、社会彼此相互联系，儒家所追求的“仁”“义”“礼”“智”“信”等核心观念都可以通过“乐”来表现。

1. 音乐与人心

中国古人认为音乐从人心而来，能表达一个人最真实的想法。懂音乐的人甚至可以通过音乐进入演奏者的内心世界。有一个成语“高山流水”说的就是这样的故事。春秋时期，有一位著名的琴师，叫伯牙，他的好朋友钟子期特别爱听他弹琴。当伯牙心里想着高山弹琴时，钟子期就说：“你的琴声像雄伟的泰山啊！”当伯牙心里想着流水弹琴时，钟子期又说：“你的琴声就像流动的江河一样自由！”因

词语释义

交错
interlock, crisscross

迷茫
vast and hazy, confusion

词语释义

知音
bosom friend

高雅
elegant and in good taste

此，钟子期是伯牙的“知音（zhīyīn）”。钟子期去世之后，伯牙觉得没有人能听懂他的琴声了，就把琴摔了，从此不再弹琴，这就是“伯牙摔琴谢知音”的故事。

2. 音乐的力量

中国人很早就认识到，音乐可以塑造和改变人的心理状态，音乐是一种力量。“四面楚歌”就是在战争中运用“音乐武器”取得胜利的故事。公元前203年，楚汉战争进行到最后的阶段，汉军把楚军的将军项羽包围在垓下。当时，项羽剩下的士兵已经不多了，但他们仍然非常勇敢。汉王刘邦为了取得最后的胜利，命令自己的士兵在晚上唱起楚国的民歌。项羽的士兵都是楚国人，一听到家乡的民歌，个个都流着眼泪，想念起家乡的亲人，不想再打仗了。项羽听到这些歌，也非常吃惊地说：“难道汉军已经占领楚国了吗？刘邦的军队里怎么有那么多楚国人在唱歌？”这样一来，项羽从心底觉得自己已经失败了，没过几天，项羽战败自杀。刘邦利用音乐的力量打赢了最后一仗，从此统一中国，建立了汉朝。

3. 音乐中的雅和俗

音乐有不同的风格与使用场合。正式场合应该使用严肃、高雅（gāoyǎ）的音乐，普通的劳动人民则大多喜欢简单、容易唱的歌曲。汉语中常用成语“阳春白雪”和“下里巴人”来表示艺术有高低之分，这两个成语来自战国时期楚国的一个故事。有一个叫宋玉的人在跟楚王聊天时说，有位著名的歌手在楚国首都的大街上唱歌，当他演唱《下里》《巴人》时，街上有几千人跟着他一起唱；当他唱到《阳春》《白雪》时，只有几十个人能跟着他唱了；后来他唱到更复杂的歌曲，就只剩下几个人能跟着他唱了。音乐的水平越高，能够欣赏的人就越少啊！

三、中国传统乐器与经典曲目

中国传统乐器绝大多数取材于自然，多以竹、木、丝、皮革制成，与西洋乐器相比，金属材料的乐器较少，低音乐器不多。中国的民族乐器基本上都可以独奏，也适合合奏。

1. 笛子

笛子，由竹子制成，横过来吹，也叫“竹笛”或“横笛”。笛子在中国有着非常悠久的历史，是最古老的乐器之一。在乐队中，笛子一般是演奏主旋律（xuánlǜ）的乐器，地位重要。根据音色与伴奏的不同，笛子分为梆笛和曲笛，一般来说，梆笛流行于中国北方，声音明亮；曲笛流行于中国南方，音色非常优美。

经典曲目《姑苏行》

“姑苏”就是今天的苏州市，是一座经济发达、风景美丽的江南城市。《姑苏行》吸收了苏州昆曲的旋律，用优美的笛声来描绘精致（jīngzhì）的苏州园林。利用笛声的变化，表达园林中小亭、水池、荷花、夕阳等美丽的风景。

词语释义

旋律 melody

精致 exquisite, delicate

2. 琵琶

琵琶是中国具有代表性的民族弹拨乐器，大约公元4世纪时，从中亚地区的波斯（今天的伊朗）随“丝绸之路”传入中国。到了7—9世纪的隋唐时期，琵琶在中国流行起来，并逐渐变成了我们今天看到的“梨形”样式。

琵琶几乎成为唐代文化的一个象征，在大量唐诗与唐代的绘画中，我们能看到丰富多彩的琵琶演奏者的形象，许多琵琶演奏家也在历史上留下了他们的名字。通过音乐学者的研究，我们现在还能听到1 000多年前唐代的琵琶乐曲。

词语释义

噪音
noise

晚霞
sunset clouds

碧波
green waves

悠闲
leisurely

经典曲目《十面埋伏》

《十面埋伏》是著名的琵琶“武曲”，用音乐来描绘“四面楚歌”的故事。全曲综合运用了琵琶的各种演奏技巧，特别在音乐中利用了许多噪音(zàoyīn)表现两军交战时的战争场面。

3. 古筝

古筝在春秋时期已经在秦国开始流行，所以也叫“秦筝”，唐宋时期，古筝有13根弦，并逐渐流传到当时的朝鲜、日本等地。现代的古筝共有21根弦，用弦柱（筝码）的位置调整音高，按照五声音阶定弦。

古筝音量适中，音色优美，许多茶馆、饭店、博物馆都喜欢使用古筝音乐作为背景音乐。

经典曲目《渔舟唱晚》

《渔舟唱晚》是最著名的古筝曲目之一，题目来自唐代作家王勃的《滕王阁序》，“渔舟唱晚，响穷彭蠡之滨”，描写了夕阳西下时晚霞(wǎnxiá)满天、万顷碧波(bìbō)，渔民一边回家一边唱歌的悠闲(yōuxián)景象。

4. 二胡

二胡是胡琴类乐器的代表，是中国最主要的拉弦类民族乐器。元代时随着戏曲艺术的繁荣，胡琴作为戏曲伴奏的主要乐器开始流行起来。到了近代，民族音乐家刘天华借鉴西方弦乐器的演奏方法，确立了现代二胡的演奏形式。在今天的中国街头和公园里，常常能听到民间艺人和音乐爱好者演奏二胡。

除了二胡，胡琴类乐器还有京胡、高胡、中胡等等，它们的结构略有变化，以适合不同地方戏曲的特点。例如京胡，就能为京剧带来一种特有的“老北京”的味道。

经典曲目《二泉映月》

《二泉映月》是著名的二胡曲目，由无锡民间音乐家阿炳创作。阿炳是一位盲人（mángrén），生活在社会的最底层，他的《二泉映月》发挥了二胡的声音特点，曲调婉转悠扬，一波三折，流露出一种饱尝艰辛的痛苦与悲伤，感人至深，催人泪下。

词语释义

盲人
blind person

5. 锣鼓

无论在传统节日，还是在戏曲表演时，甚至在武侠电影中，锣鼓都是极其重要的节奏乐器。中国的锣鼓多用红色、黄色装饰，表示喜庆。

锣鼓不仅为乐队提供节奏，也多以锣鼓队的形式进行合奏表演。节日里的舞龙、舞狮、赛龙舟(lóngzhōu)等活动都少不了锣鼓的参与。

词语释义

龙舟
dragon boat

四、多姿多彩的现代音乐

1. 新时期民乐

1949年之后，中华人民共和国的音乐家们开始试着把传统的民族音乐变得现代化，他们一方面系统地总结了中国民族音乐的特点，另一方面吸收借鉴西方古典音乐的长处，把许多优秀的民族音乐改造成现代音乐形式，更易于传播与接受。

20世纪五六十年代，一大批音乐家对中国传统民族音乐进行了系统的整理与研究，并创作了许多优秀的民族音乐作品，如《春节序曲》《梁祝》《春江花月夜》等。

民族交响乐《春节序曲》

作曲家李焕之于1956年创作了民族管弦乐《春节序曲》，这首乐曲生动地描写了春节时期中国人民热闹、喜气、全家团圆、相互祝福的场面。如今，这首乐曲几乎和春联、饺子、鞭炮一样，成了中华传统春节的文化标志之一。

小提琴协奏曲《梁祝》

《梁祝》是一首小提琴协奏曲，由作曲家陈钢、何占豪于20世纪50年代改编自传统越剧《梁山伯与祝英台》。这首乐曲成功地在小提琴演奏中加入传统戏曲的表现手法（shǒufǎ），利用小提琴优美婉转的旋律描绘了一个浪漫、悲伤的爱情故事。这首曲子也常常被称为“东方的罗密欧与朱丽叶”，是中国最著名的小提琴曲之一。

民族交响乐《春江花月夜》

《春江花月夜》是中国古典民乐的代表作之一，原本是一首著名的琵琶独奏曲，叫《夕阳箫鼓》。后来，作曲家将它改编为一首民族器乐合奏曲。因为乐曲优美动人，如同浩浩春江之水，就根据唐诗改名为《春江花月夜》。

词语释义

手法
technique

2. 声乐作品

中国歌曲从演唱方式上大致可分为美声唱法、民族唱法和通俗唱法三大类。

美声唱法指的是来自欧洲（尤其是意大利）传统歌剧中使用的发声方法。

民族唱法是在中国传统民歌、戏曲演唱方法的基础上，结合现代音乐的特点与科学的发声方法，产生的一套新的、具有中国特色的唱法。总的来说，民族唱法的音调比较高，发音清楚明亮，演唱技巧灵活多变，例如以下两首代表曲目：

彭丽媛《在希望的田野上》

《在希望的田野上》是20世纪80年代初非常流行的一首歌曲。这首歌描写新时代，歌唱新生活，对未来充满了希望。这首歌曲的演唱者彭丽媛当时不满20岁，后来成为中国最著名的歌唱家之一。《在希望的田野上》对当时的中国影响极大，唱出了刚刚改革开放的中国人对未来的梦想。

宋祖英《辣妹子》

《辣妹子》是歌唱家宋祖英的代表歌曲，采用了中国南方湖南、贵州的民歌风格，“辣”也是这一地区的饮食特色。其歌词简单活泼，曲调充满动感，表现了这一地区女孩子辣椒一样的“泼辣(pōlà)”性格。

通俗唱法也叫“流行唱法”，演唱者用自己自然真实的声音，借用麦克风来扩音。由于每位歌手都有着自己的发音特色，因此通俗唱法非常多样，也更容易突出歌手的个性，让人觉得真实和亲切。

邓丽君《月亮代表我的心》

邓丽君是华语流行乐坛公认(gōngrèn)的巨星，她的歌声温柔而甜美，温暖人心灵，“有华人的地方就有邓丽君”。她的代表作有《月亮代表我的心》《甜蜜蜜》《小城故事》等。

词语释义

泼辣 forceful, pungent

公认 universally acknowledged

《月亮代表我的心》旋律由翁清溪在美国波士顿留学时创作，后来由孙仪填词，直到1977年邓丽君重新演唱并录成唱片后，这首歌才流行开来。

3. 流行音乐

中国当代流行音乐开始于20世纪70年代的台湾和香港地区，改革开放后，大陆的流行音乐进入了一个快速发展的时期。

随着生活水平的提高，人们对音乐的需求也更加多样。同时，西方现代音乐也开始与中国传统音乐相结合，产生出新的音乐风格与样式。中国音乐进入了一个多元发展的时代，电子化、网络化、产业化成为当代流行音乐最明显的特点。

广播、录音机、磁带、电视机、手机的普及(pǔjí)让普通人在家里也可以自由地欣赏音乐，近几年来，网络让优秀的音乐作品迅速流行，成为“网红歌曲”。

中国的流行音乐在吸收西方流行音乐风格的基础上，始终保持着中国民族特色，并发展出特有的“中国风”。“中国风”流行音乐，歌词往往引用了古典诗词中的经典名句，伴奏乐器选择琵琶、古筝、二胡等民族乐器，在演唱时也会借鉴传统戏曲的特有唱法。

周杰伦《青花瓷》

周杰伦一般被视为流行歌曲“中国风”的开创者，他在《东风破》《青花瓷》《发如雪》《菊花台》等一系列歌曲中以中国古代文化元素为背景，结合唐宋诗词中的文学意象，用现代的流行音乐表达出东方古典特有的美感。

摇滚乐于20世纪80年代传入中国。这种表达“愤怒”与“反传统”的音乐形式迅速被一批年轻人接受。80年代，中国台湾省的罗大佑与香港地区的Beyond乐队拉开了华人摇滚的大幕；90年代以后，崔健、唐朝、黑豹等歌手与乐队逐渐将大陆地区的摇滚乐推向一个高峰。

词语释义

普及
popularize

词语释义

教父
godfather

专辑
album

彷徨
walk back and forth, not knowing which way to go

Beyond《海阔天空》

Beyond是一支成立于1983年的中国香港摇滚乐队，他们坚持原创，用广东话（粤语）演唱。他们歌唱和平、爱情、亲情、理想，追求音乐的梦想，并拒绝过分的商业化。Beyond的许多歌曲成为中国摇滚乐的经典，一直被人传唱。遗憾的是，乐队的核心人物黄家驹在1993年因为一次意外事故去世。

崔健《花房姑娘》

崔健被称为中国的“摇滚教父(jiàofù)”。1989年，崔健创作并完成了他的第一张专辑(zhuānjí)《新长征路上的摇滚》，确立了他独特的摇滚风格，影响了一代音乐人。直到今天，崔健仍然活跃在舞台上。《花房姑娘》是崔健少有的一首比较温柔的歌曲，表达了年轻人面对爱情、面对未来特有的彷徨(pánghuáng)与迷茫。

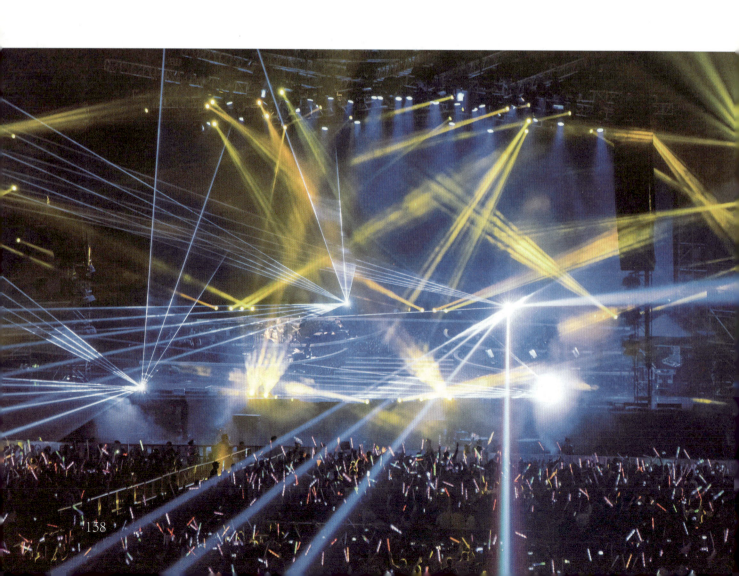

思考题

1. 四大名著是指哪四本著作？你能说说四大名著中的一个你喜欢的人物形象吗？
2. 你有喜欢的中国现当代文学作品或作家吗？请与同学交流一下。
3. 中国戏曲有哪些主要特征？请说说什么叫“唱”“念”“做”“打”？
4. 你最喜欢的中国民族乐器是什么？你了解它的历史和一些著名的曲目吗？
5. 你有没有喜欢的中国歌手或乐队？你觉得他们的音乐在你的国家会受到欢迎吗？为什么？

第七章 语言文字

词语释义

通用
be in common use

中国是一个历史悠久的多民族国家，语言文字都十分丰富。占人口90%以上的汉族人使用的汉语和汉字是中国的通用(tōngyòng)语言和文字。以汉字为载体的中国文化在历史上对周边国家的影响巨大，形成了汉字文化圈。

第一节 中国语言文字的基本情况

一、语言文字的多样性

中国是一个多民族、多语言、多文字的国家，56个民族共有80多种语言，约30种文字。汉语、汉字只是其中的一种。除了汉族、回族、满族三个民族通用汉语、汉字外，其他民族都有自己的语言，朝鲜族、蒙古族、藏族、维吾尔族、哈萨克族等人口较多的民族还有自己的文字。如果你去西藏、新疆、内蒙古、云南旅行，你会看到很多用少数民族文字写的招牌、路标。随着中国现代化进程的加快，一些少数民族语言逐渐面临消亡，中国政府正在努力保护少数民族的语言和文字，保护语言的多样性。

二、汉语、汉字在世界上的影响

汉族是中国人口最多的民族，约占中国总人口的91.51%。汉族使用的语言、文字就是我们常说的汉语、汉字。汉语是世界上使用人数最多的语言，是联合国6种正式工作语言之一。除了中国以外，汉语也是新加坡的官方语言（guānfāng yǔyán）之一。现代汉语有标准语（普通话）和多种方言（fāngyán）。由于华人在历史上曾经大量移民到海外，汉语的普通话及一些

词语释义

官方语言
official language

方言
dialect

词语释义

假名
the Japanese Kana

方言在东南亚很多国家通用，如新加坡、马来西亚、缅甸、老挝等。海外华人也常常用华语、国语、华文、国文来指代汉语和汉字。在海外华人的社团中，闽南语、粤语（广东话）、客家话等方言比较流行。

汉字在亚洲的历史上曾经产生过重要的影响，形成了汉字文化圈。日本、韩国、越南、蒙古都曾是汉字文化圈的国家。日本在7世纪设计出了“假名（jiǎmíng）”，同汉字一起使用到现在。朝鲜15世纪设计出“韩字”；越南17世纪由法国人用拉丁字母设计出“国语字”，到20世纪这两个国家才不再使用汉字。但越南语、朝鲜语和日本语中仍保留了大量的汉字词，这三种语言的词汇中有60%以上源于汉字。因此，汉字文化圈的留学生们学起汉字和汉语，是不是觉得特别亲切？

第二节 语言

一、普通话和方言

词语释义

规范化
standardized

中国很大，有很多地方都有自己的地方语言，也就是方言。方言和方言之间有的差别很大，如果每个地方的人都用自己的方言来对话，很可能互相听不懂，引起笑话和误会。所以，中国人之间用一种通用的语言来交流，这种通用语就是普通话。

普通话是怎么来的呢？普通话是以北京语音为标准音，以北方话（也叫官话）为基础方言，以典范的现代白话文著作为语法规范的现代标准汉语。因此，北方方言听起来更像普通话。普通话是规范化（guīfànhuà）的、中国法定的全国通用语言。2000年，《中华人民共和国国家通用语言文字法》确立了普通话和规范汉字作为国家通用语言文字的法律地位。

中国不同的方言差别很大，所以在交流时会有困难，只有都说普通话才能更好地交流，更好地促进各个地方经济、文化的发展。但是，推广普通话并不是短时间就能实现的。据统计，2020年中国80.72%的人都会说普通话，但还有两亿多人只会说其他方言或少数民族语言。《中华人民共和国宪法》第19条规定“国家推广使用普通话”，每年9月第三周是全国推广普通话宣传周。中国在努力推广全国人民讲普通话的同时，也特别注意保护方言。不能让人们在学会普通话后，丢失了方言。

汉语方言通常分为七大方言：北方方言（又称官话）、吴方言、湘方言、赣方言、客家（Kèjiā）方言、粤方言和闽方言。北方方言大多比较接近普通话，容易听懂，其他方言就比较难听懂。

作为外国留学生，学好普通话才能跟中国各个地方的人，甚至全世界会说汉语的人进行交流。就像那句俗话（súhuà）说的，“说好普通话，朋友遍天下”。

词语释义

俗话
common saying

文化注释

1. 联合国6种工作语言：英语、法语、俄语、阿拉伯语、西班牙语和汉语。
2. 客家：分布在中国广东、福建、江西、海南、台湾等省，在中国古代历史上，一部分汉族人因为战争等原因不断向南迁移而形成的移民群体。客家方言被称为“古汉语的活化石”。

词语释义

对联
antithetical couplets

题字
inscription

繁体字
traditional Chinese character

书面语
written language

双音节
disyllable

二、古代汉语与现代汉语

在3 000多年的时间里，汉语经历了长期的发展变化，也不断与其他民族语言交流融合。古代中国人说的汉语、写的汉字和现在并不完全相同。大家在游览中国的名胜古迹时，常常可以看到对联（duìlián）、诗歌、题字（tízì），大多数都是用中国古代的文言文和繁体字（fántǐzì）书写的。文言文是在先秦口语基础上形成的书面语（shūmiànyǔ）。

到了唐代和六朝的时候，人们口头上说的汉语和书面的文言文已经有了很大的不同，语音、词汇和语法都发生了很大的变化。一部分人坚持用上古汉语的文言文写作，而有些人则用老百姓生活中普遍使用的白话（口语）来写作。明清时期的四大名著都是古白话文的代表作。1919年“五四运动”后，中国掀起了“我手写我口”的白话文运动，白话文逐渐在全社会普及应用，现代汉语慢慢发展成熟。与古汉语相比，现代汉语吸收了很多西方语法，也增加了很多双音节（shuāng yīnjié）词。

文化注释

对联、题字

中国古代的文人在游山玩水、欣赏自然风景的时候，常常喜欢题诗、题字。一些著名的景点都有很多有名的文人留下的诗句、文章、对联。在景点的建筑、大门、墙壁、山体上用书法题字，是书法、文学艺术与景观的完美结合。

三、熟语——成语、俗语(súyǔ)、惯用语(guànyòngyǔ)、歇后语(xiēhòuyǔ)

汉语里有很多从古代流传下来、有固定意思的短语，掌握这些短语，会让语言表达更加地道、生动。像高山流水、对牛弹琴、对症下药、负荆请罪，这些四个字的短语又叫成语。它们的书面语色彩很浓，常常起源于古代历史故事、寓言故事、神话传说或文学作品。有时候不能简单根据字面意思猜出这个成语的意思。比如“高山流水”是指遇到了很了解自己的人，而“对牛弹琴”则是讥讽人讲话时不看对象，或者指听话者不懂对方说什么。

而俗语、惯用语、歇后语则是由老百姓在口语中创造并一直流传下来的一种语言形式，具有很浓的口语色彩和感情色彩。

俗语（又称谚语(yànyǔ)），是人们口头流传的通俗易懂的固定短语，常用来说明某个道理，如“不当家，不知柴米贵；不生子，不知父母恩”“百闻不如一见，百见不如一干”。

惯用语多为三个字的格式，也有其他的格式。除了表面的意思外，还有深层次的比喻引申(yǐnshēn)义。如“吹牛皮”“穿小鞋”“磨洋工”“背黑锅”“眼中钉”“肉中刺(cì)”“狗腿子”“不管三七二十一”“八竿子打不着”等。

歇后语分成前后两段，像谜语(míyǔ)一样，前面是比喻，后面是说明。有谐音和喻意两种类型。谐音的如“外甥打灯笼——照旧（舅）”“和尚打伞——无法（发）无天”；喻意的如“哑巴吃黄连——有苦说不出”“老鼠过（上）街——人人喊打”。

词语释义

俗语
proverb

惯用语
idiomatic phrase

歇后语
a two-part allegorical saying

谚语
proverb

引申
extend in meaning

刺
thorn

谜语
riddle

词语释义

桥梁
bridge

四、语言政策

中国政府在大力推广普通话的同时，也颁布了很多政策保护方言和少数民族语言文字。为了推广普通话，中国于1958年颁布《汉语拼音方案》，拼音被广泛用于普通话推广、国际中文教学、对外交流等领域，成为识读汉字、学习普通话、培养提高阅读及写作能力的重要工具。随着现代信息技术的普及，人们在电脑、手机上普遍使用汉语拼音输入汉字。汉语拼音影响到社会生活的方方面面。在翻译成其他语言的时候，中国的人名、地名、食物名、节日名（如孔子、北京、包子、春节），甚至一些有中国特色的文化概念（如少林、功夫、乒乓球）等都直接用汉语拼音拼写，汉语拼音是重要的对外翻译标准和对外交流桥梁(qiáoliáng)。

第三节 文字

一、汉字的趣味起源

词语释义

埃及
Egypt

两河流域
Tigris and Euphrates

苏美尔人
Sumerians

楔形文字
cuneiform

龟甲
(turtle's) shell

占卜
divination

汉字是世界上最古老的三大文字系统之一。根据中国考古的发现，早在六七千年前的彩陶上有规则的简单符号就已具有了文字的性质。从甲骨文算起，汉字至今已有3 000多年的历史。同时期的古埃及(Āijí)的圣书字，两河流域(liǎng hé liúyù)苏美尔人(Sūměi'ér rén)的楔形文字(xiēxíng wénzì)已经失传，不再使用，而汉字却仍在使用。

汉字成为系统成熟的文字是在公元前16世纪的商朝。刻在龟甲(guījiǎ)和动物骨头上的甲骨文，在地下埋了3 600多年，直到清朝末年才被人发现可能是中国的一种古文字。一个多世纪以来，出土的有字甲骨已经达到了十多万片。在商代，国王做任何事情之前都要占卜(zhānbǔ)，问老天爷是吉还是凶。甲骨是占卜时的用具。占卜的人在甲骨上写的记录就是甲骨文。甲骨文记录和反映了商朝的政治和经济状况。

甲骨文是一种象形(xiàngxíng)文字，像一幅幅图画。目前发现的甲骨文单字有5 000个左右，经过文字学家们的研究和整理，能够确认意思的字大约有1 500个。聪明的你能猜出下面这些甲骨文是现在的什么字吗?

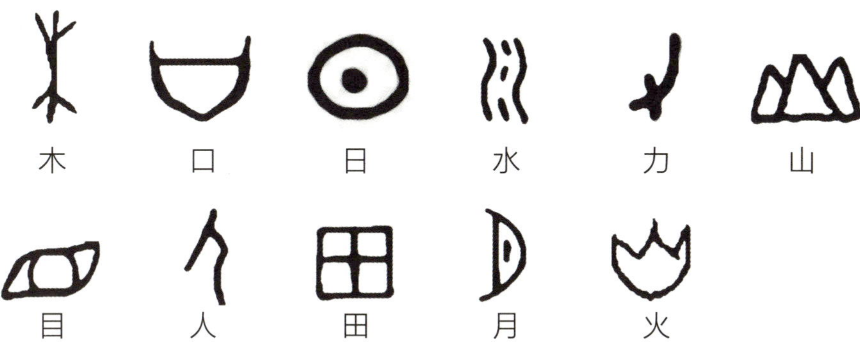

二、汉字的发展与演变

随着时代的发展，记录文字的工具由甲骨（商朝）变成了青铜器(qīngtóng qì)（商朝后期到周朝后期），然后是竹简(zhújiǎn)（东周到魏晋），到东汉时成了纸。汉字也从甲骨文逐渐变为刻在青铜器上的金文，刻在石头上的大篆(dàzhuàn)、小篆(xiǎozhuàn)，写在竹简上的简化(jiǎnhuà)篆书、隶书，最后到写在纸上的隶书、楷书、草书和行书，并发展出中国独特的书法艺术和篆刻艺术。

汉字的字形字体在演变过程中逐步规范、稳定，由开始的图画变成以线条(xiàntiáo)符号为主。甲骨文和金文以象形图画为主。秦朝统一文字，使用的小篆把每个字的笔画数固定下来；隶书构成了新的笔形系统，字形变成扁(biǎn)方形，是古今文字的转折点(zhuǎnzhédiǎn)；楷书出现以后，汉字的字形字体就稳定下来，确定了横、竖、撇(piě)、捺、折、提、点的基本笔画，笔形得到了进一步的规范，各个字的笔画数和笔顺也固定下来了。1 000多年来，楷书一直是汉字的标准字。

词语释义

象形 pictograph (character)

青铜器 bronze ware

竹简 bamboo slip

简化 simplified

线条 line

扁 flat

转折点 turning point

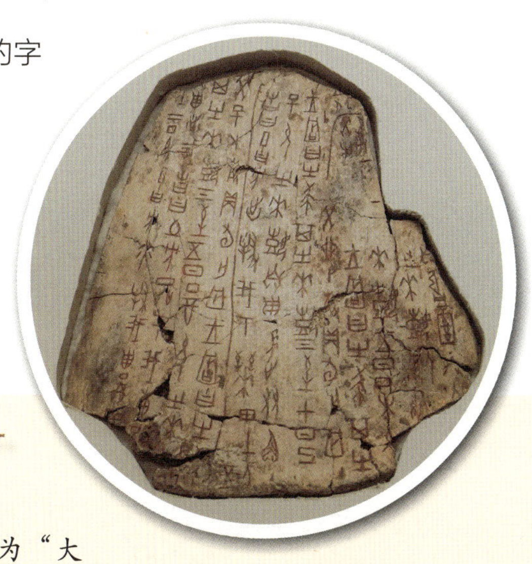

文化注释

大篆与小篆

秦以前，战国七个国家的文字都不同，秦以前的文字被称为“大篆”。秦朝建立之后，秦朝的李斯在大篆的基础上制订了一种标准的、全国统一的字体，这就是“小篆”。

笔画	名称	例字	笔画	名称	例字	笔画	名称	例字
一	横	大	㇖	横钩	你	㇁	弯钩	了
丨	竖	十	㇟	竖弯钩	元	㇈	横折弯钩	九
丿	撇	八	㇜	撇折	去	㇄	竖弯	四
㇏	捺	人	㇙	竖提	良	㇍	横折弯	没
丶	点	主	㇗	竖折	山	㇡	横折折折钩	仍
㇕	横折	口	㇛	撇点	女	⺄	横斜钩	凰
㇀	提	地	㇉	竖折折钩	弟	㇋	横折折撇	及
㇆	横折钩	月	㇂	斜钩	我	ㄣ	竖折撇	专
㇚	竖钩	小	㇌	横撇弯钩	那	㇞	竖折折	鼎
㇇	横撇	水	㇊	横折提	课	㇅	横折折	凹
						㇎	横折折折	凸

汉字的基本笔画

词语释义

简体字 simplified Chinese

1956年，国务院审定通过了《汉字简化方案》。目前流行的简体字（jiǎntǐzì），基本上以这个方案为基础。

朝代	记载工具	字形	鱼（魚）	鸟（鳥）	羊（羊）	车（車）	马（馬）
商朝	龟甲 动物骨头	甲骨文					
商周	青铜器	金文					
秦	石头 竹简	大、小篆					
汉晋	石头 竹简、纸	隶书					
汉末魏初至今	纸	楷书	魚	鳥	羊	車	馬
西汉至今	纸	草书					
东汉至今	纸	行书				車	馬

汉字形体发展的过程

三、汉字的六书

汉字和英语、法语这样的字母文字很不相同。首先，字母文字都是从左到右线性书写；而汉字是一个个的方块，就像一个积木，由各个部分组合而成。其次，英语、法语是表音文字（biǎoyīn wénzì），看到单词就知道大概的发音，但不能与意义发生联系；而汉语是表意文字（biǎoyì wénzì）（也有人认为是意音文字），文字的形式直接与意义相联系。

聪明的中国古人是怎么造出这么多汉字的呢？他们主要使用了六种方法——汉字的六书：象形、指事（zhǐshì）、会意（huìyì）、形声（xíngshēng）、假借（jiǎjiè）和转注（zhuǎnzhù）。其中前四种是造字法，后两种是用字法；这里只介绍前四种造字方法。

象形，属于“独体造字法”。用文字的线条或笔画，把事物的外形、特点具体地画出来。例如：

“日”字就像一个圆形，中间有一点 ⊙；

“月”字像一弯明月的形状 ；

“鱼”字像一条有鱼头、鱼身、鱼尾的游鱼 ；

象形字来自图画文字，是一种最早最古老的造字方法。它的局限性（júxiànxìng）很大，因为有些事物是画不出来的。

指事，属于“独体造字法”。少数指事字只用抽象的符号。如“一”“二”“三”用一横、两横、三横来表示。

大多数指事字在象形的基础上，加上有抽象意义的符号，表示别的意思。如：

“刃”：在“刀”最锋利（fēnglì）的地方加上一点，表示刀刃；

“本”：在木的下面加上一横，表示根的意思。

会意，属于“合体造字法”。会意字由两个或多个独体字组成，各部分的形状和意思合起来表达这个字的意思。例如：

“休”：是一个人在树下，表示休息的意思 ；

“家”：“宀”表示房子，下面是一头猪， ；

“男”：上面是田，下面是力， ；

词语释义

表音文字 phonetic writing

表意文字 ideographic writing

指事 indicative (character)

会意 associative compound (character)

形声 morpheme-phonetic (character)

假借 phonetic loan (character)

转注 mutually explanatory (character)

局限性 limitation

锋利 sharp

日月明，小大尖，土也地，鱼羊鲜，木子李，舌甘甜，学习汉字真有趣！你还能想到哪些有趣的会意字呢？从字形上了解会意字的意思，很像猜字谜。请猜猜“从”“众”“林”“森”的意思。

形声，属于“合体造字法”。形声字由形旁和声旁两部分组成，“形旁表示字义，声旁表示字音”，例如：

“沐”：形旁“氵”表示和水有关，声旁“木”表示发音与“木”字一样；

“齿”：下方是形旁，画出了牙齿的形状，上方的“止”是声旁，表示这个字的相近读音，、；

“篮”：形旁是“竹”，表示它是用竹子做的；声旁是“监”。（因为古音和今音不同，所以有时候声旁和整字读音差异较大。）

现代汉字中形声字占了90%以上，并且直到现在仍然能够创造新字。例如：钠—Na，镁—Mg，金字旁代表它是一种金属，而“内”和“美”则表示它的发音。

总的来说，汉字是以象形字为基础，以形声字为主体的表意文字系统。象形字虽然字数不多，却是掌握汉字的一把钥匙。指事、会意和形声都是在象形字的基础上发展而来的。汉字约有几万个，其中最常用的有3 000个左右。据统计，1 000个常用字能覆盖约92%的书面资料，2 000字可覆盖98%以上，3 000字时已达到99%。

四、繁体字和简体字

汉字有简体字和繁体字。简体字也称简体中文，或称简化字，是现代中文的一种标准化写法，主要在中国大陆、马来西亚、新加坡以及东南亚一些国家的华人社区使用。繁体字也称繁体中文、传统中文，中国台湾地区也称为正体中文，一般是指1956年汉字简化运动前中国及世界各地华人通用的标准汉字，目前主要在中国港、澳、台地区和其他国家华人社区中使用。

1956年1月28日，中华人民共和国国务院审定通过了《汉字简化方案》。目前流行的简化汉字（简体字）基本上以此为基础。当前，中华人民共和国政府认定(rèndìng)的简化汉字共有2 235个。

简体字根据繁体字简化而来，这种简化不是随意(suíyì)的，而是有规则、有条理(tiáolǐ)的。两者间有割不断的联系，简繁互补是中国文字的演变规律。

今天我们知道的最古老的汉字是甲骨文，它的笔画很简单，可是到了商朝和周朝的金文，很多都繁化了。小篆比金文简化，而隶书又有繁化的趋势。后来的唐代楷书繁简合适，稳定下来。汉字简化的原则是：“述而不作，约定俗成，稳步前进”，也就是说尽量采用已经在

词语释义

认定
recognize

随意
at will, as one pleases

条理
in order, logically

词语释义

扫盲
wipe out illiteracy

古籍
ancient books

承载
carry

民间长期流行的简体字，只作收集整理和必要的修改，不随便造新字。

3 000多年来，中华民族的灿烂文化主要靠汉字，准确地说是靠繁体字流传下来的。繁体字与中国历史文化紧密地结合在一起，不可分离。但是繁体字难读、难写、难记。为了方便书写和认记，汉字必须简化。简化字的推广和普及，对中国几亿人的文字扫盲(sǎománg)运动有着重要意义，对全世界的汉语学习者也有很大的帮助。

总体来看，化繁为简是历史趋势。汉字简化后，在书法、古籍(gǔjí)出版、印刷等领域，仍允许使用繁体。也就是说，繁体字所承载(chéngzǎi)的文化并未被消灭。大多数中国人经过简单学习后，能够轻松认读繁体字。识繁写简，既可以简化书写，又可以传承文化。在电脑、手机普遍使用的今天，繁体字、简体字互换也很容易，很多小软件可以轻松解决这一问题。

思考题

1. 你怎么看中国一方面要保护语言的多样性，一方面又大力推广普通话?
2. 可以说说你知道的汉语熟语吗？你知道它们的意思与来源吗？请跟你的同学们分享一下。
3. 你们国家的文字是表音文字还是表意文字？你觉得这两种文字各自有什么特点?
4. 你会写繁体字吗？你对汉字的简化有什么看法?
5. 中国近代有很多有名的人曾经提出要全部使用拼音，废除汉字。他们认为汉字太难，影响了中国的教育和国家的发展。你觉得中国应该废除汉字吗?

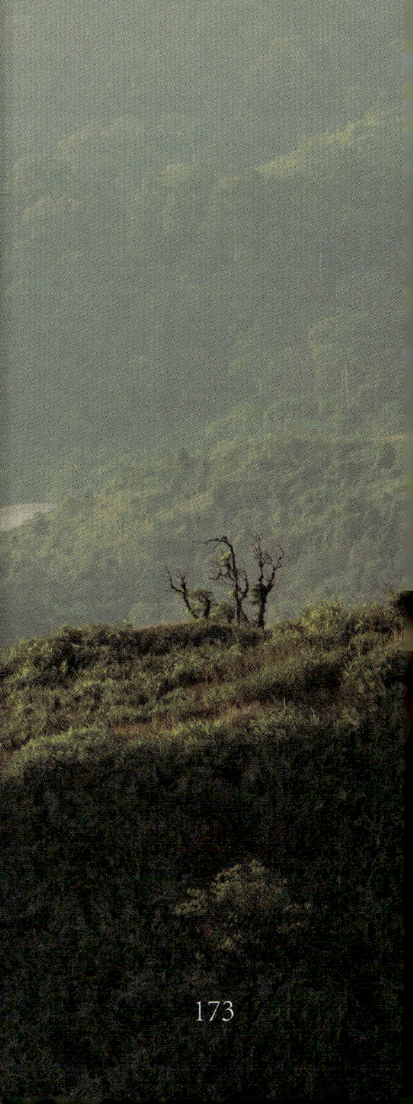

第八章

书法与绘画

书法与绘画是中国最伟大、最珍贵的两种艺术形式，一直是中国古代文人的追求。在3 000多年的发展过程中，它们深受尊崇自然的道家和尊崇伦理思想的儒家的影响，吸收了诸多自然、社会和人文因素，用最简单的形式去表现无限丰富、无限变化的艺术世界。中国书法和绘画是中华文明的精神标识和文化精髓。

第一节 书法

词语释义

国粹
the quintessence
(of Chinese culture)

书法是中国的国粹（guócuì）。汉字的书写除了用于日常的交际之外，还是一门伟大的艺术。本节对中国书法的基本历史和各种书体的代表性书法家、作品进行介绍，同时对书法创作的工具、要求和书法的美学追求做进一步的说明。

一、什么是书法

在古代汉语中，“书”是一个动词，意思就是“写字”。“书法”一词最初指的是“写字的方法”。从这个意义来看，任何文字都应该有它各自的“书法”。由于汉字形体具有特殊性，因此，汉字的书法有着特别的艺术性。

中国古人自从创造汉字以来，便开始不断探索如何把汉字写得更漂亮、更有艺术性。随着造纸术的不断成熟，人们的书写工具越来越容易获得，书写难度逐渐降低，书写美感逐渐加强，慢慢地，中国人创造出了一项中国人特有的艺术——书法。

中国书法的历史和文字的发展是同时的。书法与中国人的生活密切相关，它几乎无处不在——公共场合（尤其传统建筑）门上的牌匾(páibiǎn)、普通人家过年贴的春联(chūnlián)和“福”字、扇子上的题字，甚至年轻人身上的文身……可以说，有中国人的地方就有书法的存在。

不仅中国人喜欢书法，很多外国人也很喜欢书法。中国古代，书法就已经传播到了日本、朝鲜和越南等邻国。甚至在今天，书法还在一些国家继续发展和演变着，比如日本就诞生了“现代派”书法，它对中国当代书法也产生了较大的影响。很多外国朋友（比如泰国公主诗琳通、前联合国秘书长潘基文等）都是书法爱好者，他们对于书法的传播起到了积极的作用。中国书法可以深化文明交流互鉴，推动中华文化更好走向世界。

词语释义

牌匾
plaque

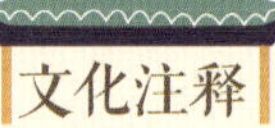

春联： 又称“春贴”“对联”。每年除夕这一天，中国人会在两张长条形的红纸上用毛笔写上自己喜欢的语句，贴在家门的两边，表达吉祥、喜庆的愿望。写春联、贴春联是中国人过春节最重要的活动之一。

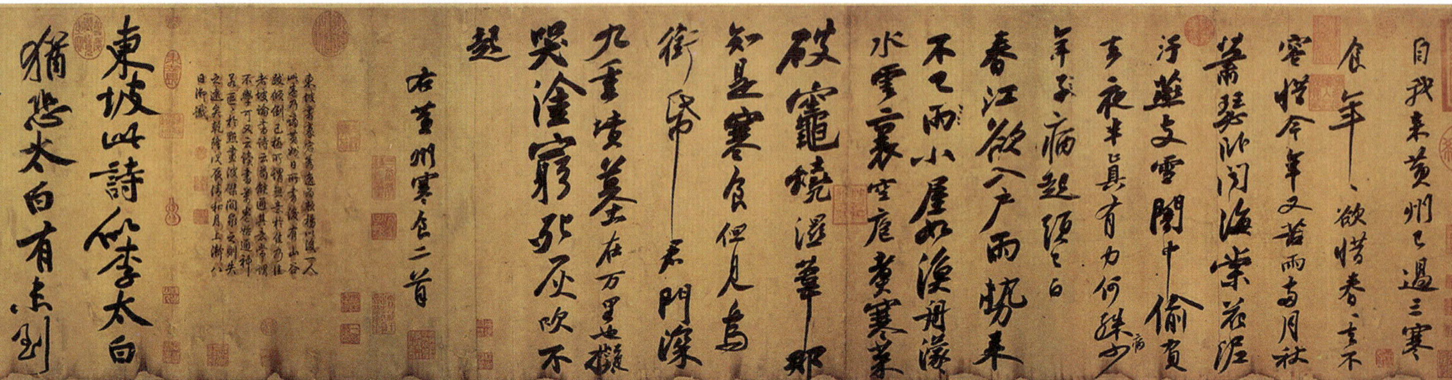

二、中国书体的演变及名家、名作

词语释义

古朴 simple and unsophisticated

书体指的是传统书法表现出的不同形体。中国书法常用书体有十种左右，我们这里介绍其中主要的七种：甲骨文、金文、小篆、隶书、楷书、草书、行书。此外，还有汉简、章草、魏碑等书体。

1. 甲骨文、金文

甲骨文已是成熟的文字，笔画一般都十分细瘦，字体有着古朴（gǔpǔ）自然之美。

甲骨文中有大量的象形字，带有较强的图画性。例如：

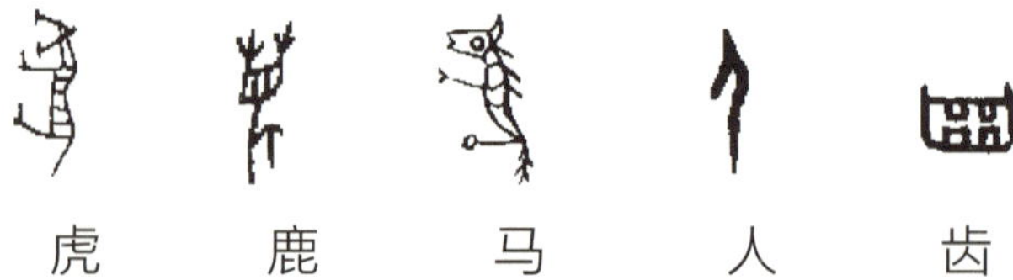

虎　鹿　马　人　齿

商朝后期青铜器上的“金文”也叫钟鼎（zhōngdǐng）文，一直使用到周朝后期。

鼎

古代用来煮食物的锅，一般有三足两耳。古人把鼎视为国家的宝物，经常用鼎来比喻国家尊严和王位。

和甲骨文相比，金文的笔画更加线条化和平直化，图画性和象形性都降低了，符号性增强了。金文体现了一种雄健(xióngjiàn)之美。

金文名家、名作

秦朝以前，历史上没有记录书法家，但留下了很多优秀的书法作品。金文的代表作——《毛公鼎》，于清朝晚期出土于陕西省，被视为金文中的瑰宝。

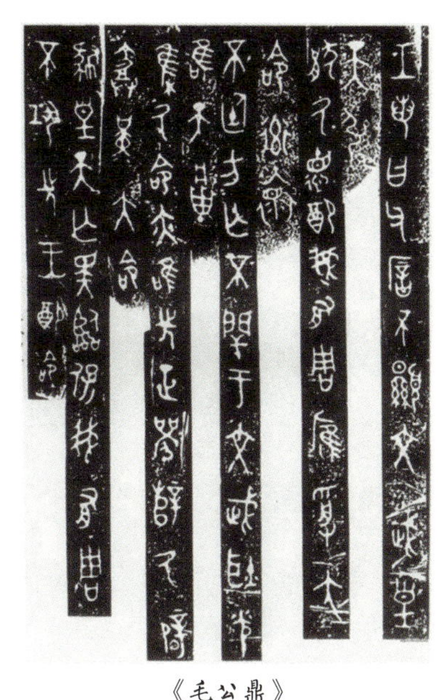

《毛公鼎》

《毛公鼎》书法是成熟的西周金文风格，结构匀称(yúnchèn)，字体方长，线条平稳有力，显示出金文已发展得非常成熟。《毛公鼎》是金文学习者的必学范本(fànběn)。

2. 小篆

秦代留下来的小篆大多刻在石头上，有些还留存至今。东汉时期诞生了中国历史上的第一部字典《说文解字》，所解说的字体就是小篆。

小篆笔画仍保持金文以来的圆笔线条，但笔画粗细一致，线条匀称，字形整齐。小篆字形端正、典雅(diǎnyǎ)，在中国书法史上有着重要的地位。

《泰山刻石》（局部）

小篆名家、名作

秦代流传至今的小篆主要是秦始皇的六处刻石，它们都是用小篆字体刻在石头上的作品，传说都是李斯创作的。李斯是中国历史上第一位小篆书法家，是小篆的创立者，

词语释义

雄健
vigorous

匀称
well-balanced

范本
model for calligraphy or painting

典雅
elegant, refined

词语释义

鼻祖
founder

严谨
rigorous

蚕
silkworm

大气
grand, imposing

甚至有人认为他是中国书法的鼻祖。

《泰山刻石》是秦始皇六处刻石之一，立于秦始皇二十八年（公元前219年）。《泰山刻石》书法严谨、平稳，字形匀称、修长，线条圆中带方，具有极高的艺术价值。

后来，唐代李阳冰，清代邓石如、赵之谦、吴昌硕等人，也都是有代表性的小篆书法家。

3. 隶书

隶书主要使用于汉代到晋代初期。汉字从篆书演变为隶书，是汉字字体演变历史中的一个重要转折，隶书是古文字与今文字的分水岭。隶书的笔画向平直发展，基本上没有了篆书的圆笔特征。隶书改变了汉字的象形特征，从此形成了方块汉字的基本形状。

《史晨碑》

《礼器碑》

清邓石如隶书对联

隶书的笔画平直方正，但粗细变化明显，讲究起伏、波动，比如横画，隶书就有“蚕头雁尾”的要求，书法庄重、大气、美观。

蚕头雁尾

隶书名家、名作

汉代没有留下纸本的隶书作品，现在能见到的最有代表性的是大量的碑文。

《史晨碑》就是汉代隶书的代表作，书写者不明。《史晨碑》前后两面刻字，碑文记载鲁国人史晨祭祀孔子的情况。现存于山东曲阜孔庙（Qūfù Kǒngmiào）。

《史晨碑》字形扁阔，端庄典雅，是后人学习隶书的典范作品。

文化注释

1. 碑

碑是指石碑，碑文就是刻在石碑上的文字。碑文的作用多种多样，有的用来歌颂神或者逝世的人，有的用来纪念工程的完成等。

2. 曲阜孔庙

曲阜是孔子的故乡。孔庙是祭祀孔子的地方。曲阜孔庙始建于公元前478年，是一组具有东方建筑特色、规模宏大的古代建筑群，位于山东省曲阜市。1994年，被联合国教科文组织列入《世界文化遗产名录》。

《史晨碑》

蔡邕隶书《熹平石经》

东汉的蔡邕（133年—192年）可以作为汉代隶书的代表人物。蔡邕对书法的贡献之一是他书写的《熹平石经》。有书法家认为《熹平石经》达到了汉代书法的最高水平，是标准汉隶的典范。

此外，唐代史惟则、韩择木，清代金农、郑燮、邓石如、伊秉绶都是历史上的隶书大家，他们的书法对今天的书法家产生了很大的影响。

词语释义

楷模
example

刚劲
bold

细腻
fine and smooth

4. 楷书

楷书的“楷”的意思是“楷模（kǎimó）”，也就是说，楷书这种书体可以作为楷模来学习。楷书在隶书的基础上进一步平直化、方块化，用笔没有了隶书的波折特征。楷书形成于汉末魏初，后来成为近2 000年来最普遍通用的字体。尽管写字的人个人风格各有不同，但楷书讲究规范，这是每个书写者都需要遵守的。练习书法的人，一般都从楷书开始。

楷书名家、名作

楷书是中国书法中最重要的书体，在唐代达到了最高的艺术水平。唐代出现了很多有名的楷书大家，留下了很多伟大的楷书作品。大书法家欧阳询的《九成宫醴泉铭》就是这一时期的代表作。

《九成宫醴泉铭》是欧阳询在公元632年书写的，文字被刻在石碑上，流传至今。其风格严谨，刚劲（gāngjìn）而细腻（xìnì），结构美观，字形方正，险中有稳，变化丰富。后代书法家对它的评价非常高，甚至称之为“天下第一楷书”，认为它是学习楷书的典范。这块碑现在藏于陕西省麟游县。

《九成宫醴泉铭》碑石

《九成宫醴泉铭》碑文拓本

欧阳询的篆书、隶书、行书也非常有成就，他还是一位书法理论家。欧阳询的书法被称为“欧体”，与颜（真卿）体、柳（公权）体、赵（孟頫）体并称为“楷书四大家”。颜真卿和柳公权的楷书被称为“颜筋柳骨”，对中国书法产生了非常大的影响。

颜真卿《颜勤礼碑》

柳公权《神策军碑》

5. 草书

草书的“草”，就是“潦草（liáocǎo）”“草率（cǎoshuài）”的意思。草书诞生于西汉时期，那个时候的草书叫“章草”，是在隶书的基础上发展出的一种快写的书体。东汉末年到东晋这段时间，又产生了今草。章草和今草都有很多简省笔画，也有连笔书写的现象，特别是今草，有时甚至会字字相连。

草书尽管看上去潦草、难认，其实是有一定标准和规范的，不是随便书写的。我们今天的简化字，有不少就是根据草书的结构而制定的。例如：

繁体楷书“车”

草书“车”

车
简体楷书

草书名家、名作

草书是艺术性最强的一种书体。汉代以来，书法史上出现了很多草书名家、名作。唐代的草书总体水平最高，《自叙帖》是这一时期的代表。

词语释义

潦草
hasty and careless

草率
careless

词语释义

潇洒
free and easy

流畅
fluent

连笔
joined-up stroke

辨认
recognize

《自叙帖》是唐代书法家怀素的作品，创作于公元777年。其笔力刚劲、活泼，结构富有动感，像是节奏分明的音乐旋律，是中国草书史上的一座高峰。

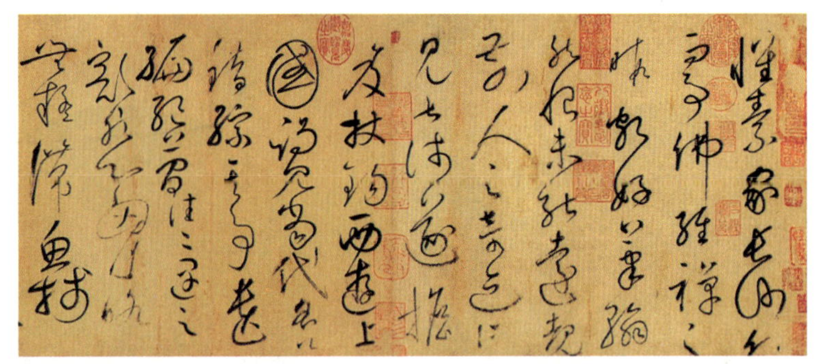

怀素《自叙帖》（局部）

与怀素齐名的另一位唐代草书大家是张旭。此外，东汉的张芝，东晋的王羲之、王献之父子，唐代孙过庭，宋代黄庭坚，明代董其昌、王铎，清代傅山，近代的于右任、林散之等，都是非常有名的草书大家。

6. 行书

行书的“行”在古代汉语中是“走”的意思。楷书是安静的美，行书是运动的美。行书大约出现在东汉末，在楷书的基础上发展而来。

王珣行书《伯远帖》

米芾行书《苕溪诗卷》

行书有着潇洒（xiāosǎ）流畅（liúchàng）之美，书写起来有很多连笔（liánbǐ）现象，因此书写速度比楷书要快。行书是楷书的快写，往往以简省的笔画代替复杂的笔画，又不像草书那样难以辨认（biànrèn），所以成为最常用的书体。

楷书“春”　行书“春”　草书“春”

行书名家、名作

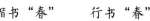

书法史上有大量优秀的行书书法家和行书作品，《兰亭序》毫无争议（háo wú zhēngyì）是最高水平的代表作，它的作者是东晋的大书法家王羲之。《兰亭序》用笔流畅、丰富，在字体上变化极多，整个作品非常生动，被后代书法家视为珍宝，称为“天下第一行书”。

可惜的是王羲之所写的《兰亭序》原本已经失传了，现在我们见到的都是临摹（línmó）本。最接近原本的是唐代书法家冯承素的摹本，这部作品现在藏于北京故宫博物院。

王羲之的儿子王献之、侄子（zhízi）王珣，都是大书法家。唐代颜真卿，宋代的苏轼、黄庭坚、米芾、蔡襄，元代赵孟頫，明代董其昌、文徵明，清代刘墉等，也是行书大家，他们都有作品流传到今天。

词语释义

毫无争议 undisputedly

临摹 imitate

侄子 nephew

颜真卿行书《祭侄文稿》

苏轼行书《寒食帖》

三、书法创作与书法之美

1. 文房四宝

中国书法常用的书法工具有四件，分别为笔、墨、纸、砚，合称为“文房四宝”。

笔

传统书法所用的笔主要是毛笔。“笔”在甲骨文中写作“[illegible]”，上面的部分表示一只右手，下面的部分像一支毛笔的样子。

制作毛笔

毛笔的毛用的是羊、狼、兔等动物的毛。不同的毛制作出的笔写字的效果会有不同。

制笔工人按照严格的程序把这些毛放在竹管或木管中，制作成毛笔，蘸(zhàn)上墨汁就可以创作书法了。

6 000多年前，中国人就发明了毛笔。直到现在，毛笔仍然是中国书法主要的书写工具。中国有一些品牌的毛笔非常有名，如浙江湖州生产的“湖笔”，河南孟津生产的“太仓毛笔”等。

墨

传统的墨指墨块，要加水磨(mó)才能产生墨汁(mòzhī)。墨具有永不褪色(tuìsè)的优点，是中国书法和中国画使用的主要颜料(yánliào)。

中国制墨工艺有超过5 000年的历史。今天，制墨工艺发生了很大的变化，人们发明了直接用来书写的墨汁，为书写者提供了便利。

安徽歙县是中国墨最著名的产地，那里生产的墨被人们称为“徽墨”。

墨块

磨墨

纸

随着造纸术的产生与生产效率的提高，书法慢慢得到了普及。

中国书法和绘画所用的纸叫宣纸，它主要产于安徽宣城、泾县等地。这种纸以特殊的原料和工艺制成，具有洁白、细致、柔软、容易吸水、不变色等优点，可分为生宣、熟宣等种类。不同种类的宣纸写字效果有很大的不同。

砚

砚是用来磨墨和装墨汁的用具，从公元3到4世纪开始使用。制作砚的材料有陶、铁、玉、石等，石砚是最常见的。

词语释义

蘸
dip in

磨
grind

墨汁
prepared Chinese ink

褪色
fade (in color)

颜料
pigment

从宋代开始就有“四大名砚”的说法，它们是端砚、歙砚、洮砚、澄泥砚。四大名砚中，端、歙、洮均为石砚，澄泥砚为陶砚。越好的砚台磨墨的效果越好。一块好的砚台对于书法家来说非常珍贵。

端砚　歙砚

洮砚　澄泥砚

2. 书法之美

书法有着自身的创作要求和欣赏准则。一般来说，书法有笔法、字法和章法三个方面的要求。

笔法

元代大书法家赵孟頫说：“结字因时相传，用笔千古不易。”他的意思是说，字的结构会随着时间的改变而发生改变，但用笔的笔法是永远不变的。

笔法的要领有很多，其中最重要的两点是中锋用笔和提按。

“中锋”指的是书写时笔杆要垂直于纸，让笔锋始终保持在笔画的中央部分。

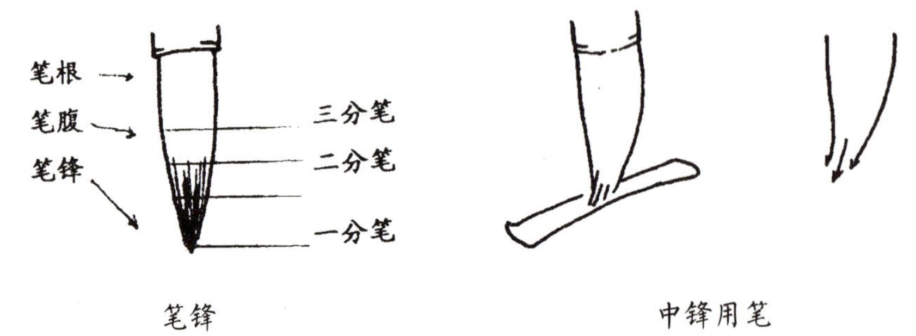

笔锋　中锋用笔

“提按”指的是书写时根据需要来调节笔画的轻重，向上提笔画就轻，向下按笔画就重，这样写出的笔画就会有粗细的变化。

字法

字法指的是字的结构安排的法则(fǎzé)，比如匀称、参差、连贯(liánguàn)等。

为了练习字法，人们发明了米字格、九宫格等办法来帮助练习字的结构。唐代的欧阳询、清代黄自元等都创作了专门介绍字法的著作。

米字格

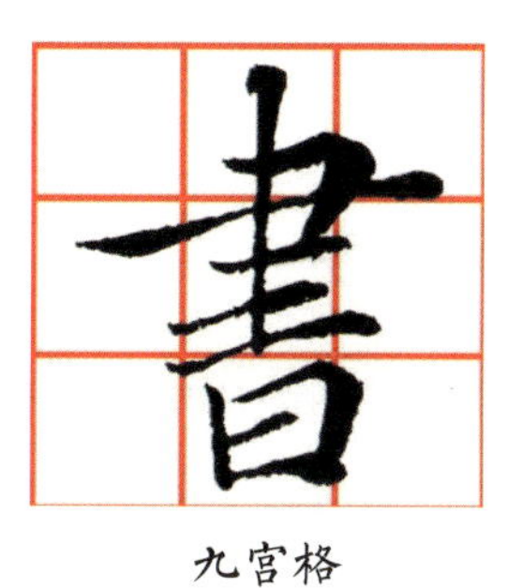
九宫格

章法

章法是指一幅书法作品的结构。任何一件书法作品都不是孤立(gūlì)地看某一个字，而要看作品的整体。对于书法家来说，设计书法作品的结构是非常重要的。

章法讲究虚实、黑白、错落(cuòluò)、连贯。书法作品有正文部分和落款部分，还应该有图章。不同的部分会用不同的字体或者不同大小的字来区分。

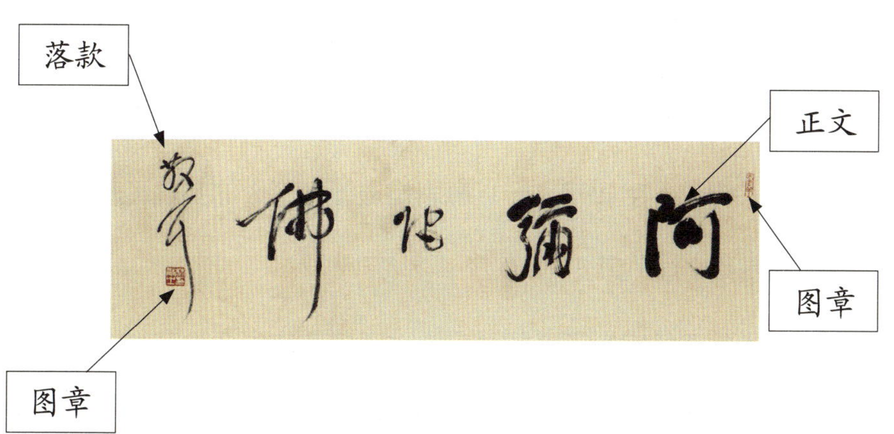

词语释义

法则
rule

连贯
coherent, consistent

孤立
isolated

错落
irregular

词语释义

描摹
depict

意韵
lingering charm

素养
quality

阅历
experience

3. 书法与其他艺术

书画同源

汉字起源于图画，是对大自然和人类社会的描摹(miáomó)。甲骨文和金文象形性和图画性都很强，这就是书画同源的证明。

中国书法和绘画的笔法有很多相同之处，作品的结构、空间布局也有着相似之处。此外，不管是中国书法还是中国绘画，它们都讲究抽象之美，作品对气势和意韵(yìyùn)的要求较高，这一点与西方抽象派艺术的追求相似。

书法与篆刻

篆刻是中国古代一项古老的艺术，篆刻所用汉字是篆书。

篆刻一定是先有“篆”后有“刻”，因此篆刻是一门与书法密切结合的艺术。篆刻家先用毛笔在印石上写上字，然后用刀刻出印文。

印章

文人与书法家的统一

在中国古代，没有职业的书法家(shūfǎjiā)，他们或是诗人，或是文学家，或是官员、政治家，甚至皇帝(huángdì)。中国书法对书写者的人文修养要求较高。很多人相信“字如其人”，意思是通过一个人的字就可以看出他的文化背景和个性、素养(sùyǎng)。

一个人除了练字，还必须要广泛地读书，热爱各种艺术，热爱自然，拥有丰富的审美经验、文化知识和人生阅历(yuèlì)，才可能在书法上达到较高的水平。

今天，中国有了职业的书法家，但人们对于书法家的要求没有改变。

文化注释

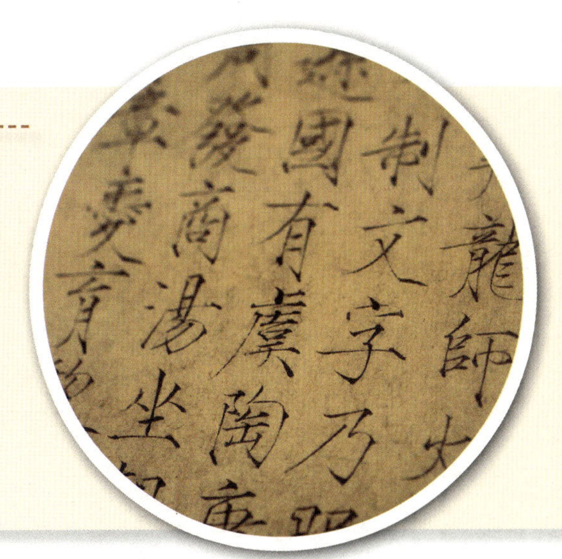

皇帝书法家

宋徽宗（Sòng Huīzōng）（赵佶 Zhào Jí）是宋代第八位皇帝，他热爱书画艺术，创造了一种书体——瘦金体。瘦金体笔力瘦劲，笔法外露，个性极强。赵佶是中国历史上少有的艺术天才与全才，但却不善于治理国家，使北宋滑向灭亡的深渊。宋徽宗被后世评为“诸事皆能，独不能为君耳！”

第二节　绘画

在漫长（mànchánɡ）的历史发展中，中国绘画形成了自己的风格与价值追求。其中最重要的是，绘画不是真实地画出眼中看到的景物（jǐnɡwù），而是画出人的感情、智慧和道德。因此，中国绘画是我们认识中国文化、了解中国人和中国思想的一扇窗。

词语释义

漫长
very long

景物
scenery

一、中国绘画的基本知识

1. “丹青”释义

在古代中国，绘画还有一个名字，叫“丹青”。“丹”是朱红色，也就是我们说的“中国红”；“青”是蓝、绿之间的一种颜色，在中国的山水画中常常能见到。这两种颜色，是中国绘画中最常见、最独特的，因此成为绘画的代名词。

词语释义

矿石
mineral, ore

纺织品
textile

2. 中国绘画的起源

中国绘画开始于何时、何地，由谁创造？一直有很多说法。大家普遍接受的是“书画同源”。这里的“书”，一指书写的文字，意思是中国绘画和中国文字在起源上有相同之处。中国文字具有象形的特点，很多早期的文字看起来就像一幅画。二指书法，是说中国绘画与中国书法有密切的联系。绘画与书法一样，都使用毛笔与墨，在艺术表现上有相同之处。

3. 中国绘画的材料

画家和书法家一样，用毛笔和墨作画。但中国绘画除了墨色之外，还使用很多其他的颜色，比如红、黄、青、绿、白等。这些颜色一部分来自天然的矿石（kuàngshí），一部分来自植物。

中国绘画的画底也有两个主要的来源：一是纸，最有名的是宣纸；二是纺织品（fǎngzhīpǐn），比如绢、帛。此外，还有壁画、砖画、瓷画等。当然，最流行的还是纸和绢。我们今天看到的大部分中国绘画都是纸画和绢画。

4. 中国绘画的基本形式

卷轴画是中国绘画最特别的形式。它的特别之处在于：画不是固定在画框（huàkuàng）里，而是慢慢展开的。

卷轴画有两种形式，一种是挂卷，自上而下打开，挂在墙上；一种是横卷，握在手中，从右到左展开，也叫“手卷”。

观赏卷轴画，画握在自己手中，可以自由地决定每一处景物观看多久，想停就停，想走就走，直到整幅画呈现于眼前。

以《清明上河图》为例，它是北宋画家张择端的作品，也是中国最有名的横卷之一。画中详细描绘了清明时，都城汴京（今河南开封）热闹的社会生活和优美的自然风光。画中人物、景物众多，非常壮观。

看画时，随着景物一点点展开，我们仿佛回到了1 000年前，跟着画家的脚步，穿过街道，走过小桥，观看城内城外的生活，体验人们的喜、怒、哀、乐。

除了卷轴画，中国绘画常见的形式还有册页，它做得像书一样，可让人们一页一页打开观看。

5. 中国绘画的风格

中国绘画的两种基本风格是工笔和写意。工笔画，画得很仔细，尽可能表现出事物的细节，色彩也很鲜艳，写意画则相反，强调用简单的线条画出事物的特点，除了水墨之外，没有其他颜色。

词语释义

画框
frame

赵佶绘《听琴图》（局部）

二、中国绘画的艺术特征

词语释义

以……著称 be known as

透视 perspective

1. 线条的力量

中国绘画以（yǐ）“线条美”著称（zhùchēng），画家善于运用线条的变化，表现物体运动的姿态。比如唐代画家吴道子的《送子天王图》，衣服全用长长的、弯曲的线条画出，有一种飘动的感觉，看起来像一阵风吹过。吴道子也因此被称为“吴带当风”。中国绘画的线条还有一种节奏感，组合在一起有一种舞蹈的味道，如敦煌壁画中的飞天。

事实上，事物本身是没有线条的，比如人物画中用一条蛋形线表示人的脸，而人脸周围根本没这条线。由此可以看出，画家使用线条不是为了画得和真实的物体一样，而是抓住事物最有特点的部分。

2. 散点透视（tòushì）

透视，是一种绘画的技巧。画家在作画时，按照一定的空间关系，把物体画在平面上，这种方法叫透视。西洋绘画一般使用“焦点透视”，就像拍照一样，画家站在一个固定的地方不动，将看到的景物画进来。中国绘画则不一样，画家可以根据需要边走边画。这样，画出来的画不止一个焦点，而是“散点透视”。

“散点透视”可以画出绵延数百里、数千里的景色，如同坐火车所见；也可以画出高高的山，上下几千丈（zhàng），如同坐电梯所见；还可以画一个复杂的故事，按时间顺序把不同的场景安排在一幅画上。

《韩熙载夜宴图》是中国的名画之一，画的是南唐大臣韩熙载夜晚宴请宾客的生活场面。五个不同的场景连续出现在同一个平面中，中间用屏风隔开，连在一起就是一个完整的故事。

3. 想象的世界

宋徽宗赵佶有一天出了一句诗“踏春归来马蹄（mǎtí）香”，让画院学生画出来。画是让人看的，怎么能画出香味呢？这道题难倒了很多学生。有个学生画了出来，让大家十分佩服。他是怎么画的呢？画中有匹奔跑的马，没有花，一只蝴蝶随着马蹄飞舞。画面很简单，但是一看就能让人感觉到花香。

词语释义

丈
a unit of length,
1丈= 3.33 metres

马蹄
horse’s hoof

词语释义

突破
break through

中国绘画强调画家的想象力，在画家的笔下，没有什么画不出来。画不仅有色彩，还有味道、声音、香气等。画面是有限的，但想象是无限的。通过这样的方式，绘画突破（tūpò）了自身的限制。

再举个例子，中国近代有个著名的画家，叫齐白石。有一天，他的朋友出了一道题，叫“蛙声十里出山泉”。他是这样画的：山中一条小溪，水流得很急；六只蝌蚪摇着小尾巴，顺着水流的方向游。画中没有蛙，我们却好像“听”到了远处传来的蛙声。

中国绘画不追求画出所有的细节，而是尽可能简化细节，给人留出想象的空间。比如，画夜景，不会有光线的变化，只是在画上加一轮明月或一支蜡烛。画山水，山石之间、山峰之间有很多空白的地方，而空白代表的是云雾。

所以，观赏中国绘画，也需要我们发挥想象，从画面给人的感觉出发，理解画家要传达的美。

三、中国绘画三大题材及代表作欣赏

中国绘画的题材主要有三类：山水、花鸟和人物，反映的是人对世界的认识。在画家看来，世界上的一切事物，无论大小，都有自己的生命。山水画、花鸟画体现的是人对自然的爱，人与自然的和谐相处。

1. 山水画

山水画在中国古代绘画中的地位最高。山和水不仅是风景，更与中国的哲学思想有关。孔子说“知（智）者乐水，仁者乐山”，“山

水”代表的是人的道德追求。此外，山是静的，水是动的；山是硬的，水是软的，“山水”体现了中国古代阴阳互补的观念。“山水”还有政治的含义（hányì），它们合在一起代表江山（即国家）。

山水画主要有两类，一种是水墨山水，只有水墨的颜色，没有其他色彩；一种是青绿山水，用水墨画出来以后，再加青色和绿色。

山水画中的人画得很小，不仔细看常常看不见。原因在于，中国人认为人是自然的一部分。自然很伟大，人很渺小（miǎoxiǎo），人最幸福的状态就是融到自然中去。

画作欣赏

《千里江山图》，是一幅青绿山水长卷。画家王希孟是北宋时期的一位天才少年，他完成这幅画时只有18岁。整幅画色彩十分丰富，

词语释义

含义
meaning, connotation

渺小
tiny

词语释义

浩荡
vast and mighty

阴影
shadow

轮廓
outline

使臣
envoy

恭敬
respectful, with great respect

先以水墨画出所有物体，然后加上颜色。天空是深青色，越往下颜色越浅，水是灰绿色。画中有起伏的群山，有浩荡(hàodàng)的江水，还有房屋、桥梁、人物、树木，画得很精致，整体看来又很壮丽。它展现的正是画家对国家的热爱和祝福。

《富春山居图》是元代画家黄公望的作品，被后人当作山水画的典范之作。画的是浙江富春山两岸初秋的景色。江水、树木、山峰、村落、小桥、渔船等都用简单的方式画出，墨色也很淡，整体给人一种平和的感觉。

2. 人物画

人物画在中国出现的时间最早，画的对象非常广，有仙人、帝王、仕女，还有普通的老百姓。

中国的人物画有以下几个突出的特点：一、画中只有人物，没有背景；二、画家的目的在于表现人物的姿态，不看重人体各部分之间的比例；三、人物的脸上没有阴影(yīnyǐng)。

人物画也分为两类：一类叫工笔人物画，先用笔细致地画出人的轮廓(lúnkuò)，再上颜色；一类叫写意人物画，只用简单的笔墨画出人物的线条。

画作欣赏

《步辇图》，唐代著名画家阎立本的作品，画的是唐太宗李世民接见吐蕃（今西藏）使臣(shǐchén)的情景。唐太宗的形象比身边的宫女要大很多。这也是中国人物画的一个特点，地位越高的人画得越大。面对唐太宗的三个人，穿红衣的是唐朝官员，身材高大，满脸络腮胡子。跟在后面的是使臣，相貌、穿着明显和汉人不同，姿态很恭敬(gōngjìng)。最后面是翻译，一脸紧张不安的样子。不同的人物有不同的表情，画得很生动。

《李白行吟图》，南宋画家梁楷的作品，画的是唐代大诗人李白一边走一边吟诗的样子。画家去掉一切不必要的细节，以最简洁(jiǎnjié)的方式画出诗人的形象。只用四五根线条便将人物的衣着（宽大的衣袖）和动作（背着手慢慢向前走）表现了出来。

3. 花鸟画

花鸟画，不是只有花鸟，还包括一切常见的动、植物。花鸟画在长期的历史发展中，形成了两个传统：一是写生，指画得真实，能教人们认识身边的动、植物；二是写意，也就是抓住动、植物与人的生活、思想、感情的联系，表达人们的精神追求和对美好生活的向往。因此，花鸟画中的很多形象都有特别的文化含义。

比如著名的四君子画。“四君子”指的是四种植物：梅、兰、竹、菊。“君子”本来是指有道德的人，为什么这四种植物具有人一样的道德呢？梅花，长在寒冷的冬天，表示坚强；兰花，长在深谷，表示不追求名利；菊花，颜色淡，香气也淡，表示高洁(gāojié)；至于竹子，竹心是空的，表示谦虚，竹节是直的，表示正直。

另外，还有一些形象用来表达人们生活中的美好愿望。比如，蝙蝠(biānfú)代表幸福；牡丹(mǔdān)代表富贵等。

欣赏花鸟画，不仅要看画的形象，看形象表达的个性、品格、情感，还要看形象背后的文化。

词语释义

简洁
concise

高洁
noble and unsullied

蝙蝠
bat

牡丹
peony

画作欣赏

《芙蓉锦鸡图》，北宋皇帝宋徽宗赵佶的作品。画中一只锦鸡飞落在芙蓉枝上，画的左下角有几枝菊花，说明画的是秋天的景色。整幅画色彩艳丽，画面生动，看起来富贵而典雅。

画的右上方有赵佶写的一首诗，说明画家的目的是通过锦鸡来传达人的道德追求。因为锦鸡代表了人的五种道德：头上有冠，表示有文化；脚上有爪子，表示有武力；面对敌人不害怕，表示勇敢；见了食物叫同伴一起吃，表示友爱；天一亮准时叫，表示值得信任。

思考题

1. 说说你最喜欢哪一位书法家的字。为什么？
2. 你们国家的文字有书法吗？如果有，它有什么特点？试着与中国书法对比一下。
3. 对比中国传统绘画和你们国家绘画的题材，说说有什么相同与不同的地方，思考产生差别的原因。
4. 中国绘画中很多动、植物都有特别的含义，除文中介绍的这些，请试着再找出几种，说出它们代表的意思。再对比一下你们国家的绘画，看看动、植物的含义有什么相同和不同的地方。
5. 请选择一幅你感兴趣的中国画，说说欣赏画作时的感受。

第九章 经济

词语释义

格局
structure

经过40多年的改革开放，中国已建立起比较完善的社会主义市场经济体制，形成了全方位的对外开放格局(géjú)，中国经济获得了飞速发展。中国经济结构逐渐合理，进入新常态发展阶段。到2020年，经过数十年努力，中国已建立起比较成熟的市场经济体制。

第一节 中国经济的过去和现在

中华人民共和国成立后，通过有计划的大规模建设，中国已成为世界上最具发展潜力的经济大国之一，人民生活总体上达到小康水平。

从1953年到2020年，中国已陆续完成13个“五年规划（guīhuà）”，取得重大成就，为国民经济的发展打下了很好的基础。1978年以来的改革开放，使中国经济得到前所未有的快速增长。进入21世纪，中国经济继续保持平稳、快速增长。市场经济体制已初步建立，市场在如何分配资源中起决定性作用，宏观（hóngguān）调控体系日趋完善；以公有制（gōngyǒuzhì）经济为主体，个体（gètǐ）、私营、外资等非公有制经济共同发展的格局基本形成，经济增长方式逐步由粗放型（cūfàngxíng）向集约型（jíyuēxíng）转变。

一、中国经济的历史变迁

中国经济的历史变迁大致包括三个大的时期和四个重要转折点。第一个大的时期是帝制时期，即秦始皇统一中国建立帝制（公元前221年）到辛亥革命推翻帝制（1912年），其中14世纪为第一个转折点，鸦片战争前后为第二个转折点；第二个大时期为民国时期，即从1912年建立中华民国政府至1949年中华人民共和国成立，中华人民共和国成立是一个重要转折点；第三个大时期为中华人民共和国时期，20世纪70年代末改革开放的开始为重要转折点。

1. 古代的经济成就

由于农业技术的发明和应用，到13世纪为止，中国农业始终是世界上最为精细发达和生产力最高的。宋代以后的几个世纪内，中国食物供给状况优于欧洲。中国人口增长的长期趋势开始于11世纪（北宋），而欧洲要到18世纪才真正开始。高度发达的农业为工商业的发展提供了必要的产品和要素（yàosù）基础。中国工业在汉代和唐代已有较大的发展，宋代达到高峰。同时，农民通过定期的集市相互联系，这些分散的集市又通过运河、江河及道路连接起来，形成全国性的商业网络。主要农产品和许多地方特产已经驰名全国，销往四面八方。

词语释义

规划
plan

宏观
macro

公有制
public ownership

个体
self-employed

粗放型
extensive growth model

集约型
intensive growth model

要素
factor, element

词语释义

停滞
stagnate,
stagnation

通货膨胀
currency
inflation

2. 近代的经济停滞 (tíngzhì)

14世纪之后，尽管中国经济继续发展，局部的技术发明也经常出现，但中国在科学、技术和制度上的领先地位逐步丧失。这一时期的经济发展更具有粗放型的特征，即总量增长但人均量不再增长。特别是自1840年鸦片战争直至1949年中华人民共和国成立，中国经历了各种战乱，经济停滞。而与此同时，西方世界自17世纪兴起后，进步和发展的速度不断加快。中国经济的发展逐渐落后于西方世界。

3. 中华人民共和国时期

第一阶段是经济恢复时期（1949年—1952年）。中国工农业主要产品产量绝大部分超过中华人民共和国成立前最高水平，通货膨胀 (tōnghuò péngzhàng) 得到控制，人民的生活水平得到了初步提高。

第二阶段是第一个五年计划实施和实现对工商业的社会主义改造时期（1953年—1958年）。这一时期国民经济发展稳定，各产业之间的比例适当，国民收入年平均增长率达到8.9%，城乡居民消费水平年均增长4.2%。

第三阶段是1958年—1965年，这一时期规定的增长目标过高，破坏了经济增长的正常秩序，造成国民经济比例严重失调。后期经过调整，缩小了基本建设规模，控制了重工业发展，调整了产业结构，经济因此得以恢复，农业、轻工业和重工业得到了比较平衡的发展。

第四阶段是1966年—1976年，这一时期经济增长受到巨大损失。由于经济、社会和政治生活都处于混乱状态，工农业生产的秩序被破坏，产业结构严重失调，劳动者的积极性受到抑制，城乡居民生活水平几乎没有提高。

第五阶段是实行经济改革和对外开放以后的发展时期（1978年以来）。改革开放提高了劳动者的积极性，提高了生产效率，调整了产业结构，扩大了国际贸易，引进了外资。1978年—2001年，国内生产总值平均每年增长9.3%，是中华人民共和国成立以来发展最快的时期。近年来，中国经济持续增长，中国因而成为世界上经济增长最快的国家之一。

二、中国经济现状

经过40多年的改革开放，中国经济总量成为世界第二，中国经济发展对全世界的减贫事业作出了巨大的贡献。据联合国《千年发展目标2015年报告》显示，1990年到2022年，全球贫困人口从19亿减少到不足8亿，中国贡献率超过了70%。在经济发展的过程中，中国与世界经济贸易体系的联系越来越密切，国际贸易往来越来越多，资金流动越来越大。截至2022年，中国商品贸易总额连续五年稳居世界第一，服务贸易总额连续八年位列世界第二，“中国制造”代表了世界经济稳定，也是稳定世界经济的主要支撑（zhīchēng）。中国在全球经济秩序、金融稳定、和平发展等方面也发挥了巨大的作用。

词语释义

支撑
support, sustain

三、中国经济发展的自然条件

与其他国家相比，中国的地理特征有以下特点：1.地域辽阔，幅员广大；2.地处陆地板块面积最大的北半球的东半部；3.跨越纬度多，气候和自然资源呈多样化的特征，既有长海岸线，又有很长的陆地边界，与众多国家相邻。

中国国土面积广大，有巨大的自然资源总量，但是在广阔的国土面积中，可直接加以利用的部分较少。从人均占有土地资源来看，中国处于一个相当不利的状态。另外，从矿种储藏特点来看，一些重要矿种品质较低，且储量很少，矿产资源在地域上的分布十分不均衡。

四、中国经济的基本政策与体制

1. 改革开放政策

1978年12月，中国共产党十一届三中全会提出了“改革开放”政策。中国开始实行对内改革、对外开放。中国的对内改革先从农村开始。1978年11月，安徽省凤阳县小岗村实行“分田到户，自负盈亏（yíngkuī）”的家庭联产承包（chéngbāo）责任制，逐步建立起统分结合的双层经营体制。国有企业的重大改革包括——扩大企业自主经营权、实行政企职责分开、所有权和经营权适当分离等，明确国有企业是自主经营、自负盈亏的经济组织，并在此基础上建立各种形式的经济责任制。

对外开放是在坚持独立自主、自力更生（zìlì-gēngshēng）的基础上，利用国内和国际两种资源，打开国内和国际两个市场，引进国外先进技术和资金，借鉴国外先进的管理经验和方法，使国内经济与国际经济实现互接互补，加速中国社会主义现代化建设的进程。中国对外开放新格局形成的过程，可以分为四个步骤——创办经济特区、开放沿海港口城市、建立沿海经济开放区、开放沿江及内陆和边境城市。经过多年的对外

词语释义

盈亏
profits and losses

承包
undertake, contract

自力更生
count on one’s own efforts

开放的实践，不断总结经验和完善政策，中国由南到北、由东到西层层推进，基本上形成了一个宽领域、多层次、有重点、点线面结合的全方位对外开放新格局。

改革开放的实质是：解放和发展社会生产力，提高综合国力，进一步解放思想，建设有中国特色的社会主义。改革开放建立了社会主义市场经济体制，使中国发生了巨大的变化。1992年10月召开的中国共产党十四大宣布，新时期最鲜明的特点是改革开放，中国进入新的改革时期。2013年，中国进入全面深化改革新时期。

2. 五年计划/规划

五年计划，全称为“中华人民共和国国民经济和社会发展五年计划纲要”，是中国国民经济计划的重要部分，属长期计划。主要是对国家重大建设项目、生产力分布和国民经济重要比例关系等作出规划，为国民经济发展远景规定目标和方向。

中国从1953年开始制定第一个五年计划。到2010年，大致可分为三个时期：（1）第一个五年计划（1953年—1957年）到第四个五年计划（1971年—1975年）为第一个历史时期，经济发展的主要特点是工业化；（2）第五个五年计划（1976年—1980年）到第八个五年计划（1991年—1995年）为第二个历史时期，经济发展的特点是经济全方位发

展；（3）第九个五年计划（1996年—2000年）到第十一个五年规划（2006年—2010年）是第三个历史时期，经济发展的特点是由单纯注重物质的发展向注重人的全面可持续发展转变。

从“十一五”起，“五年计划”改为“五年规划”。除1949年10月到1952年底为中国国民经济恢复时期和1963年至1965年为国民经济调整时期外，中国政府持续编制五年计划／规划。

回顾（huígù）五年计划／规划的历史，不仅能看出中华人民共和国成立以来经济发展的大概历程，也能从中探索中国经济发展的规律，并可以从历史的发展中获得宝贵的经验，从而指导未来的经济发展。

词语释义

回顾 review, look back

3. 中国特色社会主义市场经济

1978年，中国共产党十一届三中全会召开，标志着中国走上了改革开放的道路，工作重心（zhòngxīn）转移到经济建设上来。

1992年10月，中国共产党十四大提出了建立社会主义市场经济体制的目标。经过全体中国人民的共同努力，中国在社会主义市场经济理论研究和实际改革中都取得了显著（xiǎnzhù）成就。社会主义市场经济是一种从未有过的经济体制，也是中外经济学经典中从来没有的一个概念，是中国的一次创新。

市场经济长期发展的实践表明，市场经济的正常运转要由两种机制调节：一是市场机制对资源配置的调节作用，二是国家政府宏观调控的作用；也就是"看不见的手"的作用和"看得见的手"的作用。社会主义市场经济体制完成了两个飞跃：一是从平均主义经济向效率优先（yōuxiān）、兼顾公平、逐步走向共同富裕的经济飞跃；二是从地区保护、行政垄断（lǒngduàn）、闭关锁国的经济向内外开放、平等竞争的经济飞跃。

词语释义

重心 focus

显著 remarkable

优先 prioritize

垄断 monopoly

比重 proportion

效益 benefit

第二节 | 中国三大产业

自中华人民共和国成立以来，中国GDP生产结构发生了三次重要变化，反映了以下几个特点：1. 第一产业比重（bǐzhòng）下降，第二产业、第三产业比重上升。从增加值上看，国民经济总量增长从主要靠第一、第二产业变为主要靠第二、第三产业。2. 第二产业（特别是工业）的增长成为中国经济快速增长的主要动力之一。按可比价计算，在1979年至2005年GDP增长的9.6%中，5.3%来自第二产业的贡献，3.1%来自第三产业，1.2%来自第一产业。3. 目前中国产业结构中，第一、第二产业比重偏高，第三产业比重明显偏低，而且内部结构不合理、效益（xiàoyì）偏低。与世界大部分国家相比，中国第三产业增加值在GDP中所占比重偏低。

一、农业

中国经济的总体规模在全世界名列前茅，其中农业经济比重较高。农业发展关系到中国经济的总体发展。中国的经济改革从农村和农业经济开始。农业经济改革的成果，为国民经济发展提供了可靠的物质基础。农业经济的继续发展，对中国经济发展的稳定和持续有重要作用。近年来，中国农业年均增速超过4%，农业劳动生产率增速保持在7%左右。中国粮食产量已连续8年达到1.3万亿斤。农业机械化(jīxièhuà)水平超过72%，农业科技进步贡献率超过60%。农田有效灌溉(guàngài)系数超过56%，一半以上的农田旱涝(hànlào)保收。

中国的粮食问题

中华人民共和国建立后，政府废除了封建土地所有制(suǒyǒuzhì)，带领人民自力更生，奋发图强(fènfā-túqiáng)，大力发展粮食生产，用占世界7%左右的耕地(gēngdì)，养活了占世界22%的人口。与1949年相比，1995年粮食总产量增长了三倍多，年均递增(dìzēng)3.1%。中国粮食总产量位居世界第一，人均450公斤以上（含豆类、薯类），达到世界平均水平；人均肉类产量41公

词语释义

机械化
mechanization

灌溉
irrigation

旱涝
droughts and floods

所有制
system of ownership

奋发图强
strive to be strong

耕地
arable land

递增
increase progressively

斤、水产品21公斤、禽蛋14公斤、水果35公斤、蔬菜198公斤，均超过世界平均水平。中国发展粮食生产所取得的巨大成就，基本解决了中国人民的温饱问题，提高了人民生活水平，为世界消除(xiāochú)饥饿(jī'è)与贫困作出了重大贡献。

当然，中国政府也认识到，中国粮食供需平衡的水平还有待进一步提高，供需偏紧的状况还将长期存在。因此，中国政府实施了“脱贫攻坚计划”。截至2022年，中国打赢了人类历史上规模最大的脱贫攻坚战，全国832个贫困县全部摘帽，近一亿农村贫困人口实现脱贫，960多万贫困人口实现易地搬迁，历史性地解决了绝对贫困问题，为全球减贫事业作出了重大贡献。

二、工业

20世纪70年代末以来，中国改革企业经营机制，发展产品和生产要素市场，发展非国有经济，这些都促使中国的工业经济得到迅速的增长。工业部门所有制结构的多元化局面已经形成，产业结构得到调整，国有企业生产率有所提高，农村工业化的高潮也已经形成。改革开放以来，中国工业实现了跨越式发展，无论是经济总量还是结构，都跃上了新台阶，初步确立了制造大国的地位，并为向制造强国的转变奠定了坚实基础。

1. 中国制造

中国已成为庞大的工业国家，制造业规模几乎相当于美、日、德三国之和。中国制造是世界上最让人熟悉的标签之一。

中国的制造业产品成为出口商品的主体，为中国换取了大量的外汇。中国财政收入的近一半来自工业。2010年，仅年主营业务收入在500万元以上的工业企业的职工就超过9 000万，解决了大量剩余劳动力的工作问题，大大缓解了中国沉重(chénzhòng)的就业压力。

词语释义

消除
eliminate

饥饿
hunger, starvation

沉重
severe, heavy

词语释义

坚定 steadfastly, resolutely

消耗 consume

配套 support; match

中国强调推进信息化与工业化的融合，坚定（jiāndìng）不移地走科技含量高、经济效益好、资源消耗（xiāohào）低、环境污染少、人力资源优势得到充分发挥的中国特色新型工业化道路。

目前，中国已建成了全面的、具有相当规模和水平的现代工业体系，形成了门类齐全的产业体系和丰富的配套（pèitào）链条，包括原材料能源工业、装备工业、消费品工业、国防科技工业、电子信息产业等，在各个重要领域形成一批产能产量居世界前列的工业产品。

2. 中国智造

在经济转型过程中，中国政府在重视“中国制造”的同时，更加重视“中国智造”，在政策上支持产业核心技术的研发，加快科研成果的转化，越来越多的“中国制造”正逐步向“中国智造”转化。

中国制造了世界上运算速度最快的超级计算机、太空飞船（tàikōng fēichuán），研发出北斗卫星导航（wèixīng dǎoháng）系统等。2022年，中国制造创新能力稳步上升，国家创新指数排名在全球40个主要国家中升至第11位。数据显示，中国全社会研发经费（jīngfèi）从2012年的1万亿增加到2022年的3.09万亿；研发投入强度从1.91%提升到2.55%；研发人员总量从2012年的325万人年提高到2021年的572万人年，多年保持世界首位。高技术产业出口占制造业出口的比重居世界首位，知识服务业增加值居世界第三位。中国专利（zhuānlì）申请量已经连续多年处在世界第一位。

三、第三产业

中国第三产业显示出强劲的发展势头，它已成为经济增长的主要方面。2021年，中国的GDP总量是114.37万亿元，其中，第三产业增加值高达60.96万亿元，增加值比重为53.3%，但是与发达国家相比依然存在差距。根据中国第三产业发展现状的数据统计，中国第三产业中占较大比重的是批发和零售业，其次是金融业和房地产行业。中国第三产业中产值领先的是低附加值的初级服务业，目前特别需要发展金融、医疗等现代服务业。这说明，中国第三产业不仅在总量上有显著的上升空间，在结构上也有着巨大的调整空间。

随着第三产业的快速发展，中国服务业新业态（yètài）、新模式（móshì）、新产业不断出现。基于大数据、云计算、物联网的服务应用和创新日益活跃。生态旅游、休闲养老、远程教育、数字家庭、智慧社区等新的服务模式快速发展，拓展了消费渠道。

词语释义

太空飞船
spaceship

卫星
satellite

导航
navigation

经费
expenditure

专利
patent

业态
business model

模式
model

第三节 中国经济的发展

词语释义

考察
inspection on-site

周期
cycle

机遇
opportunity

适宜
suitable, appropriate

改革开放40多年来，中国经济的快速发展主要归功于劳动力和资源环境的低成本优势。进入新的发展阶段后，中国制定了以创新驱动发展的新战略。2016年以来，中国经济在转型提升中实现平稳发展，L型走势逐渐形成，结构升级成为主要增长力量，新经济加快崛起。

一、中国经济新常态

中国经济新常态是21世纪中国社会经济呈现的一种状态。2014年5月，中共中央总书记习近平在河南考察(kǎochá)时首次以“新常态”描述新周期(zhōuqī)中的中国经济：“我国发展仍处于重要战略机遇(jīyù)期，要增强信心，从目前我国经济发展的阶段性特征出发，适应新常态，保持战略上的平常心态。”新常态的“新”，意味着和以前不同；新常态的“常”，意味着相对稳定，主要表现为经济增长速度适宜(shìyí)、结构优化，社会和谐。转入新常态，意味着中国经济发展的条件和环境已经或将要发生诸多重大转变，经济增长将不再是过去的高速度，不再是传统的不平衡、不协调、不可持续的粗放增长模式。

中国经济进入新常态后，质量逐渐成为重点。围绕高质量发展，中央经济工作会议通过一系列关键词解释了中国经济发展下一步要做的工作，分别是财政货币政策、金融风险、“三去一降一补”、房地产、实体经济、产权保护、农村改革、国企改革。随着中国各方面、各产业、各种制度的质量不断提升，中国未来的经济发展必然会进入健康、稳定、抗风险能力强的时代。

二、“互联网 +”

2015年3月，中国总理李克强在《2015年政府工作报告》中制定“互联网+”行动计划，正式把“互联网+”纳入国家发展战略。“互联网+”是专门针对传统企业转型所提出的概念，指的是互联网与传统行业相结合的过程。“互联网+”不是简单的两者相加，而是利用信息技术及互联网平台，使互联网与传统行业深度融合，进而创造新的发展生态。“互联网+”强调的是融合和共赢，意义在于帮助传统产业提高效率，优化服务体验，让全社会的信息流动更快，信息更透明，社会资源的匹配和经营效率大幅提升。“互联网+”是互联网思维的进一步实践成果，推动经济形态不断地发生演变，从而带动社会经济实体的生命力，为改革、创新、发展提供广阔的网络平台。它代表一种新的社会形态，即充分发挥互联网在社会资源配置中的优化和集成作用，将互联网的创新成果深度融合于经济、社会之中，提升全社会的创新力和生产力，形成更广泛的以互联网为基础设施和实现工具的经济发展新形态。

词语释义

智能
intellectual capacity

平台经济
platform economy

人工智能
artificial intelligence

面貌
appearance

健全
strong and comprehensive

树立
establish

三、数字经济 2.0

第一次信息革命是以信息技术为核心。1946年，美国物理学家威廉·肖克莱发明了晶体管，促进了个人电脑的发明和发展。而第二次信息革命，是以互联网（尤其是以移动互联网）为平台发展的，像云计算、大数据、人工智能(zhìnéng)等都是在这个平台上发展出来的新平台经济(píngtái jīngjì)，也就是数字经济发展的2.0时代。中国正从数字经济1.0时代步入数字2.0时代。在数字2.0时代会出现一个全新的经济体：平台经济体。

2016年G20杭州峰会上，作为中国创新增长的主要路径，发展数字经济被提出来，并受到各方的积极响应与支持。2017年，数字经济首次被写进了中国政府工作报告："促进数字经济加快成长，让企业广泛受益、群众普遍受惠。"事实上，"数字经济"与"互联网+"一脉相承。"互联网+"强调的是连接，"数字经济"强调的是连接之后有产出、有效益。随着以互联网产业化、工业智能化、工业一体化为代表的第四次工业革命深入发展，数字经济商业生态出现了云计算、大数据治理、人工智能(réngōng zhìnéng)、物联网和区块链等融合升级的现象。数字经济2.0时代以数据化为标志，深刻影响新零售、新实体经济、信息消费、"互联网+"电影等新兴业态，重塑商业模式，革新行业面貌(miànmào)。

四、经济增长与环境保护

党的二十大报告指出："我们坚持绿水青山就是金山银山的理念，坚持山水林田湖草沙一体化保护和系统治理，全方位、全地域、全过程加强生态环境保护，生态文明制度体系更加健全(jiànquán)，污染防治攻坚向纵深推进，绿色、循环、低碳发展迈出坚实步伐，生态环境保护发生历史性、转折性、全局性变化，我们的祖国天更蓝、山更绿、水更清。"必须树立(shùlì)和实践"绿水青山就是金山银山"的理念，坚持节约资源和保护环境的基本国策，像对待生命一样对待生态环境，统筹山水林田湖草系统治理，实行最严格的生态环境保护制度，形成绿色发展方式和生活方式，坚定走生产发展、生活富裕、生态良好的文明发展道路，建设美丽中国，为人民创造良好生产生活环境，为全球生态安全作贡献。

2012年以来，中国出台了几十项生态文明重大改革。中国重点城市PM2.5平均浓度下降了57%，重污染天数减少了92%，成为全球大气质量改善速度最快的国家。与此同时，中国优良水体比例提高了23.8个百分点，达到87.9%，接近发达国家水平。城市黑臭水体基本消除，群众饮水安全得到了有效保障。中国土壤环境质量也发生了基础性变化，建成涵盖(hángài)8万个点位的国家土壤环境监测网络。截至2022年，中国淘汰落后和化解过剩产能钢铁达到了3亿吨，淘汰老旧和高排放机动车辆超过3 000万辆。十年来，中国森林面积增长了7.1%，达到2.27亿公顷，成为全球“增绿”的主力军。中国正在从高耗能、高污染的经济模式向清洁绿色的经济模式转变，这对环境保护和全球能源市场都有重大意义。

词语释义

涵盖 contain completely

五、结构调整与区域发展

改革开放以来，中国通过优先发展轻工业，扩大高档消费品进口、加强基础产业和基础设施建设、大力发展第三产业等一系列政策和措施，使经济结构趋于协调，并向优化和升级的方向发展。

然而，中国各地区经济发展还不平衡，主要表现在两个方面：东部沿海地区和中、西部地区的不平衡；南方和北方的不平衡。为了从根本上改变这种现状，国家首先实施了西部大开发(xībù dà kāifā)和中部崛起战略，实现东、中、西部地区的互补发展。其次，为了振兴北方经济，国家加大对环渤海地区经济发展的支持力度。这些举措促进了中国区域经济的协调发展和综合改革。

文化注释

西部大开发

这是中华人民共和国中央政府的一项政策，目的是“把东部沿海地区的剩余经济发展能力，用以提高西部地区的经济和社会发展水平，巩固国防”。

六、“三新”经济

在推动中国数字经济健康发展举行的一次集体学习中，习近平总书记作出重要论断，为中国数字经济发展指明了方向。深入推进技术和数据的创新应用，不断催生新产业新业态新模式，应成为做强做优做大中国数字经济的重要抓手。

经济中新产业、新业态、新商业模式生产活动的集合简称为“三新”经济，这是中国经济发展的新引擎（yǐnqíng）。近年来，在创新驱动发展战略引领下，中国科技创新能力不断增强，新产业、新业态、新商业模式蓬勃发展。适应多样化消费需求、促进形成高品质供给，日益成为推动高质量发展的强大动力源。

国家统计局数据显示，2017—2020年，中国“三新”经济占GDP比重从15.7%提高到17.08%。尤其是2020年，尽管受到巨大冲击和严峻复杂国际形势的影响，中国“三新”经济增加值却比上年增长4.5%，比同期GDP现价增速高1.5个百分点。平台经济、网上零售等持续活跃，明显快于社会消费品零售总额的增速。高新技术产品生产持续较快，2021年5月，智能手表、工业机器人、服务机器人、碳纤维（tànxiānwéi）及其复合材料分别增长87.5%、50.1%、49.2%、43.3%。“三新”经济持续快速发展，既是中国经济高质量发展的客观要求，也是经济高质量发展的重要体现。

词语释义

引擎
engine

碳纤维
carbon fibre

技术的迭代更新（diédàigēngxīn）是数字经济发展的动力源，5G、大数据、人工智能、区块链等新技术不断演进升级，与传统行业的技术的融合深度广度不断加深，赋能（fùnéng）作用持续加强，创造的应用场景日益丰富。未来数字经济发展更大的需求来自工业制造业和农业等实体经济领域，传统产业转型升级将呈现加速态势。

近年来，中国经济增速放缓（fànghuǎn），除了经济总量扩大导致基数提高外，新旧动能转换过程中的传统经济增长乏力也是原因之一。与此形成鲜明对比的是，以“三新”经济为主体的新动能（xīn dòngnéng）蓬勃发展，对于“稳增长”发挥着愈发重要的作用。国家统计局数据显示，2015—2020年中国经济发展新动能指数同比上年的增速从19.6%提高到35.3%。经济发展新动能指数逐年攀升，表明中国经济发展新动能加速发展壮大，经济活力进一步释放。新经济成为缓解经济下行压力（xiàxíng yālì）、推动高质量发展的重要动力。

词语释义

迭代
iteration

更新
be fresh again, take on a completely new look

赋能
empower

放缓
slow down

新动能
new growth driver

下行压力
downward pressure

第四节 中国经济与世界经济

词语释义

干预
intervene, interference

举动
act, action

事件
event

惯例
convention, usual practice

宗旨
aim, purpose

改革开放40多年来，中国经济融入世界经济的发展之中，取得了巨大的成就。2001年，中国成为世界贸易组织（WTO）的成员国。中国经济持续稳定增长对中国和世界经济都具有积极影响，成为促进世界经济增长的重要动力之一，促成了世界经济的繁荣。

一、自由贸易区

中国自由贸易区是指在国境内关外设立的多功能经济性特区。其主要手段是优惠税收和海关特殊监管政策，主要目的是贸易自由化、便利化。原则上是指在没有海关“干预（gānyù）”的情况下允许货物进口、制造、再出口。这是中国政府全力打造经济升级版的最重要的举动（jǔdòng），其力度和意义相当于20世纪80年代建立深圳特区和90年代开发浦东两大事件（shìjiàn），核心是营造一个符合国际惯例（guànlì）、具有国际竞争力的国际商业环境。2013年至2020年，中国设立了21个自由贸易试验区（zìyóu màoyì shìyàn qū）。

二、亚投行

亚洲基础设施投资银行（AIIB）是一个政府间性质的亚洲区域多边开发机构，重点支持基础设施建设，宗旨（zōngzhǐ）是为了促进亚洲区域建设互联互通化和经济一体化的进程，并且加强中国及其他亚洲国家和地区的合作。亚投行是首个由中国倡议设立的多边金融机构，总部设在北京，法定资本1 000亿美元。到2023年9月，亚投行有109个正式成员国。

亚投行组织机构包括理事会、董事会、管理层三层。理事会是最高决策机构，每个成员在亚投行有正、副理事各一名。董事会有12名董事，其中域内9名，域外3名。管理层由行长和5位副行长组成。

三、“一带一路”倡议

“一带一路”（the Belt and Road）是“丝绸之路经济带”和“21世纪海上丝绸之路”的简称。2013年9月和10月，中国国家主席习近平分别提出建设“丝绸之路经济带”和“21世纪海上丝绸之路”的合作倡议。它将充分依靠中国与有关国家已有的双多边机制，借助(jièzhù)已有的、有效的区域合作平台，借用古代丝绸之路，积极发展与沿线国家的经济合作伙伴关系，共同打造政治互信、经济融合、文化包容的利益共同体、命运共同体和责任共同体。

2015年3月28日，中国国家发展和改革委员会(guójiā fāzhǎn hé gǎigé wěiyuánhuì)、外交部、商务

词语释义

借助
draw support from, receive assistance from

国家发展和改革委员会
the National Development and Reform Commission

词语释义

奔驰
swift, speed

飘扬
wave, flutter

循环
circulate

低迷
sluggish

回旋空间
room for manoeuvre

部联合发布了《推动共建丝绸之路经济带和21世纪海上丝绸之路的愿景与行动》。“一带一路”经济区开放后，承包工程项目超过3 000个。2015年，中国企业对“一带一路”相关的49个国家进行了直接投资，投资额同比增长18.2%。2015年，中国企业对“一带一路”共建国家的投资累计已超过1 000亿美元，“一带一路”共建国家对中国的投资也达到480亿美元。2022年，中国承接“一带一路”相关国家服务外包合同金额849亿美元，占对外承包工程完成营业额比重为54.8%。对外劳务合作派出各类劳务人员26万人。至2022年7月底，中欧班列累计开行超过5.7万列，运送货物530万标箱，重箱率达98.3%，货值累计近3 000亿美元。2016年6月起，中欧班列统一样式，集装箱是深蓝色，品牌标志以红、黑为主，以奔驰（bēnchí）的列车和飘扬（piāoyáng）的丝绸为造型，成为丝绸之路经济带蓬勃发展的最好代言与象征。

四、国内国际双循环（xúnhuán）新发展格局

国内国际双循环是指扩大内需、注重国内市场的同时，提升自身创新能力、保持对外开放。充分利用国内国际两个市场、两种资源的优势，相互促进，推动中国的高质量发展。

在外部环境发生深刻复杂变化，世界经济持续低迷（dīmí）、全球市场萎缩、保护主义上升的背景下，从被动参与国际经济大循环转向主动推动国内国际双循环，加快形成以国内大循环为主体、国内国际双循环相互促进的新发展格局，是在一个更加不稳定、不确定的世界中谋求发展的大战略，是适应内外环境变化的重大战略调整。

以国内大循环为主体，就是要发挥中国超大规模市场的潜力和优势，利用中国具有全球最完整、规模最大的工业体系、强大的生产能力、完善的配套能力，以及回旋空间（huíxuán kōngjiān）大的特点，把发展的立足点更多

放到国内，实施扩大内需战略，通过畅通国内大循环，推动形成国内国际双循环，更好联通国内市场和国际市场，更好利用国内国际两个市场、两种资源，培育新形势下中国参与国际合作和竞争新优势，为经济发展增添新动力。

双循环的新发展格局有利于中国需求结构升级和供给能力提升，推动供需在更高层次、更高水平上实现动态均衡，增强高质量发展的内生(nèishēng)动力。

词语释义

内生 endogenous

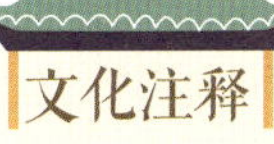

文化注释

自由贸易试验区

2013年9月到2022年9月，中国国务院先后批复成立中国（上海）自由贸易试验区、中国（广东）自由贸易试验区、中国（天津）自由贸易试验区、中国（福建）自由贸易试验区、中国（辽宁）自由贸易试验区、中国（浙江）自由贸易试验区、中国（河南）自由贸易试验区、中国（湖北）自由贸易试验区、中国（重庆）自由贸易试验区、中国（四川）自由贸易试验区、中国（陕西）自由贸易试验区、中国（海南）自由贸易试验区、中国（山东）自由贸易试验区、中国（江苏）自由贸易试验区、中国（广西）自由贸易试验区、中国（河北）自由贸易试验区、中国（云南）自由贸易试验区、中国（黑龙江）自由贸易试验区、中国（北京）自由贸易试验区、中国（湖南）自由贸易试验区、中国（安徽）自由贸易试验区。

第五节 中国的银行体系

词语释义

自律组织
self-regulatory organization (SRO)

防范
prevent, guard against

储蓄
savings

中国银行体系由中央银行、监管机构、自律组织(zìlǜ zǔzhī)和银行业金融机构组成。

中国人民银行是中央银行，在国务院的领导下，负责制定和执行货币政策，防范(fángfàn)和化解金融风险，维护金融稳定。国家金融监督管理总局负责对全国银行业金融机构及其业务活动实施监管。

中国银行业协会是在民政部登记注册的全国性非营利社会团体，是中国银行业的自律组织。

中国的银行业金融机构包括：政策性银行（国家开发银行、中国进出口银行、中国农业发展银行），大型商业银行（中国工商银行、中国银行、中国农业银行、中国建设银行、交通银行），中、小商业银行，农村金融机构，以及中国邮政储蓄(chǔxù)银行和外资银行。

一、央行

中国人民银行是中华人民共和国的中央银行（简称“央行”），是中国国务院组成部门之一。1948年12月1日，中国人民银行在河北石家庄成立。1983年9月，国务院决定中国人民银行专门行使国家中央银行的职能。1995年3月，第八届全国人大三次会议通过了《中华人民共和国中国人民银行法》。至此，中国人民银行作为中央银行以法律形式被确定下来。中国人民银行根据《中华人民共和国中国人民银行法》的规定，在国务院的领导下依法独立执行货币政策，履行职责，开展业务，不受地方政府、各级政府部门、社会团体和个人的干涉。

二、国有银行

国有银行，是指由国家（财政部、中央汇金公司）直接管控的大型银行。1996年之前，中国的所有银行都是国营的，或者属于中央，或者属于地方政府，或者属于国有企业控股。中国国有银行具体包括：国家开发银行、中国进出口银行、中国农业发展银行、中国工商银行、中国农业银行、中国银行、中国建设银行等。其中，中国银行、中国农业银行、中国工商银行、中国建设银行是“四大行”，代表着中国最雄厚(xiónghòu)的金融资本力量。

三、民营银行

民营银行的资金主要来自民间，更看重利润，如果没有健全的机制进行有效监管，往往会因风险问题而陷入失败。民企办银行的重要动机(dòngjī)是为企业搭建(dājiàn)一个资金平台，为企业融资提供便利。一旦关联企业出现问题，贷款无法偿还(chánghuán)，民营银行就会面临巨大风险。目前，中国首批试点的深圳前海微众银行、天津金城银行、温州民商银行、上海华瑞银行、浙江网商银行等五家民营银行已获准筹建(chóujiàn)。

词语释义

雄厚
abundant, rich

动机
motivation

搭建
build, set up

偿还
repay

筹建
prepare for construction/establishment

四、新支付方式

1. 中国银联

中国银联（China UnionPay）成立于2002年3月，是经国务院同意，中国人民银行批准设立的中国银行卡联合组织，总部设于上海。作为中国的银行卡联合组织，中国银联是中国银行卡产业的核心和枢纽，对中国银行卡产业发展有基础性作用，各银行通过银联跨行交易清算系统，实现了系统间的互联互通，使银行卡得以跨银行、跨地区和跨境使用。在建设和运营银联跨行交易清算系统、实现银行卡联网通用的基础上，中国银联积极联合商业银行等产业各方推广统一的银联卡标准规范，创建银行卡自主品牌，推动银行卡的发展和应用，维护银行卡受理市场秩序，防范银行卡风险。

到2017年6月，银联网络遍布中国城乡，并已延伸至境外160个国家和地区。2014年11月17日，中国银联与苹果公司共同宣布，持有中国国内发行银联卡的App Store用户（yònghù）可使用银联卡购买各类App。持卡人将银联卡与Apple ID账户绑定后，即可享受一键支付服务。

2015年4月22日，中国发布《国务院关于实施银行卡清算机构准入管理的决定》，从2015年6月1日起，符合要求的机构可申请“银行卡清算业务许可（xǔkě）证”，在中国境内从事银行卡清算。这意味着在中国清算市场一家独大12年的局面被打破，中国银联将告别垄断时代。

词语释义

用户
user, consumer

许可
permission

2. 移动支付

20世纪90年代，国际互联网迅速普及，逐步从大学、科研机构走向企业和家庭，功能也从信息共享演变为一种大众化的信息传播手段，商业贸易活动也逐步进入。通过使用因特网，企业降低了成本，创造了更多的商业机会，电子商务技术得以发展，逐步成了互联网应用的最大热点。为适应电子商务的发展，电子支付随之出现。

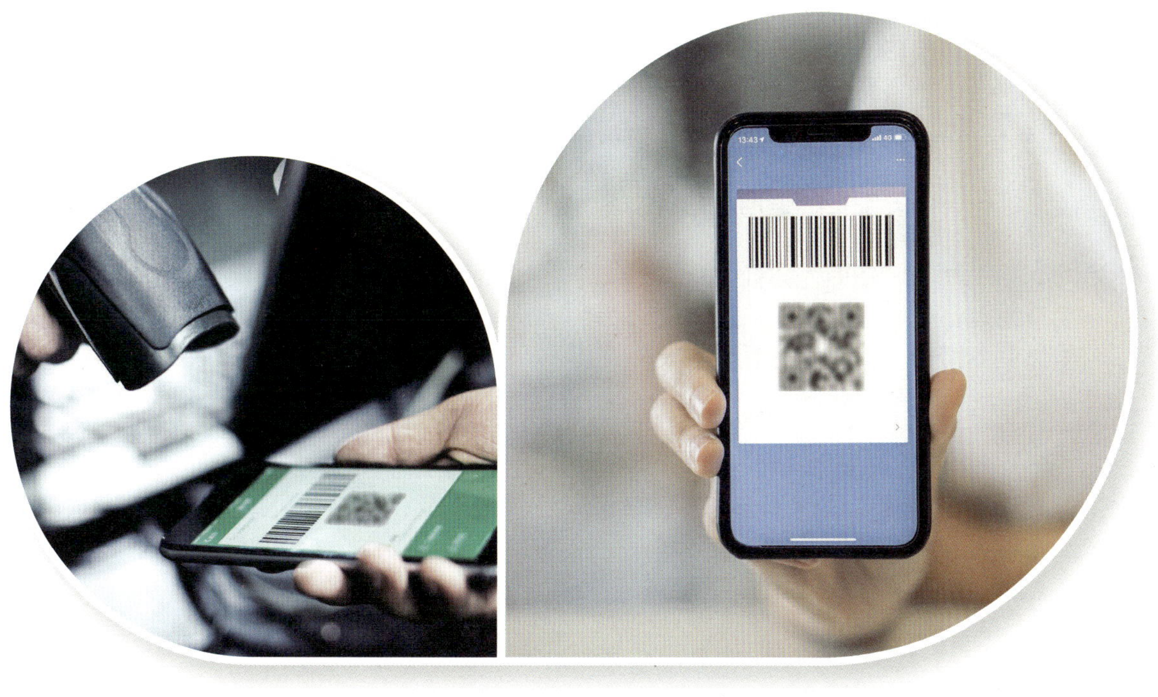

电子支付的业务类型分为网上支付、电话支付、移动支付(yídòng zhīfù)、销售点终端交易(zhōngduān jiāoyì)、自动柜员机交易和其他电子支付。

公开数据统计显示，2012年，中国移动支付市场交易规模为1 511.4亿元；2020年，中国移动支付业务达到1 232.2亿笔，交易规模已达到432.16万亿元人民币，同比增长24.5%。截至2021年底，中国手机网上支付用户规模达到9.04亿，网民手机网上支付的使用比例达到87.6%。

3. 信用卡

中国有关法律规定的信用卡是指由商业银行或者其他金融机构发行的具有消费支付、信用贷款、转账结算(jiésuàn)、存取现金等全部功能或者部分功能的电子支付卡。20世纪80年代，随着改革开放和市场经济的发展，信用卡作为电子化和现代化的支付工具开始进入中国，并得到了快速、持续发展。

词语释义

终端交易 terminal transaction

结算 settle (an account)

截至2021年末，中国银行卡累计发卡量达92.5亿张。数据显示，截至2022年末，工商银行、建设银行、中国银行位列国有六大行信用卡累计发卡量前三。具体来看，截至2022年末，工商银行信用卡累计发卡量为1.65亿张，在国有六大行的累计发卡量中居于首位；建设银行、中国银行的信用卡累计发卡量分别为1.40亿张、1.38亿张。国有六大行信用卡2022年消费额合计超13万亿元。

虽然受到微信、支付宝等新支付方式的挑战，信用卡仍然是中国人使用最多的支付方式之一。

外籍人员在中国办理信用卡，需提供以下三种证明文件：身份证明文件、固定居住地址证明、财力证明文件。

文化注释

移动支付

移动支付也称为手机支付，是指使用移动终端设备，通过通信网络实现的商业交易。中国移动支付的普及速度远高于其他国家，是世界最大的移动支付市场。

思考题

1. 你知道哪些中国经济方面的制度和政策？
2. 中国的三大产业地位分别如何？
3. 如何看待中国经济在世界中的作用？
4. 你用过中国哪种移动支付？觉得怎么样？
5. 外国人在中国办理信用卡需要提供什么材料？

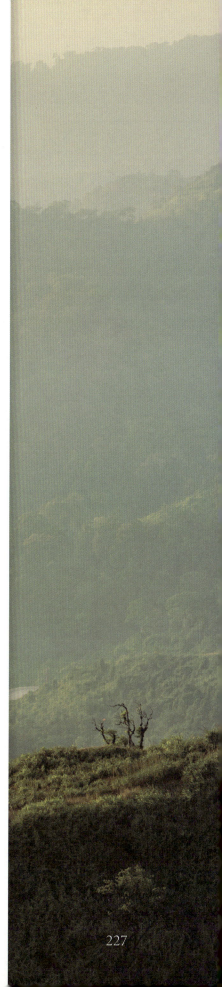

第十章 科学技术

第一节 | 中国古代科技

词语释义

耕耘
plough, cultivate

从公元前1世纪到公元16世纪，中国的科学技术一直处于世界领先地位。中国是“四大发明”的故乡，是第一个计算出圆周率小数点后7位的国家，有世界上最早、最完整的天象记载，青铜器、陶瓷制造技术非常成熟。此外，中国古代科技在农业和航海技术等方面也取得了辉煌成就。中国古代科学思想和科技是古代先驱辛勤耕耘（gēngyún）、善于观察、不断实践总结的智慧结晶。

一、古代“四大发明”

中国古代“四大发明”包括造纸术、活字印刷术、指南针和火药。它们是中国成为文明古国的标志之一，对世界文明发展产生了深刻的影响。

1. 造纸术

在纸发明之前，甲骨、竹简和绢帛是古代书写的材料。竹简十分笨重，秦始皇每日批阅的奏折就有整整一车。绢帛虽然轻便，但是价格昂贵。到了西汉，经济、文化迅速发展，甲骨和竹简已不能满足人们的需求。西汉时期出现了世界上最早的纸，东汉的蔡伦改进了造纸术。蔡伦用树皮、破渔网、破布、麻头等作为原料，制成了适合书写的植物纤维(xiānwéi)纸，降低了造纸成本，使纸成为人们普遍使用的书写材料。他所造出的纸被称为“蔡侯纸”。蔡伦确定了一套造纸工艺流程(liúchéng)，现代湿法造纸的流程与古代造纸流程基本相似。蔡伦因为这一重大贡献而留名青史。

中国的造纸术逐步流传到朝鲜、越南、日本、印度、阿拉伯地区、欧洲和世界各地，促进了人类文化的传播，为世界文化教育的发展作出了重大贡献。

词语释义

纤维
fibre

流程
sequence of processes

2. 活字印刷术

北宋庆历年间（1041年—1048年）毕昇发明了泥活字，标志着活字印刷术的诞生，这比德国的印刷术早了400多年。毕昇使用刻有反写单字的四方形胶泥，并将其烧铸成为活字。印刷时准备一块铁板，板上放松香、蜡等混合物，在板周围围上铁框，在框内将字依顺序排好进行印刷。印完后把活字取下，可再次使用。这种方法虽然原始简单，却与现代铅字排印原理相同。活字印刷具有一

词语释义

望而却步
flinch at the sight of

磁铁
magnet

字多用、重复使用、印刷省时省力、节约材料等优点，比之前的雕版印刷经济方便，是印刷技术史上的一次质的飞跃。活字印刷术的出现体现了中国古代劳动人民的集体智慧，为书籍的复制提供了便利，促进了教育的普及和知识的推广。

从13世纪开始，活字印刷术开始由中国传入朝鲜、日本等地，后来又经由丝绸之路传入波斯和阿拉伯地区，再传入埃及和欧洲，最终为欧洲文艺复兴的出现提供了便利，加速了欧洲社会发展的进程。

3. 指南针

人们自古以来一直渴望走出家门，到广阔的世界中去看看，而世界之大却使人望而却步（wàng'érquèbù），直到指南针的出现。它仿佛为人类插上了飞翔的翅膀，有机会看到更辽阔美丽的世界。

中国是世界上最早发现和利用磁铁（cítiě）的国家。战国时期，人们利用天然磁石制成“司南”。宋朝时，人们发明了指南针。磁针受磁场的影响始终指向南极，因此可以辨别方向，取代了日、月、星等旧的导航方式。指南针最大的贡献是促进了航海事业的发展，后来也用于旅行及军事等方面。

欧洲人在有指南针之前，只能沿着海岸航行，跨不出欧洲大陆。中国的指南针传入欧洲以后，哥伦布才敢于向大海挺进，最终发现了美洲新大陆，这在地理开发史上具有重大的意义。

4. 火药

秦汉以后，炼丹家掌握了化学的方法，试图寻求一种长生不老的药物，偶然间用硫磺（liúhuáng）、硝石（xiāoshí）和木炭等物炼丹，找到了火药的配方。当时人们都把这三种东西作为治病的药物，所以取名“火药”。唐代已经有火药配方的记载，唐末开始用火药制造武器。

火药的发明最初应用于木偶剧（mù'ǒu jù）中的烟火杂技，不久后运用于军事，两宋时期中国借助火药发明了世界第一支火箭。大炮和火枪在宋代已经相当成熟。火药兵器在战场上的出现，预示着军事史上将发生一系列的改变，即从使用冷兵器向使用火器转变。火药的制造方法由商人经印度传入阿拉伯地区，又传到了欧洲各国，成为人类文明史上的重要发明之一。

词语释义

硫磺
sulphur

硝石
niter

木偶剧
puppet show

文化注释

木偶剧：是由演员操纵木偶来表演故事的戏剧，又名“傀儡戏”。木偶作为戏剧性的表演出现在汉代，表演时，演员在幕后一边操纵木偶，一边演唱，并配以音乐。

二、青铜器

中国古代青铜器的铸造(zhùzào)始于4 000年前的夏朝，商代和西周是青铜器铸造的鼎盛(dǐngshèng)时期，十分精美。青铜器的使用范围包括炊器、食器、酒器、水器、乐器、车马饰、铜镜、带钩、兵器、工具和度量衡器等，几乎涉及生活中的各个方面。

专家认为，中国古代青铜器绝大部分是采用范式铸造方法制作的，共分为五步：塑模、翻范、合范、浇注、打磨和整修。

刚做出来的青铜器呈金黄色，但埋在土里生锈(shēngxiù)了，就一点一点变成了绿色。青铜器完全由手工制造，每一件都是独一无二的。

随着社会的发展，青铜做成的鼎，由最初的相当于锅一样的炊具，逐步演变成一种礼器(lǐqì)，成为权力与财富的象征。拥有鼎的数量，反映了人社会地位的高低。而一件鼎的轻重，标志着权力的大小。

青铜器的产量和质量折射出中国古代辉煌灿烂的文明，在历史上具有举足轻重的地位。重832.84千克的后（司）母戊鼎是商朝青铜器的代表作，也是当今世界现存最大的青铜器。其他著名的青铜器还有四羊方尊、青铜面具像、大型青铜立人像和青铜神树等。中国古代的青铜镜，代表了世界青铜铸造工艺的最高水平。

从考古资料来看，中国铜器的出现虽然晚于世界上其他一些地方，但是高超的制造工艺使其成为世界顶级艺术品，在人类艺术史上占有独特地位。

词语释义

铸造
cast

鼎盛
in a period of great prosperity

生锈
get rusty

文化注释

礼器

礼器是在原始社会晚期随着贵族的出现而产生的，是古代中国贵族在举行祭祀、宴飨、征伐及丧葬等礼仪活动中使用的器物。

三、圆周率

中国古代数学家都致力于圆周率（π）的换算（huànsuàn）。汉朝时，张衡得出圆周率的值约为3.162。刘宋时期的数学家、天文学家祖冲之（429年—500年），在世界数学史上第一次将圆周率值计算到小数点后七位，即3.1415926到3.1415927之间，成为当时世界上最先进的数学成就。这项成果领先世界近1 000年，所以有人主张叫它“祖率”，也就是圆周率的祖先。祖冲之的数学杰作《缀术》，十分深奥（shēn'ào），反映了中国古代数学高度发展的水平。

圆周率经历了实验时期、几何法时期、分析法时期和计算机时代。电子计算机的出现使π值计算有了突飞猛进的发展。1950年，人们利用电脑，用70个小时计算出π的2 037个小数位。

词语释义

换算
conversion

深奥
abstruse

词语释义

标本
specimen

收割
harvest, reap

四、农业科技

中国农业具有十分悠久的历史，中华文明就建立在农业基础之上。中国古代发明创造的农业科技十分广泛，涵盖了农业生活的各个方面，对人民的生活起到了至关重要的作用。

1. 水稻栽培

水稻是世界第一大粮食作物，中国是世界上最早栽培水稻的国家，7 000年前中国长江流域就开始种植水稻。越来越多的考古学证据都证明了这一观点。湖南道县玉蟾岩遗址出土了目前世界上已发现的年代最早的水稻实物标本（biāoběn）。此外，考古学家还在江苏、湖南等地距今6 000多年的新石器时代遗址中发现了水稻田与灌溉的水沟。

早期水稻的种植主要是“火耕水耨”。东汉时水稻技术有所发展，南方已出现了耕地、插秧、收割（shōugē）等操作技术。唐代以后，南方稻田由于曲辕犁的使用而提高了劳动效率和耕田质量。到南宋时期，农书中对于早稻田、晚稻田、山区低湿寒冷田和平原稻田等都已提出具体标准和操作方法，技术更加完善。

中国还是世界上最早用文字记录水稻品种的国家。《管子·地员》篇中记录了10个水稻品种的名称和它们适宜种植的土壤条件。宋代出现了专门记载水稻品种及其生育、栽培特性的著作《禾谱》。到明、清时期，这方面的记述更详细，其中明代的《稻品》最为著名。

中国古代流传着“苏湖熟，天下足”的谚语，可见水稻对于中国古代经济和人民生活的重要分量。

2. 茶叶

中国是茶树的原产地，也是世界上最早利用茶叶和人工种植茶树的国家。世界其他产茶国都是直接或间接引种于中国。由于气候和地理方面的有利条件，茶叶普遍种植在中国长江以南的各个省份。

唐代时，中国古人就对茶树生长特性、适宜的生态条件、宜茶栽培的土壤等总结了宝贵的经验。宋代时，人们对茶树与环境的关系的认识更为深化，茶园管理上注意精耕细作，还提出采用桐茶间作的方式，以改善茶园小气候。明清时期，人们研发了茶树繁殖、茶园间作、覆盖以及修剪等方面创造的新技术和新方法。

自唐代以来，茶叶消费兴盛，茶叶的种类也逐渐繁多。据统计，从唐代到清代共有茶树98种，而明、清就有66种之多。中国茶叶的主要类别包括白茶、黄茶、绿茶、乌龙茶、红茶、黑茶。中国名茶包括西湖龙井、黄山毛峰、洞庭碧螺春、蒙顶黄芽、安溪铁观音、正山小种、云南普洱茶等。喝茶也有很多讲究。中国大部分地区是季风气候，四季分明，因此中国人主张“春饮花茶，夏饮绿茶，秋饮青茶，冬饮红茶”。

中国是茶叶大国，茶是最好的媒介，不论是朋友聚会，还是商务会谈，都少不了一杯清茶。茶叶那淡雅、清幽、绵长(miáncháng)的品性符合中国人独特的处世哲学和审美情趣。

词语释义

绵长
lasting a long period of time

3. 蚕桑

蚕桑，即养蚕与种桑树，是古代农业的重要支柱，相传是嫘祖(Léizǔ)发明的。蚕桑文化是汉文化的主体文化，与稻田文化一起标志着东亚农耕文明的成熟。种桑树专为养蚕，而养蚕专为制作丝绸。中国的丝绸制品开启了世界上第一次东西方大规模的商贸交流，史称“丝绸之路”。

中国北方文学代表《诗经》中出现篇数最多的植物就是桑树，南方文学代表《楚辞》中也提到桑树，可见桑树栽培在中国十分普遍。公元5世纪南北朝时期采用“压条法”种植桑树，也就是用桑树枝条来繁殖新桑树，这比用种子播种缩短了许多生长时间。宋元以来，南方

蚕农发明了桑树嫁接技术，这是一种先进的栽桑技术，它对旧桑树的复壮更新、保存桑树的优良性状、加速桑苗繁殖、培育优良品种等都有重要的意义，到现在还在生产中发挥着重要作用。

至少在1 400多年前，中国的蚕农就已经注意到蚕种的选择工作，积累了丰富的防治蚕病的经验。世界上所有养蚕国家最初的蚕种和养蚕方法，都是直接或间接地从中国传去的。养蚕法在公元前11世纪传入朝鲜，公元7世纪传到阿拉伯和埃及，10世纪传到西班牙，11世纪又传入意大利。15世纪，蚕种和桑种被人带到法国，从此法国开始栽桑养蚕和生产蚕丝。英国效仿法国，于是养蚕生产又从法国传到了英国。

蚕桑农业的发展，使中国的纺织业领先于世界数千年。人民靠种桑养蚕积累了财富，同时促进了软笔（毛笔）、刺绣和纸张的发明。

蚕桑丝织是中华民族的文化标志，5 000年来，它对中国历史作出了重大贡献，并通过丝绸之路对人类文明产生了深远影响。

文化注释

嫘祖：传说她不仅发明了养蚕技术，还作为黄帝的妻子母仪天下，创建了很多礼仪规范，使整个神州大地的人们不仅穿着得体，而且人人相互礼让，社会一片安定祥和。

五、航海术

早在距今7 000年前的新石器时代晚期，中华民族的祖先已经能够用原始的舟筏和导航知识在海上航行。秦汉时代，由于开始建造大型海船和掌握了驶风技术，航行范围逐渐扩大。

唐朝建立后，经过“贞观之治”，中国社会经济繁荣、文化发达。中国东南沿海出现了一条“广州通海夷道”，这便是中国最早的“海上丝绸之路”。这条航线全长1.4万千米，是当时世界上最长的远洋航线，途经100多个国家和地区，主要运送货物为丝绸。通过航海，中国与西亚、非洲沿岸国家间有了来往。

宋代以后，罗盘广泛地应用于航海，造船技术也有了极大发展，航海家可以常年在海上远行。宋代人开辟了横越印度洋的航线。宋代航海家从广州、泉州启航，横越北印度洋，直航至西亚和非洲东海岸，这有非常重要的意义。

元代远洋航运的规模和技术都超过了宋代，促进了国内外贸易港口的繁荣。尤其是泉州港，在元代经历了最辉煌的时期，不仅成为中国最重要的对外贸易港和东方第一大港，而且成为世界上最著名的海外贸易港。

航海图的绘制在明代有了很大的进步。《郑和航海图》绘制了南京至东非沿岸的航图，记载了500多个地名，并绘有“针路”和各个地区星位的高低，记录了航行途中的山峰、岛屿、浅滩等。明代造船业在当时发展到了世界造船业的顶峰，船体巨大，船型种类繁多。明代最大的船舶当属郑和下西洋的大型宝船，载重量约2 500吨，排水量为3 100吨。英国著名的科学家李约瑟指出：“在造船方面，中国曾远远地走在欧洲的前面。”

六、天文学

中国古代天文学在原始社会就产生了。早在公元前24世纪的尧帝时代，就设立了专职的天文官，专门从事“观象授时”。中国对太阳、月亮、行星、彗星、恒星，以及日食、月食、太阳黑子、日珥、流星雨等罕见(hǎnjiàn)天象，都有着悠久而丰富的记载。这些记载观察仔细、记录精确、描述详尽(xiángjìn)，达到了令人惊讶的程度，至今仍具有很高的科学价值。中国有世界上最早、最完整的天象记载，是欧洲文艺复兴以前天文现象最精确的观测者和记录的最好保存者。

中国最古老、最简单的天文仪器是“土圭”，也叫“圭表”，用来测量日影长短。西汉的落下闳改制了浑仪，这是中国古代测量天体位置的主要仪器。东汉的张衡创制(chuàngzhì)了世界上第一架浑象，利用水力作

词语释义

罕见
rarely seen

详尽
detailed

创制
create, formulate

词语释义

编订
compile and correct

烧结
sinter

可塑性
plasticity

为动力。元代的郭守敬先后创制和改进了10多种天文仪器，如简仪、高表、仰仪等。

中国古人勤奋观察日月星辰的位置及其变化，主要目的是通过观察天象，掌握它们的规律，用来确定四季，编制历法，为生产和生活服务。根据观测结果，中国古代上百次地改进了历法。郭守敬于公元1280年编订(biāndìng)的《授时历》，通过三年多近200次的测量，采用365.2425日作为一个年的长度。这个数值与现今世界上通用的公历值相同，比欧洲的格里高利历早了300年。

古代中国人通过天文仪器成功观察到多种天文学现象。其一是哈雷彗星：世界天文史学界公认，中国对哈雷彗星的观测记录久远、详尽，没有哪个国家可比。《史记·秦始皇本纪》中记载的秦始皇七年（公元前240年）的彗星，被认为是世界上最早的哈雷彗星观测记录。其二是太阳黑子：从公元前28年到明末的1 600多年中，中国共有100多次真实可靠的太阳黑子记录，这些记录不仅有确切日期，而且对黑子的形状、大小、位置乃至分裂、变化等，也都有很详细、认真的描述。其三是流星雨：中国古代对著名的流星雨（如天琴座、英仙座、狮子座的流星雨等）有过多次记录。

14世纪到16世纪，中国天文学家翻译了阿拉伯和欧洲的天文学事记。公元1405年到1432年，郑和率领舰队几次出海，船只在远洋航行中利用“牵星术”定向和定位，为发展航海天文学作出了贡献。

七、陶瓷

陶瓷是陶器和瓷器的总称。中国人早在约公元前8000至2000年就发明了陶器。陶器由黏土等烧结(shāojié)而成，硬度较高，但可塑性(kěsùxìng)较差，主要用于食器和装饰。随着技术的不断发展，后来又产生了瓷器。

唐三彩是一种盛行于唐代的陶器，以黄、绿、白为基本颜色，因此人们习惯把这类陶器称为“唐三彩”。唐三彩早在唐初就输出国外，深受各国人民的喜爱。其颜色鲜艳明亮，造型优美，是中国古代陶器中一颗璀璨（cuǐcàn）的明珠。宋代瓷器在质量和技术等方面有了新的提高，制作瓷器的技术达到完全成熟的程度。元代景德镇瓷器“白如玉、明如镜、薄如纸、声如磬”，青花瓷更是家喻户晓。青花瓷虽然颜色单一，但在绘瓷艺人的生花妙笔下，瓷器美丽、端庄、优雅，使人感到妙不可言。

陶瓷文化的特殊之处在于它所反映的内容。“唐三彩”所表现的慷慨激昂（kāngkǎi-jī'áng）的格调是唐代国力雄厚的生动再现；宋代陶瓷艺术的清新雅致反映了那个时代的审美和哲学观念；明清时期的斑斓与柔美逼真展现了当时的社会风貌。可以说，一部中国陶瓷史就是一部生动的中国历史。在国际上，瓷器与中国（China）同音，由此可见中国的瓷器在世界上的地位。

词语释义

璀璨 bright, resplendent

慷慨激昂 in a moving, vehement and excited tone

第二节 中国现代科技

词语释义

曲折
full of ups and downs

日新月异
change rapidly

中华民族在历史上曾经创造出辉煌灿烂的文化，一直处于世界领先地位。但从1840年到1949年的100多年间，中国科技的发展缓慢而曲折(qūzhé)。1949年中华人民共和国成立后，实行了“文艺双百”(wényì shuāng bǎi)方针和“科教兴国”(kējiào xīngguó)战略，中国科技发展日新月异(rìxīn-yuèyì)。科学研究水平大幅提升，高新技术产业蓬勃发展，如5G网络、量子通信等科技惠民项目成效显著。中国现代科学技术的进步创造了巨大的生产力，促进了经济的发展，极大地提高了人们的生活质量，也改变了人们的生活方式和社会面貌。

一、杂交水稻

杂交水稻是指选用两个在遗传上有一定差异、同时它们的优良性状又能互补的水稻品种进行杂交，生产具有杂种优势的第一代杂交种。

袁隆平被誉为“世界杂交水稻之父”，首先开创了杂交水稻的品种。经过不断地探索，袁隆平研发了“三系法”“两系法”、超级稻，不断寻找新转机，实现新突破。杂交水稻的成功，开辟了使粮食大幅度增产的新方法，大面积的推广种植给中国水稻生产带来了飞跃。杂交水稻能比常规水稻增产20%以上。2017年下半年，袁隆平又做出了令世人震惊的发明——他选用超级杂交稻品种，每亩产量可达1 149.02公斤，再次刷新世界纪录。“一粒小小的种子改变了世界”，解决了十多亿人的吃饭问题，有力回答了“谁来养活中国”的疑问。

目前，中国杂交水稻已在世界上30多个国家和地区进行研究和推广，并被冠以“东方魔稻”“巨人稻”“瀑布稻”等美称，甚至将它与中国古代“四大发明”相媲美(pìměi)。

词语释义

媲美 compare favorably with

文化注释

1. “文艺双百”方针

指“百花齐放、百家争鸣”，是毛泽东提出的繁荣文化事业的基本方针。“百花齐放”和“百家争鸣”分别于1951年和1953年被提出，1956年正式被称为“文艺双百”方针。

2. “科教兴国”战略

中国于1995年宣布实施“科教兴国”战略，其主要内容为：在科学技术是第一生产力思想的指导下，坚持教育为本，把科技和教育摆在经济、社会发展的重要位置，增强国家的科技实力和科学技术向现实生产力转化的能力，提高科技对经济的贡献率，提高全民族的科技文化素质，把经济建设转移到依靠科技进步和提高劳动者素质的轨道上来，加速实现国家的繁荣昌盛。

二、中国高铁

“中国高铁”，全称为中国高速客运铁路，是中国现代社会一种新的交通运输方式。中国是世界上高速铁路发展最快、系统技术最全、集成能力最强、运营里程（lǐchéng）最长、运营速度最高、在建规模最大的国家。

中国高铁最新科技成果——中国和谐号CRH380A最初问世时，是世界上商业运营速度最快、科技含量最高、系统匹配最优的动车组，持续运营时速可达380千米，书写了中国高铁自主创新的传奇，开创了世界高铁的新时代。2017年“复兴号”动车组在京沪高铁正式运营。从北京到上海共1 328千米，仅仅需要4.5小时就能到达。中国高铁能够克服脆弱的自然环境所带来的挑战，穿越了软土、黄土地区及高寒冻土地区，运行高速、平稳、舒适，为世人所称赞。2020年，中国“四纵四横”（sì zòng sì héng）客运专线网络达到16 000千米。2022年，中国高铁运营里程达到4.2万千米。

2015年，习近平总书记考察时说：“高铁——中国产的动车，这个是中国的一张靓丽的名片。”中国高铁还走向了世界，与多个国家开展了合作项目。有着中国“外交名片”美誉的高铁还作为“一带一

词语释义

里程
mileage

路”倡议实施的重要载体，承担着互联互通的时代使命。中国高铁也带来了旅游业、餐饮业和区域经济的繁荣，创造了无数的工作岗位。

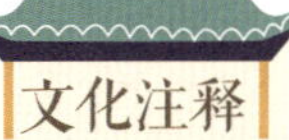

文化注释

“四纵四横”

“四纵”为：京沪高速铁路、京港客运专线、京哈客运专线、杭福深客运专线（东南沿海客运专线）；“四横”为：沪汉蓉高速铁路、徐兰客运专线、沪昆高速铁路、青太客运专线。

三、“两弹一星”

“两弹一星”指原子弹、导弹和人造卫星，对提高中国的国际地位、增强中国的防卫能力具有极其重大的意义。

1960年11月5日，中国仿制的第一枚导弹发射（fāshè）成功。1964年10月16日15时，中国第一颗原子弹爆炸成功，使中国成为世界上第五个拥有原子弹的国家。1967年6月17日上午8时，中国第一颗氢弹空爆试验成功。1970年4月24日21时，中国第一颗人造卫星发射成功，使中国成为第五个发射人造卫星的国家。

词语释义

发射
launch

20世纪50年代中期，为了保护国家和世界的和平与安全，中国果断做出了独立自主研制“两弹一星”的战略决策。大批优秀的科技工作者和科学家在第一时间义无反顾（yìwúfǎngù）地投身到这一伟大的事业中来。在艰苦的环境中，他们自力更生，完全依靠自己的力量，认真研究，集体合作，用较短的时间取得了举世瞩目的辉煌成就，创造出奇迹。

在研制“两弹一星”的过程中，有23位元勋厥功至伟。其中，钱学森在1955年历经种种磨难（mónàn），从美国回到了中国。从此，他把自己的爱国之情融入中国的建设之中，提出了“两弹结合”的设想（shèxiǎng），主持研制中国卫星，为中国的“两弹一星”事业作出了卓越的贡献。

中国是负责任的国家，中国的核政策是不首先使用核武器，坚定承诺永远不对无核国家和无核区使用核武器。中国研制核武器的目的是最终消灭核武器，这已成为中国坚定的原则。

词语释义

义无反顾
proceed without hesitation

磨难
hardship

设想
assumption

四、“中国天眼”

500米口径球面射电望远镜FAST坐落于贵州省喀斯特(kāsītè)洼坑中，被誉为“中国天眼”。“中国天眼”在2016年建成，目的是接收宇宙深处的电磁波。南仁东，人称“中国天眼之父”，是这项大工程的发起者、首席科学家兼总工程师。

望远镜反射面的总面积为25万平方米，相当于30个标准足球场那么大。射电望远镜的“镜面”共由4 450块反射面单元组成，其种类有近400种。而一个发射面单元又由100个“形态各异”的更小的单元组成，可见其要求精度之高、情况之复杂。

FAST射电望远镜是世界最大单口径、最灵敏的射电望远镜。与德国波恩100米望远镜相比，“天眼”的灵敏度提高了约10倍；与美国阿雷西博350米望远镜相比，“天眼”的综合性能也提高了约10倍。这只巨大的“眼”能够接收到接近宇宙边缘的电磁信号，科研人员可以窥探(kuītàn)星际之间互动的信息，甚至搜寻可能存在的星外文明，这为世界天文学的新发现提供了重要机遇。

词语释义

窥探
observe

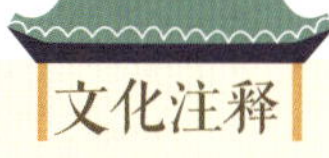

喀斯特地貌

指岩溶的地形地貌，主要特征体现在溶洞、天坑等地理现象。中国喀斯特地貌分布区域较广，主要分布在广西、云南、贵州等地。

词语释义

峰值
peak value

蝉联
continue to hold a post

五、“神威·太湖之光”超级计算机

“神威·太湖之光”超级计算机是由中国并行计算机工程技术研究中心研制、安装在中国国家超级计算无锡中心的超级计算机。整台“神威·太湖之光”共有40 960块处理器，每个处理器看起来非常小巧，大概只有相机SD存储卡那么大，但它的运算潜力非常大，其峰值(fēngzhí)能达到12.5亿亿次/秒，持续性能为9.3亿亿次/秒。“神威·太湖之光”计算机一分钟的计算能力相当于全球72亿人同时使用计算器不间断地计算32年。

2016年7月15日，权威的世界纪录认证机构吉尼斯世界纪录宣布，“神威·太湖之光”是“运算速度最快的计算机”，无论是峰值性能、持续性能，还是性能功耗比，均位居世界第一。2016年11月，它蝉联(chánlián)榜首，并拿下世界高性能计算机应用最高奖——戈登·贝尔奖。2017年11月13日，中国“神威·太湖之光”超级计算机以每秒9.3亿亿次的浮点运算速度第四次夺冠。

按照目前的统计，“神威·太湖之光”利用率已经超过50%，已经累计拥有超过50多项应用。目前有一些重大项目正在“神威·太湖之光”上进行测试，比如清华大学首次实现了百万核规模的全球10千米

高分辨率地球系统数值模拟，全面提高了中国应对极端（jíduān）气候和自然灾害的能力。国家计算流体力学实验室对“天宫一号”返回路径进行模拟，为“天宫一号”顺利回家提供精确预测。上海药物所用它大大加速了白血病、癌症、禽流感等方向的药物设计进度。通过它的运算，曾经的计算难题不复存在，检测和预测的能力大大提高；未来还能精确地预测降水等天气变化，检测空气质量，有效预防自然灾害。

“中国已在这场比赛中大幅领先，”美国劳伦斯伯克利国家实验室副主任西蒙称，“超级计算机系统的每一部件均在中国本土制造，意义重大。”“神威·太湖之光”的性能结束了“中国只能依靠西方技术才能在超算领域拔得头筹”的时代，为“中国制造”向“中国创造”的转变提供了重要支撑。

六、“蛟龙号”探海

“蛟龙号”载人深潜器是中国第一台自主设计、自主研制的作业型深海载人潜水器。它最大下潜（xiàqián）深度为7 000米，是世界上下潜能力最深的作业型载人潜水器。它具有深海探矿、海底高精度地形测量、可疑物探测（tàncè）与捕获（bǔhuò）、深海生物考察等功能。2009年至2012年，它接

词语释义

极端
extreme

下潜
dive

探测
survey

捕获
capture

连取得1 000米级、3 000米级、5 000米级和7 000米级海试成功。2012年6月，它在马里亚纳海沟创造了下潜7 062米的中国载人深潜纪录，开创了世界同类型潜水器最大下潜深度纪录。

“蛟龙号”载人深潜器可以完成自动定向、定高、定深航行。在面对内外干扰下，“蛟龙号”还能够做到精确地“悬停”，世界上从未有过深潜器具备这样的功能，这一点十分令人称赞。“蛟龙号”潜入深海几千米，为了与母船保持联系，科学家们还研发了具有世界先进水平的高速水声通信技术。

“蛟龙号”载人深潜器的成功标志着中国具备了到全球70%以上海洋深处进行作业的能力；标志着中国深海潜水器成为海洋科学考察的前沿（qiányán）；标志着中国海底载人科学研究和资源勘探（kāntàn）能力达到了国际领先水平，极大增强了中国科技工作者进军深海大洋、探索海洋奥秘的信心和决心。

词语释义

前沿
forward position

勘探
explore, prospect, exploration

启动
start

七、航天科技

航天技术又称空间技术，是一项探索、开发和利用太空以及地球以外天体的综合性工程技术。经过近半个世纪的迅速发展，中国的航天事业取得了巨大成就，截至2022年，中国长征系列运载火箭累计发射次数达458次，发射成功率达96%。2022年，中国航天发射次数达到55次，居世界第一。这表明中国已经进入了世界航天大国的行列。

1970年4月24日，中国发射了第一颗人造地球卫星（“东方红一号”），是第五个自行研制并发射卫星的国家。中国的载人航天工程于1992年启动（qǐdòng），至今已将12名航天员送入太空。2003年，神舟（Shénzhōu）五号发射成功，杨利伟登上太空，成为中国太空飞行第一人。21小时23分钟的太空行程，标志着中国已经成为世界上继俄罗斯和美国之后第三个能够开展载人航天的国家。神舟七号翟志刚成功出舱，实现中国历史上第一次太空行走。刘洋是首位参加载人航天飞行的女航天员。2016年，神舟十一号飞船成功发射后，中国已经更好地掌握了空间交会对接技术，并开展了地球观测和空间地球系统科学、空间应用新技术、空间技术和航天医学等领域的应用和试验，中国载人航天工程再次开启新征程（zhēngchéng）。2022年，中国空间站轨道建设全面展开。与此同时，中国首颗太阳探测卫星“羲和号”成功进入预定轨道，中国正式进入“探日时代”。

航天事业是一项具有国际竞争性的事业。航天技术的发展水平代表着一个国家的综合国力和科技水平。中国独立自主地发展航天事业，不断增强了综合国力，提高了中国的国际地位，同时也保卫了国家安全、地球安全。在地球资源日渐枯竭（kūjié）的未来，航天事业对太空资源的开发和利用更为重要。

词语释义

征程
journey

枯竭
exhausted

文化注释

神舟飞船

神舟飞船是中国自主研制、具有完全自主知识产权、达到或优于国际第三代载人飞船技术的飞船。从1999年神舟一号无人飞船发射成功以来，神舟飞船已研制到神舟二十一号，多次成功执行任务。

思考题

1. 指南针对世界航海业和地理大发现有何划时代的影响？
2. 中国古代的天象记录为现代天文研究提供了哪些重要依据？
3. 请说一说中国青花瓷及瓷器在世界历史上的地位与影响。
4. 通过对中国铁路网规划的了解，阐释中国“高铁丝路”如何助力“一带一路”互联互通。

第十一章 教育

词语释义

科举考试
the imperial examination

中国的教育源远流长，在公元前就已形成公学与私学结合、人文与科学并重的教育传统。延续千余年的科举考试（kējǔ kǎoshì），对中国的教育和社会产生了重大影响。近代以来，中国的教育受到西方的影响，进行改革，学校教学开始加强科学教育。在五四新文化等运动的推动下，中国的现代教育体系逐步形成。中华人民共和国成立后，特别是20世纪70年代末以来，中国教育快速发展，取得了突出成就。今天的中国已经成为体系完备、质量优良、独具特色的教育大国。

第一节 | 学校教育

一、古代教育

中国古代从孔子开始，就有了个人开办的学校，人们称为“私塾（sīshú）”。

在这种教学体系中，富裕人家聘请（pìnqǐng）教师教育家中儿女，普通人家共同出资聘请一位老师。私塾教育一直是中国古代教育的主要形式。

汉朝时有了由政府开办的学校“官学”，主要目标是培养官员。宋代以后出现了书院，这是由当时著名文人开办的教学场所。学生们通常会学习、继承并发扬老师的学说。

在中国古代，人们学习的目的一般是通过科举考试的选拔，成为管理国家的官员。

词语释义

聘请
employ

文化注释

私塾：中国古代私人办学的一种形式，包括教师自己创办的学校，学生家庭设立的家庭学馆，还有用集体的收入或私人捐款兴办的义塾。

二、现代教育

1949年以后，中国的教育事业发展迅速。现代中国采用以政府公立学校为主、社会力量广泛参与的办学机制。基础教育（如小学、中学）一般由地方政府主办，高等教育主要由中央政府和省级政府负责。职业教育和成人教育则是在政府的管理下，依靠行业、企业等社会各方面力量联合办学。

1. 学前教育

学前教育指3—6岁的儿童在幼儿园接受教育的过程。幼儿园一般由地方政府和企业、事业单位兴办，由政府中的教育行政部门负责管理和指导。截至2022年，中国共有幼儿园28.92万所，其中普惠性幼儿园24.57万所，在园儿童4 627.55万人，学前教育专任教师324.42万人。

在经济发达的大中型城市，幼儿园的数量已经基本满足适龄儿童的需要。目前，幼儿教育事业正从城市向农村推进。中国的许多乡镇已逐步普及学前教育。

2. 初等教育

初等教育是指6—12岁的儿童在小学接受教育的过程。小学一般由地方政府兴办，也有个人和民间团体创办的。中国小学学制一般为六年，部分省市的小学实行五年学制。学生上学时间一般是早晨8点到下午4点，在学校学习的科目有：语文、数学、英语、道德与法治、科学、美术、音乐和体育等。截至2022年，全国共有普通小学14.91万所，招生1 701.39万人，在校生1.07亿人，小学学龄儿童净入学率达到99.96%。

中国政府保障每位学龄儿童都有享受九年义务教育的权利，从小学起到初中毕业止。中国义务教育的三个基本性质为强制(qiángzhì)性、公益性、统一性。强制性又叫义务性，指让适龄儿童、少年接受义务教育是学校、家长和社会的义务，该义务受法律的约束(yuēshù)和保护；公益性指学校不收学杂费；统一性强调在全国范围内实行统一标准。

3. 中等教育

中等教育是指学生在12—17岁期间在中等学校接受教育的过程。中等学校包括初中和高中，高中又分为普通高中、职业高中和中专（中等专业学校）。学生一般在初中学习3—4年，毕业后一部分升入普通高中学习3年，一部分升入职业高中或中专。初中和普通高中的课程有：语文、数学、英语、政治、历史、地理、物理、化学、生物、体育、音乐和美术等。中等专业学校和职业学校有工科、农科、林科、医药、卫生、财经、管理、政法、艺术、师范、体育、旅游等专业。

4. 高等教育

高等教育是继中等教育之后进行的教育，包括专科、本科和研究生教育。中国实施高等教育的机构为大学、学院和高等专科学校。进

词语释义

强制
forced

约束
restrain, keep within bounds

行高等教育的学校不仅具有教学功能，还具有科学研究和社会服务等功能。截至2021年，中国各类高等教育在学总规模达到4 655万人，毛入学率在59.6%左右。与高等本科学校不同，专科学校学制较短，并且没有发放学位证书的资格。

词语释义

证书
certificate

中国政府投入大量资金和力量来建设高校，近年来重点高校建设工程包括：“211工程”“985工程”“2011计划”和“双一流”建设等。列入这些名单中的大学，都是中国重点建设的公立大学。其中，“双一流”建设是指建设世界一流大学和一流学科。

5. 职业教育

职业教育包括职业学校教育和职业培训。职业学校教育是学历性的教育，分为初等、中等和高等职业学校教育。除此之外，中国还有以民办机构为运营主体的非学历职业教育。相比普通教育，职业教育更加注重实践技能和实际工作能力的培养。2022年，中国高等教育专任教师中，有64.73万人任职于职业学校。

6. 特殊教育

特殊教育从狭义上是指针对残障少年儿童进行的教育。目前，中国的特殊教育办学由政府教育部门主办，以卫生部门、残联部门和社会力量等作为补充。近年来，特殊教育迅速发展，正在形成从学前教育、基础教育、中等教育到高等教育、继续教育的连续、完整的特殊教育体系。截至2022年，全国共有特殊教育学校2 341所，专任教师7.27万人，招收各种形式的特殊教育学生14.63万人，在校生91.85万人。

7. 民办教育

中国民办教育是社会组织或个人自行筹集经费举办的教育活动，没有国家财政经费的投入，但由政府教育部门统一管理。中国人口数量巨大，尽管公共教育资源不断丰富，但仍然无法完全满足人民对教育的需求。因此，民办教育承担了一部分教育任务。

经过近30余年的发展，中国民办教育已经形成了具有一定规模的完整体系。截至2022年，中国共有各级各类民办学校17.83万所，各类教育在校生达5 282.72万人。

文化注释

公立大学与民办大学

在中国，公立大学与民办大学的最大区别是办学资金来源不同。公办院校有一部分办学经费来源于政府，而民办院校完全靠自己筹集资金。与国际上许多知名的私立大学不同，中国民办大学由于不受国家财政支持，学费普遍较高，师资和生源水平也相对较弱。

第二节 继续教育

词语释义

文凭
diploma

继续教育是指已经脱离学校体系的国民所接受的各种教育。中国的继续教育可以分为两类：一类是学历继续教育，另一类是非学历继续教育。学历继续教育为学生提供国家认可的学历证书，代表学生的学力水平，受国家承认；非学历继续教育不提供学历证书，具有补充知识、提高能力的作用。

一、学历继续教育

在中国，成人学历继续教育主要有国家开放大学和高等教育自学考试，学生所获文凭(wénpíng)和学历受国家承认。

1. 国家开放大学

中国国家开放大学是在中央广播电视大学和地方广播电视大学的基础上组建的。学生主要通过网络自主学习（zìzhǔ xuéxí）课程资源，也可与教师远程视频沟通。同时，学生也能通过全国各地的学习中心获得面对面的辅导。符合报名资格的学员不需要考试就能获得入学机会，但要通过每学期的期末考试，修满学分才能毕业。

国家开放大学有着入学方便、学习时间灵活的特点。截至2019年，国家开放大学累计培养大学毕业生1 559万人。

2. 全国高等教育自学考试

全国高等教育自学考试，简称“自考”，是面向自学者进行的以学历考试为主的高等教育国家考试。凡中华人民共和国公民，均可参加自学考试。自学考试采用学分累计的方式逐步完成学业。学生要完成专业考试计划规定的全部课程，通过全部考试后，还要完成毕业论文或其他任务。结束学习后，符合学位申请条件的，可申请学士学位，并可继续攻读硕士学位和博士学位。

二、非学历继续教育

1. 职业培训

职业培训是一种技术性的教育和训练，目的是培养劳动者的职业知识和技能。在中国，职业培训的对象有两种，一种是正在寻找工作的求职（qiúzhí）者，另一种是已经就业的劳动者。培训工作主要由技工学校、就业训练中心、咨询公司、社会力量办学等机构承担。

2. 老年大学

老年大学是面向老年人的教育机构，中国大部分地区已建立起市、区（县）、街道（镇）、居委（村）的四级老年教育办学网络。

词语释义

自主学习
independent study

求职
look for a job

词语释义

烹饪
cooking

不时
often

老年大学课程丰富，既有书法、舞蹈、声乐、烹饪（pēngrèn）等生活娱乐类课程，也有现代科技、计算机、智能手机使用等技术性课程。同时，为保证最大限度为老年人服务，上海、北京等地的老年大学还开设了网络课程，方便老年人的学习。

3. 市民教育

配合图书馆、博物馆等公共教育设施，结合多媒体的教育手段，中国开展了丰富多彩的市民教育。市民可以免费到图书馆借阅图书，在博物馆学习历史知识。政府和社区还会不时（bùshí）组织市民进行普法教育、健康讲座等多种教育活动。

第三节 | 考试制度

一、古代科举考试

1. 科举制

科举制是世界上最早的考试制度，国家通过考试来选拔官吏。由于采用分科取士的办法，所以叫科举。

从隋朝确立至1905年废除科举考试为止，中国的科举制前后经历了1 300余年，成为世界上延续时间最长的人才选拔制度。考生要通过层层选拔才能获得接受皇帝亲自考试的机会。

中国科举制度还吸引了大批外国士子前来应试，同属儒家文化圈的日本、朝鲜和越南也效仿中国，曾在本国实行了科举制。16世纪起，中国科举制度由来华的欧洲传教士传入西方，18世纪下半叶至19世纪，英、法、德、美等国从中国科举考试的“自由报考、公平竞争、择优录入”的合理性中得到启发，建立了本国的文官考试制度。

科举考试改善了之前的用人制度，打破了血统和世族的限制，促进了知识分子的流动。社会中下层有能力的读书人进入了社会上层，获得施展才智的机会。促进了各阶层间知识分子的流动，扩大了封建统治的基础。然而，科举考试的内容偏重人文伦理，限制了知识的领域和知识分子的视野(shìyě)。为了求取功名，许多读书人固守传统经典，缺乏创新。

词语释义

视野 sight

附属 subsidiary

2. 江南贡院

江南贡院又称南京贡院、建康贡院，位于南京市。江南贡院是中国古代规模最大的科举考场，始建于宋乾道四年（1168年），经过各个朝代的扩建，明清时期达到鼎盛。清朝同治年间，仅考试号舍就有2万多间，可接纳2万多名考生同时考试，加上附属(fùshǔ)建筑数百间，占地面积超过30余万平方米，是中国贡院中规模最大的一个。江南贡院为中国历史社会的发展提供了大量的优秀人才。如今，江南贡院扩建为中国科举博物馆，用来展示中国的科举文化。

文化注释

贡院

中国古代科举的考场，一般为大型的院子，里面又分割出许多小院，小院里每排再隔出一个个考室，称为“号舍”，每舍容纳一名考生。考生白天在号舍里考试，夜里也在此住宿。每舍有长4尺的两块木板，号舍两边墙体有砖托槽，上下两道。白天考试时，两块木板分开放在上、下托槽上，形成简单的桌椅；晚上拆下上层木板，可与下层拼成一张床。由于空间太小，民间戏称为“鸽笼子”。

3. 书院

书院是中国古代社会特有的一种教育组织和学术研究机构。书院一般由当时的著名学者创建或主持。作为民间教育组织，书院最早出现在唐朝，盛行于宋初。有些书院历史悠久，影响很大。公认的“四大书院”包括应天府书院、岳麓书院、白鹿洞书院、嵩阳书院。

应天府书院前身为睢阳书院，由五代后晋时的商丘人杨悫所创办。庆历三年（1043年），应天府书院改升为南京国子监，成为北宋最高学府，同时也成为中国古代书院中唯一一座升级为国子监(guózǐjiàn)的书院。北宋书院多数位于山中、林间，只有应天府书院设立于城市的繁华地区，并逐渐发展为北宋最具影响力的书院。

二、现代升学考试

目前，中国学生的升学考试主要包括初中学业水平考试（简称“中考”）和普通高等学校招生全国统一考试（简称“高考”）。

1. 中考

中考是初中毕业生参加的考试，学生在接受完小学、初中的九年义务教育后，通过中考成绩来报考相应(xiāngyìng)的普通高中、职业高中、中级技术学校等，其中以报考普通高中为主。中考一方面用来检测初中毕业生是否达到规定的学业水平，另一方面作为高中选拔学生的依据。中考将国家课程方案所规定的学科全部列入考试范围，包括语文、数学、外语、政治、历史、地理、生物、物理、化学和体育。各省的考试时间略有不同，但都集中在每年6月中下旬。

词语释义

相应
corresponding

2. 高考

高考是普通高等学校招生全国统一考试的简称，是中国高等学校选拔新生的制度。参加人员为高中毕业生，考试日期为每年6月7日和8日，部分省市区因考试制度的不同，考试时间为三天（即6月7—9日）。语文、数学、外语为统考科目。除此之外，在全国大部分地区，学生要从物理、历史中选择一门首选科目，再从政治、地理、化学、生物中选择两门再选科目，即“3+1+2”模式。在这种模式下，高考总分为750分，其中统考科目均为150分满分，其余科目满分100分。出成绩后，学生根据成绩填报志愿（tiánbào zhìyuàn）选择大学和专业，学校择优录取。

文化注释

填报志愿

高考分数发布后，学生根据自己的成绩填报志愿学校和志愿专业。各省将高校分为不同批次，若考生分数不够，则按顺序下延。高校批次主要有：本科提前批、本科第一批、本科第二批、本科第三批，专科提前批、专科第二批和专科普通批。

三、国家职业资格考试

国家职业资格考试是就业准入资格考试，考生通过考试后获得资格证书和进入某一行业工作的资格。根据中国法律的规定，对于从事某些特定（tèdìng）工作的人，必须经过培训、取得资格后才能上岗。这些工作一般技术复杂，并且涉及国家财产和人民生命安全。国家资格考试按考试方式，分为统考专业和非统考专业。统考专业进行全国统一考试，例如公务员（gōngwùyuán）考试。国家职业资格证书分为五个等级（děngjí），最高等级是一级的高级技师。

词语释义

特定
specific

公务员
civil servant

等级
level

第四节 | 国际教育交流与合作

一、孔子学院

孔子学院（Confucius Institute）并非一般意义上的大学，而是推广汉语和传播中国文化的交流机构，是一个非盈利（fēiyínglì）性的社会公益机构，旨在加深世界人民对中国语言文化的了解，推动中外人文交流，增进国际理解。孔子学院由国内外的大学或研究、教育机构合作举办，为世界各地的汉语学习者提供规范、多样的汉语教学。首家孔子学院于2004年在韩国首尔正式设立。截至2023年9月，全球共有180多个国家（地区）开展中文教育，全球约有500多所孔子学院和800多个孔子课堂。除了开展汉语教学活动以外，孔子学院还与国外所在大学或教育机构进行教育、文化等方面的交流与合作。孔子学院现在已经成为各国人民学习汉语语言文化、了解当代中国的重要场所。

词语释义

非盈利
nonprofit

二、国际学校

目前，在中国一些大中城市还有一些国际学校。这些学校一般拥有相当比例的外籍学生，按照国际或中外合作教学模式进行办学。国际学校提供中等（或以下程度）的教育。国际学校一般可分为两类，第一类是由在中国境内的合法外国机构和合法居留的外国人开办的国际学校，只招收外籍学生，如上海美国学校、广州美国学校等；第二类是同时招收中国学生和外国留学生的学校，如北京哈罗英国学校、苏州伊顿国际学校等。

三、“一带一路”教育行动

中国提出“一带一路”倡议，与沿线各国展开多方位的友好合作与交流，而与各国的教育合作与交流是其重要的组成部分。中国教育部于2016年印发《推进共建“一带一路”教育行动》的通知，要求与沿线各个国家加强教育方面的相互合作，从而促进教育的发展，共同培养更多人才。“丝绸之路”留学推进计划就是其中一项。此外，中国每年也会有国家公派留学生去“一带一路”国家学习或交流。

思考题

1. 你所在的国家有类似“义务教育”的规定吗？谈谈你对“义务教育”的认识。
2. 学习了中国教育体系后，请结合你的来华留学经历，比较中国与你的国家在教育体制、教育理念和教育方式等方面的异同。
3. 中国的科举考试是世界上最早的考试，西方社会借鉴科举，发展了文官制度。试比较中国科举与西方文官制度的异同，同时思考你的国家在考试方面与中国的异同。
4. 分析孔子学院对传播中国文化和促进世界文化交流的意义。

第十二章

医疗卫生

词语释义

方剂
medical
prescription

中国的医疗卫生服务体系主要由医院、基层医疗卫生机构、专业公共卫生机构等构成。中国传统医学与西医学共同担负着保障人民健康的任务。其中，中医学是中国传统医学的主流。数千年来，中医学秉承“天人合一”的理念，创造了许多独特的学说。中医学应用方剂(fāngjì)、针灸、推拿等技术为中华民族的健康提供了保障。随着中国的进步与发展，中医的特色及优势必将为世界医学增添更美的风景。

第一节 中国医疗卫生现状

一、中国医疗卫生服务体系

（一）中国人民的健康水平

根据世界卫生组织（2021版《世界卫生统计报告》）的数据，

2019年中国整体出生时预期寿命为77.4岁，男性74.7岁，女性80.5岁；2020年中国孕产妇死亡率23/10万；2021年中国5岁以下儿童死亡率7‰，新生儿死亡率3‰，中国人民健康水平不断提高。

（二）中国医疗卫生服务体系基本架构

经过长期发展，中国已经建立了由医院、基层医疗卫生机构、专业公共卫生机构等组成的医疗卫生服务体系。

1. 医院

中国的医院包括综合医院、中医医院、中西医结合医院、民族医院、各类专科医院等。按照登记注册类型又分为公立医院和民营医院。公立医院是中国医疗服务体系的主体，承担着医疗、医学教学、医学科研以及政府规定的公共卫生服务（gōnggòng wèishēng fúwù）、紧急医疗救援等任务。

医院按照等级由高到低分为三级医院、二级医院和一级医院；每级再分为甲等、乙等、丙等，其中三级医院增设特等。因此，医院共分三级十等，等级最高的医院是三级特等。

词语释义

公共卫生服务 public health service

词语释义

康复
rehabilitation

妇幼保健
maternity and child care

2. 基层医疗卫生机构

基层医疗卫生机构主要包括城市中的社区卫生服务机构和农村地区的乡镇卫生院、村卫生室。主要职责是提供预防、保健、健康教育等基本公共卫生服务和部分疾病的诊疗、康复(kāngfù)服务，并向医院转诊超出自身服务能力的病人。

3. 专业公共卫生机构

专业公共卫生机构主要提供专业公共卫生服务，包括疾病预防控制中心、急救中心（站）、妇幼保健(fùyòu bǎojiàn)机构、采供血机构、卫生监督机构等。服务内容主要有：疾病预防控制、急救、妇幼保健、采供血等。

由于中国城市和农村的差异，城市的医疗卫生服务体系主要由三级医院和社区卫生服务机构组成；农村的医疗卫生服务体系主要由县级医院、基层乡镇卫生院和村卫生室构成。

二、中国传统医学

1. 中国传统医学的形成与发展

中国有56个民族，包括占人口90%以上的汉族和55个少数民族。大多数民族在历史上都有自己的医学，从而形成了丰富多彩的中国传统医学。

中医学产生于汉族，2 000年来，始终是中国传统医学的主流。据统计，截至2021年底，中国中医医疗卫生机构有6万余所，中医药卫生人员总数为88.4万人。

各少数民族的传统医学称为民族医学，都不同程度地受到了中医学的影响。2021年，中国民族医疗卫生机构有近千所，它们在各民族地区的医疗工作中发挥了重要的作用。

2. 民族医学的代表

藏族医学

寒冷的青藏高原有着丰富的天然药物资源，居住在这里的藏族人民发展出了独特的藏族医学。2018年，藏医药浴(yàoyù)法被列入联合国教科文组织《人类非物质文化遗产代表作名录》。

蒙古族医学

蒙古族人民长期居住在北方的草原地区，以狩猎(shòuliè)、游牧为主要生活方式。由于在生产活动中容易出现外伤，蒙古族人民很早就掌握了热敷、震脑术等治疗方法。因此，蒙医在治疗骨伤、脑震荡等疾病方面具有独特的优势。

维吾尔族医学

新疆塔里木盆地是丝绸之路的枢纽，发展于这里的维吾尔族医学处于东西方文明的交汇处。维吾尔族医学广泛吸收了中医及古希腊—阿拉伯医学的精华，在中西方的医学交流中发挥着重要的作用。

词语释义

药浴
medicinal bath

狩猎
hunt

词语释义

落地生根 take root

剂型 dosage form

挥发 volatilize

降雨量 rainfall

充沛 abundant, plentiful

矿物 mineral

回族医学

回族医学是中国传统医学与阿拉伯—伊斯兰医学结合的产物。回族医学使用的药物主要以香药为主。香药由阿拉伯等伊斯兰国家传入，有的品种已在中国落地生根（luòdì-shēnggēn）。成品剂型（jìxíng）既有中国式的丸剂、散剂、膏剂、汤剂，如安息香丸、回回狗皮膏，也有阿拉伯式的挥发（huīfā）药，如滴鼻剂、露酒剂、油剂等。

壮族医学

壮族人民主要居住于气候温暖、降雨量（jiàngyǔliàng）充沛（chōngpèi）的广西。该地区动物、植物、矿物（kuàngwù）数量很多，是植物药、动物药、矿物药的天然宝库。目前已经发掘的常用壮药有2 000余种，如千斤拔、半边莲等。诊断技术方面，壮族医学的“目诊（mù zhěn）”和“甲诊（jiǎ zhěn）”最有特色。

文化注释

1. 目诊

通过观察病人眼睛（瞳孔、巩膜、眼睑等）的情况进行诊断。

2. 甲诊

通过观察病人爪甲的形状、质地、色泽、斑点等情况进行诊断。

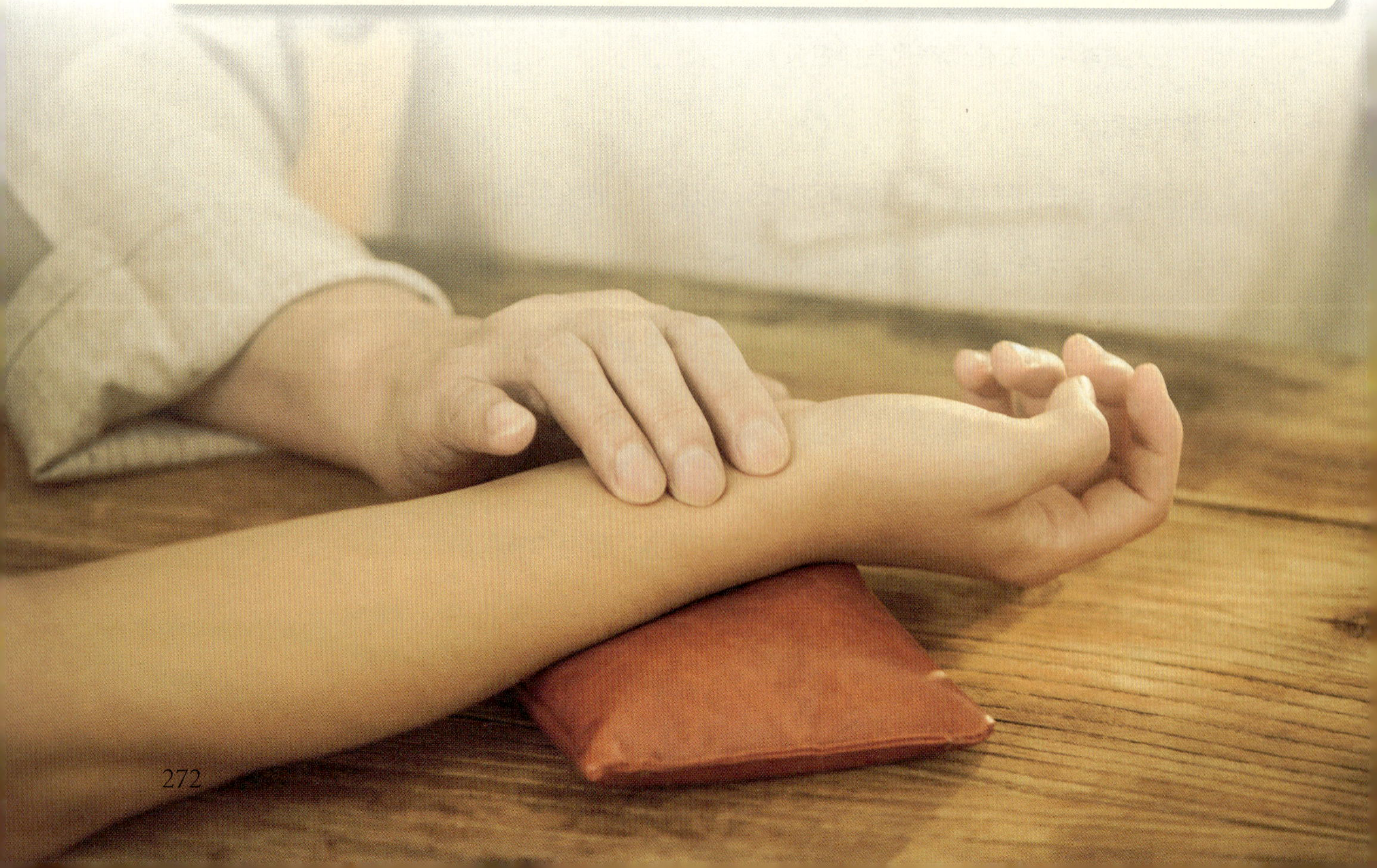

第二节 | 神奇的中医

一、中医发展史

中医自形成发展至今，已有数千年的历史。早期，人们对人体结构和生命现象的观察形成了片段的医学知识。之后，自然科学和人文科学进一步丰富了中医理论。最终，中医在中国哲学思想的影响下，逐渐形成了完整的体系。

1. 中医理论体系的建立

《黄帝内经》成书于2 000多年前，是中国现存最早的一部医学书籍。它讲述了中医的基本理论，包括人体的生理、病理（bìnglǐ）、诊断、治疗、养生等方面。由于书中大部分内容都是以黄帝和他的老师岐伯对话的形式表现的，后世常用“岐黄之术”来指代中医理论。

词语释义

病理
pathology

《黄帝内经》不是黄帝所写，而是众多医家理论和经验的总结。它建立了中医学理论体系的基本构架，为中医学的发展奠定了基础，是学习中医的必读之书。

词语释义

临床
clinical

希波克拉底誓言
the Hippocratic Oath

药物学
pharmacology

东汉张仲景所写的《伤寒杂病论》是中国第一部理论联系实际的临床（línchuáng）医学专著，确立了中医“辨证论治（biànzhèng-lùnzhì）”的基本原则。因此，张仲景被后世尊称为“医圣”。

2. 中医理论的发展

《千金方》

唐朝的名医孙思邈系统地总结了前人的医学成就，写成了《千金方》。他认为人的生命特别贵重，价值千金，因此将书名称作《千金方》。孙思邈非常重视医生的品德，在《千金方》的《大医精诚》这一篇章中专门进行了论述。《大医精诚》对医生的思想、行为等都提出了明确的要求，被认为是东方的“希波克拉底（Xībōkèlādǐ）誓言（shìyán）”。

孙思邈善于养生，寿命超过百岁，他的一生对中医学的发展作出了突出的贡献，被后人尊称为“药王”。

《本草纲目》

《本草纲目》是中国伟大的药物学（yàowù xué）专著，作者是明朝的名医李时珍。“本草”是中国古代对药物的称呼。李时珍发现当时关于药物的记录有很多错误，于是亲自实践，对药物学进行了全面的整理和总结。他用了毕生的精力，历时30年，最终完成了这部著作。

《本草纲目》先后被译成日、朝、法、德、英、俄等文字，在世界范围内传播，对世界医药学、植物学、动物学、矿物学、化学的发展都产生了深远的影响。

文化注释

辨证论治

这是中医认识疾病和治疗疾病的基本原则，包括辨证和论治两个过程。辨证，就是分析、辨别疾病的信息，对疾病的性质、部位等做出判断；论治，是根据辨证的结论，确立相应的治疗方法，并选择合适的治疗手段来处理疾病。

二、中医的核心观念

1. 天人合一

“天人合一”是中国传统文化中最核心的观念之一，对各个领域都产生了深远的影响，中医也不例外。这里的“天”指的是自然规律。人们在长期的观察与实践中逐渐形成了这样的认识：人类依赖自然而生存，自然界的变化与人体状态的变化密切相关。

以四季为例。春天，天气温和，万物复苏，草木生长，人体的代谢(dàixiè)加快。人们感觉体力旺盛，喜欢出去活动。夏天，气候炎热，昼长夜短，鲜花绽放。人们热爱运动，情绪也容易冲动。秋天，气候转凉，草木枯黄。人体的代谢也逐渐减慢，对运动的需求相应减少，头脑冷静，心情平和。冬天，气候寒冷，昼短夜长，万物凋零(diāolíng)，植物将能量转至根部。人们喜欢待在房间内，睡眠时间也逐渐延长，体力的消耗相对减少。因此，“天人合一”的观念强调人与自然是一个和谐的整体。

“天人合一”观念的产生，与中国的地理环境有一定的关系。中国的地域辽阔，东北方向为大兴安岭、小兴安岭，西北方向有沙漠与高山，西南方向有世界屋脊青藏高原，东方和南方有大海。可以说，中国处在一个相对封闭(fēngbì)的环境中。这种环境十分适合农业的发展。对农业而言，最为重要的影响因素就是自然气候。因此，中国文化自古以来就特别尊重日月的运行、四季的变换等自然规律，崇尚人与自然的和谐、统一。

2. “气”—阴阳—五行

“气”

中国文化认为，人与自然是一个整体，二者有着共同的源头——“气”。“气”是宇宙中运动不息的精微(jīngwēi)物质，日月、海洋、土地、

词语释义

代谢
metabolism

凋零
withered

封闭
enclosed

精微
subtle and essential

词语释义

此消彼长
the increase of one thing always goes with the decrease of another thing

凡是
every

运化
transportation and transformation

杀戮
kill

收敛
astringe

封藏
store

有序
orderly

动物、植物，宇宙间的一切都是“气”运动变化的产物。

“气”与阴阳

“气”具有阴阳两种属性，两种状态。一般来说，运动的、向外的、上升的、温热的、无形的、明亮的、兴奋的都属于阳；静止的、内守的、下降的、寒冷的、有形的、阴暗的、抑制的都属于阴。

阴阳可以互相转化。以四季为例，由夏天到冬天，是由阳转阴；由冬天到夏天，是由阴转阳。以一天为例，由白天到夜晚，是由阳转阴；由夜晚到白天，则是由阴转阳。

阴阳的关系可以用太极图来表现，二者在运动中此消彼长(cǐ xiāo bǐ zhǎng)，共同形成一个不可分割的整体，永远保持和谐与平衡。

“气”与五行

五行可以看作“气”的五种运动状态，用“木”“火”“土”“金”“水”五个符号来表达。

木：本意是树木。树木具有生长、伸展的特性。引申为凡是(fánshì)具有生长、生发、伸展等性质的事物都属于“木”。

火：本意是火苗。火苗具有上升、热、光明等特性。引申为凡是具有上升、热、光明等性质的事物都属于“火”。

土：本意是土地。土地具有承载、养育万物等特性。引申为凡是具有承载、运化(yùnhuà)、养育等性质的事物都属于“土”。

金：本意是金属。金属质量沉重、坚硬，经常作为杀戮(shālù)的兵器。引申为凡是具有坚硬、下降、收敛(shōuliǎn)、抑制等性质的事物都属于“金”。

水：本意是水。水向低处汇聚，具有向下、寒凉、封藏(fēngcáng)的特性。引申为凡具有向下、寒凉、封藏等性质的事物都属于“水”。

按照这样的认识，世界上的各种事物都可以归纳于五行的体系，比如时空、位置、气候、颜色、味道，以及人体的脏腑、五官等。五行之间存在着动态有序(yǒuxù)的相互促进、相互制约的关系，从而维护着系统的稳定。例如，木对火有着促进的作用，水对火则有着制约的作用。因此，火就能在五行系统中保持适中的状态。

人体中的“气”—阴阳—五行

中医理论是在“天人合一”的观念下构建起来的，以“气”—阴阳—五行为语言来描述人体的生理、病理、诊断、治疗等理论。如果人体功能正常，说明人体的“气”运行通畅，阴阳平衡，五行系统稳定。如果人患有疾病，说明人体的“气”运行不通畅，阴阳不平衡，五行系统失调。用中药或针灸等手段治疗的目的就是恢复人体“气”正常运行，使人体的阴阳五行和谐稳定。

五行	五方	五季	五气	五化	五色	五味	五脏	五官	五体	五志
木	东	春	风	生	青	酸	肝	目	筋	怒
火	南	夏	暑	长	赤	苦	心	舌	脉	喜
土	中	长夏	湿	化	黄	甘	脾	口	肉	思
金	西	秋	燥	收	白	辛	肺	鼻	皮毛	悲
水	北	冬	寒	藏	黑	咸	肾	耳	骨	恐

三、中医特色疗法

针灸、推拿、拔罐(báguàn)都属于中医外治(wàizhì)的方法，都以中医经络学说为依据。其中，针灸是针法和灸法的总称。经络是人体运行气血、传递信息的通道，将人体的所有部位联结成一个整体。穴位是疾病的反应点和治疗的刺激(cìjī)点，大多数都分布于经络循行的路线上。

1. 针法

针法是以针为工具，通过一定的手法刺激人体穴位以治疗各种疾病的方法。针的前身是砭石(biānshí)，后来逐渐发展为骨针、金属针。现在临床上最常使用的针是毫针。使用针法治疗疾病，必须先明确疾病的病机(bìngjī)，再选择合适的穴位和具体手法。

词语释义

拔罐
cup, cupping

外治
external treatment

刺激
stimulate

病机
pathogenesis

词语释义

昏厥
faint

开窍醒神
open the orifices and freshen the spirit

掐
nip

熏灼
fumigate

疏通经络
dredge the channel

针刺人中穴治疗昏厥(hūnjué)

人中穴位于人中沟的上1/3与下2/3的交点处，有开窍醒神(kāiqiào xǐngshén)的作用，为急救昏厥的重要穴位。当有人突然昏倒，医生针刺人中穴或直接用手指按掐(qiā)进行强行刺激，能让病人很快苏醒过来。

2. 灸法

灸法是一种通过熏灼(xūnzhuó)体表穴位来疏通经络(shūtōng jīngluò)、调畅气血，从而预防和治疗疾病的方法。中医通常用艾草制作而成的艾条或艾柱进行熏灼，称为艾灸。艾草是一种中国常见的野草，也是一味具有温通经络作用的中药。端午节人们都会采摘艾草挂于门外，用它的味道驱赶蚊虫，预防病毒的侵袭。

艾灸的方法有很多，最常用的是艾条灸。将艾条的一头用火点燃，对准穴位或患处，距离皮肤2—3厘米进行熏灼，通常灸至皮肤微红，10—15分钟为宜。

艾灸是人们常用的一种保健方式，经常艾灸小腹部可以滋补人体的元气，增加精力。

3. 推拿

推拿是运用推、摩、按、拍等各种手法作用于人体体表的一种治疗方法。推拿疗法可以疏通经络、促进气血运行，广泛应用于临床各科。

自我保健推拿

自我保健推拿是在自己身上进行的推拿，以养生保健为主要目的。具体方法在许多中医书籍中都有记载，由于操作简单、效果明显，深受人们的喜爱。

（1）鸣天鼓

双手的掌心紧按两侧耳孔（ěrkǒng）处，食指、中指、无名指同时轻轻敲打头后的枕骨（zhěngǔ）部30次。然后，手指紧按枕骨部，掌心用力按压耳孔处，持续数秒后突然放开两手。连续重复这个过程10次。该方法具有疏通耳部经络的作用，常用于预防与治疗耳部疾病。

（2）浴面

先将双手搓热，然后双手的掌心紧贴前额（qián'é），用力由上向下擦到下颌（xiàhé）为止，反复10次。该方法可以使人头脑清醒、皮肤光泽。

4. 拔罐法

拔罐法是中医外治的方法之一。它以罐为工具，利用点火、抽气等方法排出罐内空气，形成负压（fùyā），使罐吸附于体表穴位或有症状的部位上。这种刺激，可以达到排除体内病邪（bìngxié）、恢复气血运行的目的。由于使用简单，效果明显，中国许多家庭都有拔罐治疗的工具。

四、中医与生活

“春生、夏长、秋收、冬藏”，人体的状态和自然界的变化是相适应的。所谓健康的生活方式，就是人们根据季节的转换，及时调整自身的起居、饮食、情志、行为，从而与自然的节律和谐同步。

1. 春

春季，随着气温的逐步回升，草木萌发，万物复苏，处处显示出生机。处于天地之中的人也不例外，人们身体的阳气呈现向上“生”的状态，各项生理节律均发生了相应的变化。因此，春季的养生原则是“生”。

起居：春季白天的时间逐渐延长，夜晚的时间逐渐减少。人们应

词语释义

耳孔
earhole

枕骨
occipital bone

前额
forehead

下颌
jaw

负压
negative pressure

病邪
pathogen

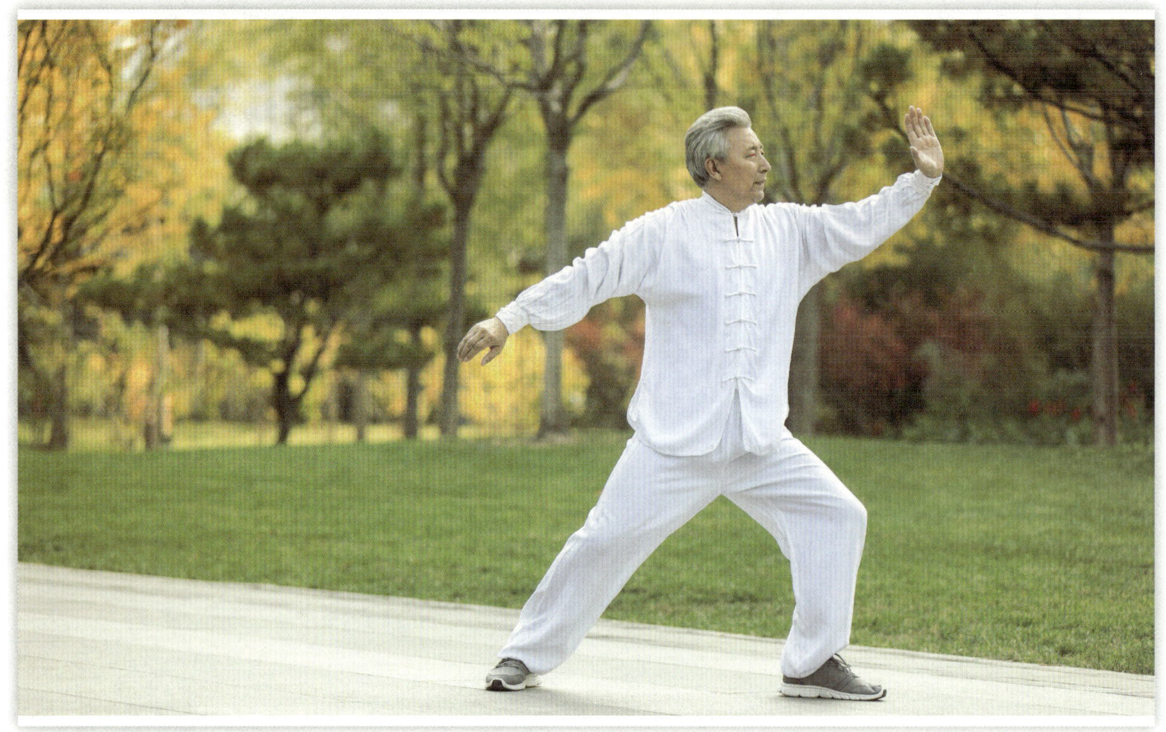

词语释义

清热
clear heat

混合
mix

沸水
boiling water

良方
effective prescription

该清晨即起床，并适当延后入睡的时间，但不能晚于晚上11点。

饮食：春天是草木生发的季节，许多绿叶类的蔬菜充满了生长的力量，最适宜在春天食用。此外，春天也是人们饮春茶的好时节。

茶叶源于中国，它有很多品种。每一个品种的茶叶都有其独特的养生作用，适用于不同体质的人饮用。因此，饮春茶时需要认真选择。绿茶颜色嫩绿，是茶树的新叶。它的性质寒凉，有清热(qīngrè)的作用，适用于体质偏热的人使用。红茶则是经过加工处理的茶叶，茶水的颜色偏红，性质温热，适合体质偏寒的人使用。

此外，中国人还将茶叶与某些中药混合(hùnhé)，用沸水(fèishuǐ)冲饮，创造出了“药茶”这一防病治病的品种。药茶的历史悠久，中国古代的医书中就曾记录了许多实用的药茶良方(liángfāng)。如今，饮用药茶已经成为中国人医疗保健的一大特色。

情志与行为：春天，人体的阳气向上生发。人们应当在心中升起希望，确立奋斗的目标。在行为上，晨起后散步、打太极拳可以很好地舒展阳气，疏通经络。此外，人们应该尽量给予（jǐyǔ）他人支持，把付出当成快乐的事情。

中国农历新年的春节，是孩子们最喜欢的节日。因为在这个日子里，长辈（zhǎngbèi）要给晚辈发红包，送祝福，期待他们在新的一年里有更好的生活。这种传统充分体现了春天的养生观念。

2. 夏

夏季，气候炎热，降雨量也随着增加，植物迅速生长，鲜花绽放，展现出色彩缤纷的景象。中医认为，夏天的“气”是向外发散的。人的生理活动与自然相适应，汗孔（hànkǒng）张开，出汗增多，也处于向外耗散（hàosàn）能量的状态。因此，夏天的养生原则是“长（zhǎng）”。

起居： 夏季，人们应该晚睡早起，以适应白天时间长、夜晚时间短的日夜节律，但睡眠时间不应晚于夜里11点。

饮食： 由于出汗过多，人体的气血也随着散失，内部能量不足，脾胃功能低下，常出现乏力、食欲不振（shíyù bùzhèn）等症状。此时，如果再多吃冷饮（lěngyǐn）等寒凉的食物，则会更加损害脾胃。中医认为夏季应该食用温暖脾胃的食物，生姜就是其中之一。

药食同源（yào shí tóngyuán）：生姜

生姜是中国最常见的调味品（tiáowèipǐn）之一，也是一味夏季常用的中药。生姜性质温热，具有散寒（sànhán）、暖胃（nuǎnwèi）的作用。中国一直有“夏天食姜”的传统。在炎热的夏季，人们为了追求凉爽，经常吹空调，很容易受寒而引起感冒。这时，中国人往往会用生姜和红糖煮水，做成“姜糖水”。服后即可去除寒冷、恢复健康。

情志与行为： 夏季是热情奔放的季节，也是奋斗的季节。人们应该充分表达自己的感情，尽情去做热爱的事情，使气机舒展，心情

词语释义

给予
give

长辈
elder member of a family

汗孔
sweat pore

耗散
dissipation

食欲不振
inappetency

冷饮
cold drink

药食同源
homology of medicine and food

调味品
flavoring

散寒
dissipate cold

暖胃
warm stomach

词语释义

趋向
tend to

津液
body fluid

润肺止咳
moisten the lung to suppress cough

熬
decoct

心境
state of mind

赏月
enjoy the sight of the full moon

快乐。中国传统节日端午节正处于夏季，赛龙舟是节日的一项重要活动。这项古老的比赛活动充分体现了人们奋斗、拼搏的精神追求，符合夏季养生的理念。

3. 秋

秋天，气候转凉，降雨量减少，草木逐渐凋零，大地显示出宁静、清冷的景象。人体的阳气也向内收敛，能量分布逐渐由体表趋向（qūxiàng）体内。人们容易出现皮肤干燥、咽部干燥等症状。因此，秋天的养生原则是“收”。

起居：秋天夜晚来临的时间逐渐提前，人应该与日夜节律一致，尽早入睡，清晨起床，养成早睡早起的习惯。

饮食：秋季气候干燥，人体津液（jīnyè）不足，应多吃能够补充津液的食物，如梨、苹果、山药等。干燥的气候容易伤害人们的肺部，出现咽干、咳嗽等症状。这时，食用秋季传统药膳秋梨膏就能起到治疗的作用。

药膳：秋梨膏

药膳是指用中药与食物相配而做成的美食。中医认为，梨的味道甘甜、性质寒凉，具有润肺止咳（rùn fèi zhǐ ké）的作用，最适合在秋天食用。秋梨膏以梨为主要原料，配以蜂蜜、生姜及其他具有润肺作用的中药熬（áo）制而成。它味道酸甜，效果明显，是许多家庭秋季必备的药品。

情志与行为：秋天气候凉爽，自然界远离了夏天的炎热和喧闹，转向平和安静。人们的心境（xīnjìng）也应如此，尽量减少不必要的烦恼和追求，平静地面对生活。秋天的节日习俗也体现了这一点，比如中秋节的聚会赏月（shǎngyuè）、重阳节（Chóngyáng Jié）的登高远望。二者都避免了剧烈运动，转而追求悠闲的心境。

文化注释

重阳节

每年的农历九月初九是中国的传统节日重阳节。这一天，人们结伴出游、登高远望、观赏菊花。

4. 冬

冬季气候寒冷，水结成冰，自然界显示出万物潜藏的状态。为适应自然的变化，人体的代谢减慢，尽量积蓄能量，减少消耗。因此，冬天的养生原则是“藏”。

起居：冬季白天时间短、夜晚时间长，人们应该早睡晚起，甚至可以等待太阳升起后再起床。

饮食：冬天气候寒冷，人体的生理活动需要更多的能量来支持。因此，中国有“冬令进补”的传统。冬季最适合食用具有滋补作用的药膳，当归生姜羊肉汤就是其中之一。

当归生姜羊肉汤

以当归、生姜、羊肉为主要原料，该药膳具有很好的补养气血的作用。当归是一种养血药（yǎng xuè yào），生姜可以暖胃，羊肉性质温热，有滋补气血的作用。将它们混合，并加入适量的黄酒和调料，煮1—2小时后即可食用。

情志与行为：冬季是蛰伏的季节，情志不必完全显示于外。人们应该多关注自己的内心，保持乐观知足的心态。冬季要避免剧烈运动，注意保暖。但如果保暖过度导致出汗过多，阳气也会随着外泄（wàixiè），反而不利于养生。

词语释义

养血药
blood-growing medicine

外泄
out releasing

第三节 走进中药的世界

一、认识中药

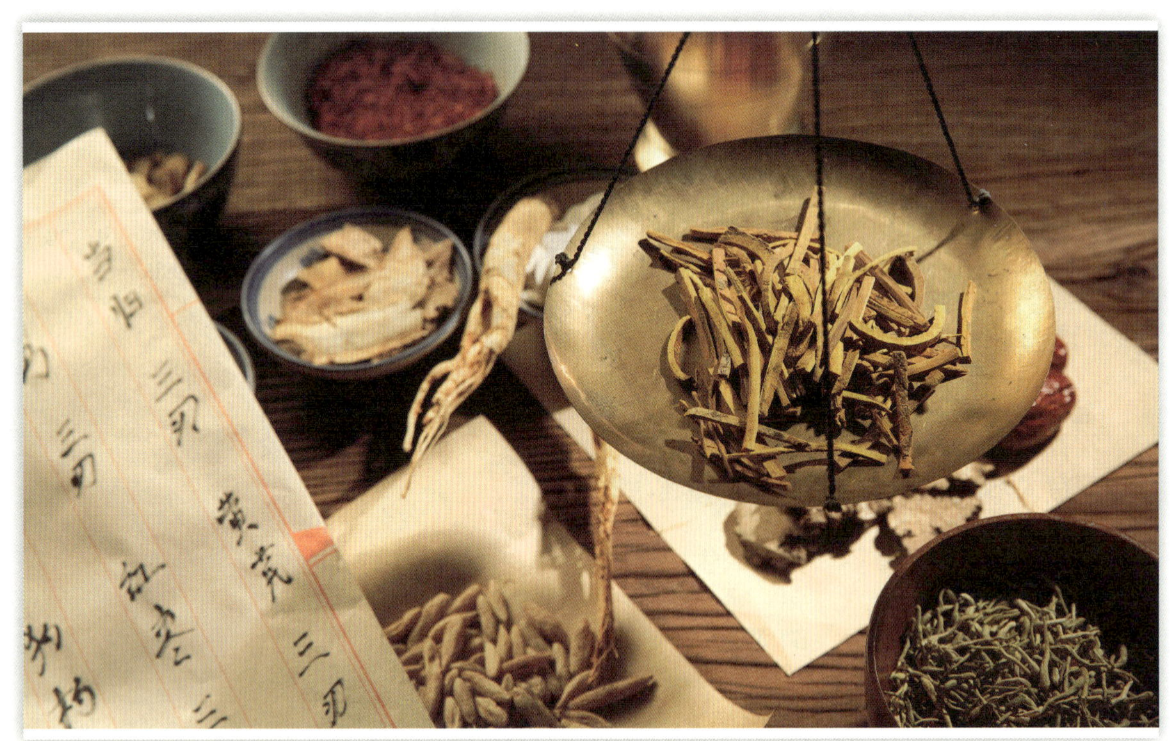

词语释义

茎
stem

内脏
viscera internal organs

误食
eat by mistake

中医理论指导下应用的药物被称为“中药”，主要由植物药（根、茎（jīng）、叶、果、种子）、动物药（内脏（nèizàng）、皮、壳、骨）和矿物药组成。由于植物类药材最多，使用也最普遍，所以中药也被称为“本草”。

1. 中药的起源和发展

关于中药的起源，历史上一直流传着“神农尝百草”的故事。传说远古时期，人们吃野生的食物，经常因中毒、生病而死亡。为了使人们健康，部落首领神农尝遍“百草”，寻找治病的良药。他辨别“百草”的寒、温、甘、苦等性质，在这个过程中多次中毒。最终，神农因误食（wùshí）毒草而去世，却为人们留下了宝贵的药物知识。

实际上，中药是人们长期生活实践的结果。几千年来，中药始终散发着独特的魅力。2015年，中国中医科学院研究员屠呦呦因为成功地从中药青蒿中提取出青蒿素（qīnghāosù），开创了治疗疟疾的新方法，被授予诺贝尔医学奖。全世界也因此认识到了中药的神奇和魅力。

词语释义

青蒿素
artemisinin

御药
imperial drug

2. “老字号”中药店

北京的同仁堂和杭州的胡庆余堂是中国“老字号”中药店的代表。

北京的同仁堂自1723年开始供奉御药（yùyào），历经八代帝王，是名副其实的御用药房。300多年来，同仁堂以用药地道、加工精良闻名于世。

杭州的胡庆余堂，是清朝商人胡雪岩于1874年创建的。胡庆余堂以“戒欺”为店训，提倡诚信经营。秉承这种理念，胡庆余堂已走过了100多年，被誉为“江南药王”。

文化注释

屠呦呦和“青蒿素”

屠呦呦（1930年— ），中国中医科学院中药研究所首席研究员，著名药学家。作为中国国家“研发抗疟新药”任务组的主要成员，屠呦呦将抗疟药物锁定在中药青蒿上。她在中医古籍的启发下，历经380多次失败，终于在1971年从“青蒿”中成功提取出“抗疟”的有效成分，并将其命名为“青蒿素”。青蒿素的出现，救助了全球数百万疟疾患者。由于她的杰出贡献，2015年屠呦呦被授予诺贝尔生理医学奖，成为第一位获得诺贝尔科学奖的中国本土科学家、第一位获得诺贝尔生理医学奖的华人科学家。

词语释义

驱寒
fend off or expel the cold

失衡
imbalance

辛味
acrid

通鼻窍
relieve the stuffy nose

甘味
sweet

软坚散结
soften hard lumps and dispel nodes

二、中药治病的奥秘

1. 中药的性质与作用

中药的神奇作用在于其独特的“偏性”，这种偏性主要体现在“气”与“味”两个方面。

中药的“气”，是指其具有的寒、热、温、凉的不同特性。寒和凉的性质是接近的，温和热的性质也是接近的，差别只是程度上的不同。寒凉可以清热，温热可以驱寒（qūhán），药物的这种特性被用来纠正人体病理状态下的“寒热失衡（shīhéng）”。

中药的“味”，主要有酸、苦、甘、辛、咸五种。不同的“味”对人体产生不同的作用。比如，人们吃了具有辛味（xīnwèi）的辣椒，就会出汗、有通鼻窍（tōng bí qiào）的感觉。这就说明辛味具有向外发散、推动气血运行的作用。如果人们遭受了寒邪的侵袭，出现鼻塞、头痛、无汗等感冒症状，可以用具有辛味的生姜来治疗。人们在身体虚弱的时候往往喜欢吃甜食以补充能量，说明甘味（gānwèi）具有滋补的作用。因此，著名的滋补药人参、地黄等都具有甘味。此外，中国人还发现酸味有向内收敛的作用，苦味有向下通降的作用，咸味有软坚散结（ruǎn jiān sàn jié）的作用等。根据这些不同的作用，中药被用来治疗相应的疾病。

中药的独特之处还在于它们都有特定的作用部位，称为“归经”，即对某经某脏有明显的治疗作用。以清热类的药物为例，它们中就有清肺热、清胃热等的不同，需要有针对性地选择用药。

实际上，中药的作用是由其气、味、归经等各种属性共同决定的，最终体现为对人体气血的调节。中药通过升、降、收、散等方式恢复人体气血的正常运行。

2. 如何获得一味好中药?

采集中草药有着严格的时间控制。一种药材在不同的时节、不同的时间采集，疗效则有很大的不同。桑叶在秋天落霜后才能产生很好的作用，茵陈需要在农历三月采集，两个月后就基本没有治疗作用了。

为了充分发挥药物的疗效，或克服某些毒副作用，采集后的中药一般都要经过炮制处理，才能最终使用。常用的炮制方法有干燥、水蒸、加热等。

3. 中药配伍的奥秘

尽管单个中药也可以治疗某些疾病，但由于人体疾病的复杂性，大多数情况下，需要多个中药互相配合使用才能达到治疗的效果。

每个中药都有独特的性质，中药之间的关系也像人与人之间的关系一样。有的彼此是好朋友，相遇后会增加各自的作用；有的是敌人，相遇后会减轻或破坏对方的功能。一个合格的中医大夫，可以巧妙地运用中药间的不同关系，将它们配合在一起使用，最终达到增强效果，减轻毒副作用的目的。这种配伍后的中药处方称为“方剂”。

由于临床治疗的需要，中医方剂已发展有汤、丸、散、膏、丹等多种内服、外用的剂型。汤剂是最常见的一种内服剂型，具有吸收快、作用好的特点。使用汤剂时，要先浸泡中药，再进行煎煮，最后服用汤液。

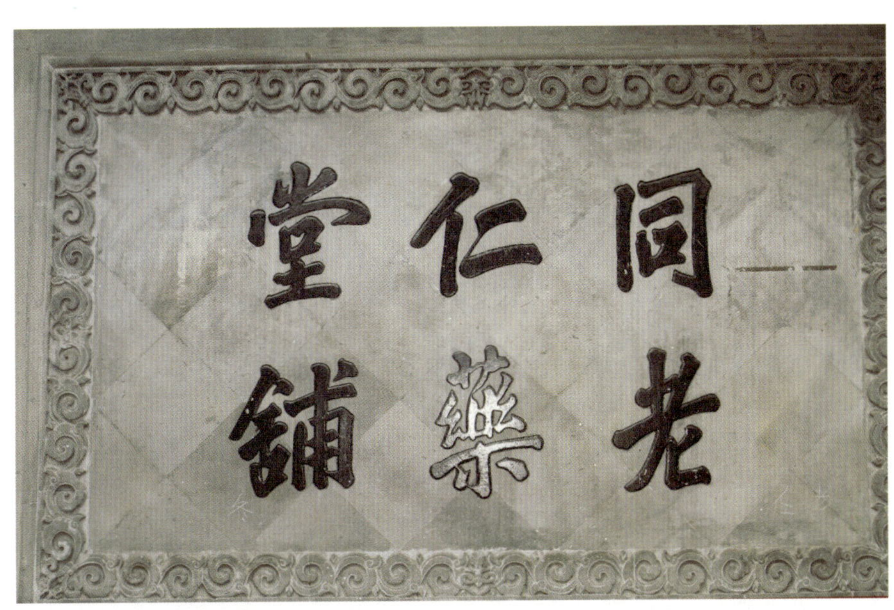

词语释义

副作用 fùzuòyòng
side effect

浸泡 jìnpào
steep

第四节 中国医学的国际传播

词语释义

本土化
localization

麻醉
anaesthetic

州
state

艾滋
AIDS

1 000多年以前，以中医药为代表的中国医学就已经传播于世界许多国家，与亚洲、欧洲各国进行了中医药文化的交流。公元6世纪，中医药在朝鲜传播，并由朝鲜传入日本。同期，中医药也经由“丝绸之路”传入阿拉伯国家，还随着僧侣往来传入印度。公元12世纪开始，西方来华传教士日渐增多，他们把中国的脉学、针灸学和本草学等内容介绍到了欧洲。新中国成立后，中医药在国际上的影响不断扩大，目前已经传播到196个国家和地区。

一、中医药医疗在国际上的影响

中医药在亚洲有着深厚的基础。韩国传统医学（韩医）是在中医药的基础上形成的，深受韩国人民的信任。日本本土化(běntǔhuà)的中医药学被称为“汉方医学”。在日本，大多数人都接受过中医药治疗。新加坡于2000年确立了中医的合法地位。此外，中医药在泰国、马来西亚、缅甸、菲律宾等国家也都拥有一定的市场和影响。

1972年，美国总统尼克松访华时参观了中国的针灸麻醉(mázuì)术，引发了广泛关注。之后，以针灸为主的中医药在西方世界全面发展。澳大利亚是首个以立法方式承认中医的西方国家。美国已有47个州(zhōu)和1个特区对中医针灸立法。英国的中医诊所高达数千家，伦敦几乎每个小区都有一两家中医诊所。近几十年，中医药在非洲地区也迅速发展。在坦桑尼亚，中医药治疗艾滋(àizī)病已有20多年的历史。

2020年，新型冠状病毒肺炎(COVID-19)在世界范围内大流行，严重影响了人类的生命健康。中医药在治疗疾病中体现了重要价值。

中国发布了多个语种的中医方案，与150多个国家和地区分享经验。中国向28个国家派出了中医专家，为10多个国家和地区提供中医药产品，用实际行动贡献了中国力量。

二、中医药教育国际化

中医药教育的国际化，为世界各国培养了中医药人才，极大地推动了中医药的国际传播。中国各中医药学校都有留学生教育，每年各国留学生人数仅少于学习汉语的留学生人数。留学生教育也从短期培训发展到学历教育，本科生（běnkēshēng）和硕士、博士研究生的入学人数正在逐渐增多。

词语释义

本科生
undergraduate

2010年6月20日，时任中国国家副主席的习近平在澳大利亚出席了由南京中医药大学与皇家墨尔本理工大学合办的“中医孔子学院”的授牌仪式。目前，全世界范围内已经建立了多所“中医孔子学院”，如黑龙江中医药大学和哈尔滨师范大学与英国伦敦南岸大学、北京中医药大学与日本学校法人兵库医科大学等共建的中医孔子学院等。

此外，很多国家都创办了自己的中医教育，日本有针灸大学，韩国有韩医科大学，马来西亚和新加坡有中医学院，法国有多所针灸学校，在美国各州注册成立的中医院校也在逐渐增多。

2014年11月17日，中国国家主席习近平与澳大利亚总理阿博特共同见证了海外首个中医中心——北京中医药大学、西悉尼大学在澳洲共建中医中心的合作协议。截至2022年，中国已经建设了30个较高质量的中医药海外中心和75个中医药国际合作基地。

随着中医药在国际上的影响不断扩大，中医的优势越来越受到国际的重视与支持。“一带一路”倡议将进一步推动中医药国际交流与合作，以中医药为代表的中国医学将为世界医学作出更大的贡献。

思考题

1. 说说你对中医中“天人合一”观念的理解是什么？

2. 中医养生遵循的原则是什么？

3. 中药为什么需要“炮制”？

4. 中医与西医的思维有哪些差异？

5. 你对中国各少数民族医学中哪个诊疗方式最感兴趣，它的机理是什么？

第十三章 体育与武术

中国体育和武术体现了中国哲学、艺术思想的精华，是中华文明史中灿烂辉煌的一笔。随着中国文化走出国门，中国体育和武术越来越为世界人民所接受和喜爱。

第一节 中国传统体育

一、传统体育简述

中国传统体育在每个历史时期都表现出各自的特色。夏、商、西周至先秦是中国传统体育的萌芽期，出现了射礼、武术、蹴鞠（cùjū）、棋类、舞龙灯等体育活动。中国古人顺应天地自然的养生保健思想也在这时初步形成。汉代尚武，体育比赛重竞技(jìngjì)性，如击剑、赛马等体育活动，既可以锻炼身体，又能培养勇猛的意志。唐代的军事演练促进了摔跤、蹴鞠等体育项目的发展。宋代商业发达，城市中出现了娱乐场所，杂技、相扑等表演性体育运动一时繁盛。到了清代，具有北方民族特色的骑射、滑冰等活动成为当时的主要运动项目。

词语释义

竞技 competition

纸鸢 kite

文化注释

蹴鞠

蹴鞠是以一种以脚踢球的运动方式，是世界上最古老的足球，分为双球门直接竞赛、单球门间接竞赛、技艺表演等。在中国古代，蹴鞠深受帝王和普通百姓喜爱，流行范围很广。目前，蹴鞠已被列入中国第一批国家级《非物质文化遗产名录》。

二、传统体育项目

1. 放风筝

风筝是中国人发明的，已有2 000余年的历史。风筝也叫木鸢、木鹊、纸鸢(zhǐyuān)。最初的风筝，主要用于军事。随着社会经济的发展，风筝开始走入寻常百姓家，发挥着娱乐健身、祈福消灾的功能，表达了中国人追求富贵、长寿和幸福的美好愿望。今天，放风筝仍然是当代中国人喜爱的体育项目。中国的潍坊不仅是中国风筝文化的发祥地，也是“国际风筝会”的固定举办地点，因此潍坊又被称为“世界风筝都”。

2. 射箭

中国古代射箭分为武射和文射。武射是与战争、围猎、演练有关的射箭。文射一般与射礼、文人聚会相关，是带有传统礼仪文化的射箭技艺。文射注重礼仪，讲究寓教于射，寓礼于射。因此，射箭不仅是一项体育运动，也是中国文化的一种表达形式。

词语释义

放鞭炮
set off firecrackers

盘旋
hover

3. 舞龙

龙是华夏民族的图腾，舞龙是人们表达祝愿、祈求平安的仪式。先秦时期，舞龙活动就开始流行了，汉代已经形成规模。中国是一个多民族的国家，各族人民的舞龙表演种类很多。最有特色的是火龙表演，一般在夜间举行，同时会放鞭炮（fàng biānpào）。巨龙在舞者的推举下，此起彼伏，腾空盘旋（pánxuán），非常壮观。观看的人敲起锣鼓，场面热闹喜庆。

第二节 中国现代体育

一、学校体育

学校体育是学校教育过程中通过身体运动的方式，来培养全面发展的人。2023年1月1日起实施《中华人民共和国体育法》（修订版），把青少年和学校体育置于优先发展的战略地位，旨在健全青少年和学校体育工作制度，培育、增强青少年体育健身意识，推动青少年和学校体育活动的开展和普及，促进青少年身心健康和体魄(tǐpò)强健。按此法规，学校必须按规定开齐开足体育课，确保体育课时不被占用；保障学生在校期间每天参加不少于一小时体育锻炼；学校应当每学年至少举办一次全校性的体育运动会等。中小学校逐步完善“健康知识+基本运动技能+专项运动技能”学校体育教学模式，让每位学生掌握1—2项运动技能。

全国各省市较为普及的体育活动是：眼保健操和阳光体育活动。眼保健操将中国古代的经络学与现代体育医疗相融合，通过对眼睛的穴位按摩，来防止眼部疲劳，达到保护眼睛的目的；“阳光体育运动”是以“达标争优，强健体魄”为目标的全国性体育运动，推行大课间体育活动形式，积极创建中小学快乐体育园地，加强学生体育社团和体育俱乐部建设，通过开展长跑、踢毽子、跳绳、拔河、推铁环、抖空竹、太极拳等具有地方特点和民族特色的学生体育活动，不断丰富学生课外体育活动的形式和内容。

此外，各个学校还依据自己的优势，开展特色体育教学，致力于培养高水平运动员、体育教师和教练员队伍。

词语释义

体魄 physique

二、大众体育

词语释义

陀螺
spinning top

大众体育，也称群众体育，是以社会全体成员为对象，利用业余时间，以健身娱乐为主要目的，开展形式多样的体育运动。

中国大众体育的发展，是人们追求优质生活的表现。在构建和谐社会的过程中，中国政府将实施全民健身计划作为国家的重要发展战略，旨在构建全民健身公共服务体系，鼓励和支持公民参加健身活动，促进全民健身与全民健康深度融合。国务院颁布《全民健身计划纲要（1995）》《全民健身计划（2011-2015）》《全民健身计划（2016-2020）》《全民健身计划（2021-2025）》等文件，为持续开展深化体育改革、发展群众体育做出了规划。同时，中国充分发挥举办奥运会的优势，激发群众的运动热情。自2009年起，每年8月8日的“全民健身日”活动、2018年《“带动三亿人参与冰雪运动”实施纲要（2018-2022年）》的成功推广，都是以奥运带动更多的人参与全民健身活动，享受运动的乐趣！

随着中国大众体育健身计划的落实，越来越多的普通民众参与到丰富多彩的体育健身运动中。受民众欢迎的体育健身运动有：太极拳、放风筝、抽陀螺（tuóluó）、滑雪、游泳、跳绳、乒乓球、羽毛球和门球等。

接下来，中国将致力于研究推广适合老年人的体育健身休闲项目，完善公共健身设施无障碍环境，开展残疾人康复健身等活动，努力实现使每一个人都能够快乐、健康地从事体育健身活动。

三、竞技体育

竞技体育的主要目的是创造优秀的成绩及提高竞技水平，夺取比赛的胜利，以竞赛方式来彰显个人、团体的存在和力量。中国的竞技体育项目主要分为奥运竞技项目和非奥运竞技项目。中国积极参加世界级的运动比赛，引进奥林匹克的运动内容、方法和手段，取得了举世瞩目的成绩。同时，中国积极发展竞技非奥运项目如龙狮运动（lóng shī yùndòng）、竞技武术（jìngjì wǔshù）等。非奥运竞技项目的特征主要有：参与广泛，竞技性，非奥运性。目前，在中国参与人数最多、最有影响的竞技体育运动是马拉松比赛。

1. 龙狮运动

一种新兴的体育运动竞赛，是将传统文化中的舞龙、舞狮民俗活动加以规则化而产生的运动，具有民族性、文化性、娱乐性、竞技性等特点。

2. 竞技武术

指高水平武术竞技，是为了最大限度地发挥个人运动潜能和争取优异成绩而进行的武术训练竞赛活动，它的特点是专业化、职业化、高水平、超负荷、突出竞技性。

第三节 走向世界的中国体育

一、中国体育与奥运会

1979年，中国恢复了与国际奥委会的正式关系，重返奥林匹克大家庭，中国竞技体育开始全面走向世界。2008年，北京成功举办第29届奥运会。北京奥运会口号为："同一个世界，同一个梦想。"北京奥运会理念为："绿色奥运、科技奥运、人文奥运。"北京奥运会徽章(huīzhāng)是"中国印·舞动的徽章"，代表了中国人民迎接奥运、喜迎八方宾客的热切心情。

2022年2月，时隔14年，北京如约迎来了第24届冬季奥林匹克运动会。这座美丽、热情的城市也成为全球首个"双奥之城"。北京冬奥会向世界发出"一起向未来"邀约，以冰雪运动促进相互包容和理解，为世界注入团结的力量。中国风吉祥物"冰墩墩"，可爱可亲，承载着健康、坚韧和鼓舞人心的奥运精神，将冬奥运动的乐趣与激情带给中国乃至世界的年轻一代。北京冬奥会的成功举办，必将助力全世界共克时艰，携手走向美好未来！

中国积极参与奥运会，成果丰硕，出现了一批优势项目，如乒乓球、羽毛球、跳水、体操、射击、举重和女子柔道等。同时也涌现出一批奥运明星，他们高超的技艺、坚韧不拔的拼搏精神令世人惊叹，如乒乓球运动员马龙、许昕（xīn），田径运动员刘翔、苏炳添（Sū Bǐngtiān），篮球运动员姚（Yáo）明、王治郅（zhì），跳水运动员施廷懋（Shī Tíngmào）、全红婵（chán），体操运动员邹（Zōu）敬园、刘洋，射击运动员杨皓（hào）然、杨倩，举重运动员侯志慧、谌（Shèn）利军，羽毛球运动员陈雨菲（fēi）、林丹；冰雪运动员齐广璞（pú）、谷爱凌（líng）、苏翊（yì）鸣等。

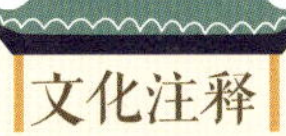

文化注释

北京奥运会徽章：“中国印·舞动的徽章”造型是向前奔跑、迎接胜利的人形，将中国的书法艺术、印章艺术与体育运动相结合，非常有特色。

二、中国体育交流与合作

中国各类体育组织以体育文化为纽带，加强与世界各国、各地区人民的相互了解和友好合作。

中华全国体育总会是中华人民共和国的全国群众性体育组织，致力于通过举办各类活动增进世界人民的友谊。如中日群众体育交流活动，活动开始于2007年，至2019年已举办过11届。此项活动无数次见证了中日两国选手从陌生到相识、相知的过程。

中国龙狮运动协会，自2011年起组织舞狮队到国内各地及东南亚地区参加舞狮比赛，促进了中国和东南亚国家民间舞狮技艺的交流和传承。

中国新疆登山协会自成立以来与国内外的登山团体开展合作交流，促进人类登山事业的发展。该协会早在2001年就组织了包括中亚在内的来自15个国家和地区的31支登山团队和24支特种旅游团队参加登山活动，促进了中国与中亚各国的友好交往。

另外，以城市为纽带的体育交流活动也受到了普遍欢迎。赤峰邀请俄罗斯乌兰乌德市民体育代表团进行交流，两地运动员进行了羽毛球、篮球的交流，增进了中俄民间的友谊，加强了体育赛事的交流合作；以“跨越山海、精彩同行”为主题的中英体育交流分享

在上海举行，此次交流进一步推动中英体育产业合作，实现体育与文化的协同发展，助力上海建设“全球著名体育城市”。

接下来，按照《全民健身计划（2021—2025）》的部署，中国将进一步加强民众体育的国际交流。如：鼓励支持各地与国外友好城市进行全民健身交流；与共建“一带一路”国家共同举办全民健身赛事活动；推动武术、龙舟、围棋、健身气功等中华传统体育项目“走出去”。

第四节 武术

一、武术的起源与发展

词语释义

徒手
unarmed

持械
armed

武术是一种以中华文化为理论基础，以踢、打、摔、拿等技击方法为核心，以徒手或持械的运动技术为主要内容的民族传统体育项目，其发展至今已有几千年的历史。

武术的起源与中华文明的产生是同步的。在生产力极为低下的社会条件下，人们为了生存，就必须依靠群体力量同自然界抗争，在此过程中，武术逐渐产生并成长，战争也成为促进武术形成与发展的一个重要因素。后来，武术开始从生产活动中分化出来，成为专为统治阶级服务的军事技能，并开始向专门化、复杂化的方向发展。

在各个历史时期，武术的发展均体现了自身的特点和时代的特色。隋唐是中国武术大发展的时期，兵器的种类大增，武艺的发展多样化。到了明清时期，武术出现大繁荣，流派林立，出现了许多不同风格的拳种和器械，武术作为军事技术、健身手段及表演技艺的多种价值为人们所认识和利用。到了近代，武术适应时代的变化，逐步成为中国近代体育的有机组成部分。近年来，武术蓬勃发展，成为一种体育项目。

二、武术的分类与内容

传统武术的一般分类方法有下列几种：按拳理技法可分为“内家(nèijiā)”和“外家(wàijiā)”；按地理空间可分为“南派”和“北派”；按山川地域可分为少林派、武当派、峨眉派(Éméi pài)等；按拳术风格可分为长拳类和短打类；按江河流域可分为长江流域派、黄河流域派和珠江流域派。

现代武术按功能可分为竞技武术、健身武术、学校武术、实用武术；按其运动形式可分为套路运动、搏斗(bódòu)运动和功法运动。其中套路运动按练习形式又可分为单练、对练和集体演练三种类型。按照是否需要器械(qìxiè)，套路运动又可分为拳术和器械。徒手演练的套路运动称为拳术，拳术中又包含许多不同的拳种。器械套路种类繁多，分为短器械、长器械、双器械、软器械。搏斗运动指两人在一定的条件下按照一定的规则进行的实战，可分为散打(sǎndǎ)、推手、短兵、长兵。功法运动是以单个动作为主进行练习，以达到健体或增强某方面体能的运动。传统功法运动内容丰富多彩，按其形式与功用又可进一步分为武术硬功、柔功、轻功、内功。

词语释义

搏斗
fight

器械
apparatus

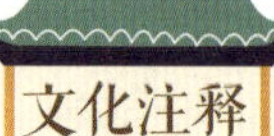

文化注释

1. “内家”“外家”：内家拳是以练气为主，讲究内修；外家拳是以练力为主，讲究外形。从人的外表看，练内家拳的和一般不练武的区别不大；而练外家拳的就不一样了，看上去比较强壮，肌肉发达。

2. 峨眉派：峨眉派与少林派、武当派共为中国武功的三大宗，也是一个范围较广泛的门派，在西南一带很有势力。

3. 散打：散打是两人按照一定的规则，并运用踢、打、摔等攻防技法制服对方、徒手对抗的格斗项目。

1. 拳术

拳术是武术当中十分重要的一项内容，是中国武术中徒手技法的总称。流传至今的拳种有100多种，包括长拳、南拳、太极拳、形意拳、八卦掌、八极拳、通臂拳、地躺拳等。中国武术拳种按地域划分有“南派”“北派”之说。

2. 器械

器械指武术演练用的器械，主要由古代兵器演化而来。现代武术器械有很多种，最常用的是刀、枪、剑、棍等。刀为“百兵之胆”，枪为“百兵之王”，剑有“百刃之君”的美称，而棍为“百兵之首”。

3. 少林

“天下武术出少林，少林武术甲天下”，少林武术诞生于具有特定的佛教文化环境的嵩山少林寺，是由历代僧人在1 500多年的历史发展过程中，不断地传承、创造、发展起来的武术形态。少林武术是中国武术中范围最广、历史最悠久、拳种最多的武术门派，是中

国武术文化最杰出的代表和象征。近年来，少林武术转变成强身健体的体育运动，得到了广泛的普及和推广。2006年，它被列入联合国《人类非物质文化遗产代表作名录》，影响力越来越大。

根据少林寺流传下来的拳谱（quán pǔ）记载，少林功夫共计708套，其中拳术、器械552套；其他各类功法如擒拿（qínná）、格斗（gédòu）、点穴（diǎn xué）、气功（qìgōng）等156套。少林功夫在佛教文化环境中诞生，是用来护寺、防身、健体的。佛教戒律决定了少林功夫以守、防为主。其动作表现出以防为先、攻击为后的特点。

少林武术与中国的古典哲学、政治伦理、军事思想、文化艺术、医学理论、社会习俗等互相联系、相互作用，共同组成了丰富多彩的中国文化整体。少林武术不仅在中国国内广为流传，在海外也已生根发芽。据不完全统计，已有日本、泰国、美国、巴西、法国等50多个国家和地区成立了少林武术的组织。中国少林武术代表团也多次到国外表演、交流、传艺，少林武术已成为世界上最重要的体育运动之一。

词语释义

拳谱
illustrated chart of boxing

文化注释

1. 擒拿：属于中国武术技法之一。利用人体关节、穴位和要害部位的弱点，运用杠杆原理与经络学说，集中力量攻击对方薄弱之处，使其产生生理上无法抗拒的疼痛反应，达到“拿其一处而擒之”的效果。

2. 格斗：格斗的意思即“打斗”。从古到今，人类发明了各种各样的格斗技，如今世界上有着许多不同的格斗技，如拳击、散打、摔跤等。

3. 点穴：根据中医人体经络原理，攻击者用拳、指、肘、膝或其他器械来击打人体上的某些薄弱部位和敏感部位的穴道，使其产生麻木、酸软或疼痛，失去反抗能力，从而制服对方的一种武术。

4. 气功：是一种中国传统的保健、养生、祛病的方法，古代或名“丹道”，以呼吸、身体活动、意识的调整为手段，以达到强身健体、防病治病、健身延年、开发潜能的目的。

4. 武当

武当武术是中华武术中的一块瑰宝，素有“南尊武当，北尊少林”之说，它源于武当山，经历代宗师不断实践、充实、完善，逐渐形成了一大流派，闻名海内外。武当武术与武当道教的渊源很深。武当道士在修炼学道时，常常同时练习武功。武当道士张三丰集武当拳技之大成，创立了武当内家拳，被尊为武当武术的开山祖师，为武当武术的发展奠定了基础。

武当武术不仅有其独特的拳种门派，而且理论上也独树一帜，自成体系。它把中国古代太极、阴阳、五行、八卦等哲学理论，用于拳理、拳技的练功原则和技击中，使武当内家功具有了探讨（tàntǎo）生命本真的意义。武当武术还包括了中华传统养生思想，以养身、修身、健身、防身为目的，结合静与动，自成体系，风格独特，是道家理论与武术、艺术、气功、导引的完美结合。

词语释义

探讨
discuss

武当武术内容十分丰富，包括太极、形意、八卦、太和拳、武当童子功等拳术套路，太极枪、太极剑等各种器械术，轻功、硬功、绝技及各种强身健体的气功。中国武当武术研究机构有几十家，海内外习练武当武术者上百万人。美国、加拿大、英国、法国、新加坡、日本等许多国家和地区的武术爱好者前来武当山拜师学艺。1996年，武当山被列为“中国武术之乡”。

5. 太极拳

在中华武术文化宝库中，太极拳是一种奇特的拳种，它利用中国古代阴阳太极理论来解释拳理的传统拳术，含有技击的特点，能健身也能防身。太极拳动作柔和缓慢，十分符合养生之道。太极拳运动因具有健身作用和治疗疾病之功效，不仅在中国民间广为普及，而且越来越受到世界各国人民的喜爱，影响遍及世界各地。

作为一种文化形态，太极拳深深扎根于中国传统哲学、医学、美学、文学之中，以形体的运动表达来张扬一种文化精神，它是中国古人对于生命、自然、平衡、发展的理解，也是几千年来历史文化的结晶。

三、武术的特点和作用

中国武术的特点包括文化特点和运动特点。文化上注重和谐的价值观，反映了刚健有为的民族文化精神，注重形神兼备，具有对立统一的思维方式。运动上具有内外合一、形神兼备的特色。中国武术内容丰富多彩，具有广泛的适应性。

武术的作用主要有以下四个方面：强身健体，增进身体健康；防身自卫，服务公安国防；尚武崇德，培养道德情操；娱乐观赏，丰富文化生活。

四、武术的文化内涵

中国武术根植于中国传统文化之中，它不仅蕴涵着中国哲学思想和养生之精华，顺应传统美学，还集技击之大成，由此形成了内涵丰富的武术文化。

1. 中国古典哲学是武术的思想渊源

作为中国传统文化的有机组成部分，武术在其产生、发展和完善的历史进程中，受中国传统哲学的影响极深。哲学中的儒家思想、阴阳、八卦、五行以及“天人合一”等思想，在武术中都有着深刻的反映。历史上许多武术家也都自觉不自觉地运用了古代的哲学思想来解释拳理，创造出不同风格的拳种。其中太极拳、形意拳、八卦掌等拳种在拳理的解释与哲学思想联系上最为密切。在中华武术史上，一个值得注意的现象就是武术与宗教结下了不解之缘，例如少林武术与佛教、武当武术与道教。武术流派多为宗教信仰者所开创，武术内容与宗教密切相关，僧道习武促进了武术的普及与发展。

2. 尚武崇德

“尚武崇德”是中国武术传统道德观念的体现，充分显示了武术传授过程中所表现出的“道德至上”的文化特征。所谓武德，指从事武术活动的人在社会活动中所应遵循的道德规范和所应具有的道德品质。武德主要包含儒家所推崇的仁、义、礼、信、勇。“仁”是指要用广博的爱心去对一切人；“义”是依仁而行的方法和标准，也是伦理观念；“礼”表示恭敬辞让之心，是为人处世、待人接物的礼节仪容；“信”表示诚实可靠；

“勇”则指见义勇为。中国传统武术要求习武者在生活处世、择徒拜师、授艺习武等方面都必须遵守“武德”要求。

3. 中医与中华武术

中国武术界流传有这样一种说法，“拳起于易，理成于医”，高度概括了武术与医学之间的关系。武术的形成和发展几乎都受医学的影响，中华武术具有较高的养生健身价值。传统的医学经络学说为武术的“点穴”法提供了理论基础，民间武术界、医学界自古以来就有“医武结合”的传统。中医在诊疗治病过程中的许多手段也与武术同源，如点穴疗法、导引疗法、运动疗法等。在中医学的范畴中，武术伤科、中医针灸与武术之间的关系最大，联系也最为紧密。

4. 武术与传统文学艺术

中华武术文化与中国文学有着密切的联系，可以说，中国文学的发展，从原始社会起，步步都能够寻找到武术的踪影。武术与各种表演艺术也密切相关，与武术有关的表演艺术流传至今，尤其是“武舞”和“武戏”，它们和武术之间一直是相互影响的。武术与杂技、舞蹈、戏曲、曲艺等艺术有着亲如手足的“血缘”和互相滋养的关系，对书法、绘画、文学等艺术同样也有着深远的影响。

5. 武术影视与名人

武术影视作品从20世纪20年代末到当代，经历了产生、发展和繁荣阶段。中国功夫（即中华武术）片几乎为中国电影所独有，深受世界影迷的喜爱。

20世纪60年代，一代巨星李小龙把功夫影视推向了世界，让全世界都认识了中国功夫。成龙主演的《蛇形刁手》《醉拳》《警察故事》等大获成功，成为好莱坞票房价值最高的华人明星之一。李连杰主演的《少林寺》在中国引起轰动，掀起了一股学习武术的潮流，吸引

词语释义

见义勇为 jiànyì-yǒngwéi
act bravely, do boldly what is righteous

范畴 fànchóu
scope, category

潮流 cháoliú
trend

（李小龙 Lǐ Xiǎolóng）

词语释义

淋漓尽致
incisively and vividly

了大批青少年学习中国武术。甄子丹在《叶问》中将“咏春拳(Yǒngchūn quán)”的特点展现得淋漓尽致(línlí-jìnzhì)。进入21世纪以来，《卧虎藏龙(Wòhǔ-Cánglóng)》《英雄》等优秀武侠电影在国内外频频获奖，所表现出的力量、美学和震撼力已经成为世界了解中国的窗口。在武术影视领域，著名的导演有：执导《卧虎藏龙》的李安，执导《一代宗师》的王家卫，执导《英雄》的张艺谋等。

文化注释

1. 李小龙：随着李小龙主演的《精武门》《猛龙过江》等影片上映，“功夫（Kung Fu）”一词进入了西方词典，带动了中国武术文化在全世界的广泛传播。
2. 咏春拳：一种积极、精简的正当防卫拳术。较其他中国传统武术，它更专注于尽快制服对手，以此将对当事人的损害降至最低。
3.《卧虎藏龙》：李安执导，周润发、杨紫琼、章子怡、张震主演，华语电影历史上第一部荣获奥斯卡金像奖最佳外语片的影片。

思考题

1. 中国的传统体育项目有哪些？
2. 中国与西方体育文化的差别主要体现在哪些方面？
3. 传统中华武术一般如何分类？
4. 中华武术和中医有怎样的渊源？
5. 你看过中国武术电影吗？武术影视中有哪些武术元素和武术精神？

第十四章 传统节日与饮食

中国传统节日和饮食文化是5 000年中华文明中的瑰宝，也是中国人的审美意识和道德伦理在民俗风情上的具体体现，包含着大量天文、地理、气象、农、林、牧、渔业等方面的知识，反映着人与自然、人与社会、人与人之间的关系，是外国人了解中国和中国文化的重要窗口。

第一节 传统节日

中国传统节日是中国人长期不懈地探索自然规律的产物，也是中华文化遗产的重要组成部分。中国的每个传统节日都有它的历史渊源、美丽传说和独特情趣。它们反映了中华民族的传统习惯、道德风尚和宗教观念。

中国的传统节日可以上溯(shàngsù)到中国的商朝（公元前16世纪—公元前11世纪）和周朝（公元前11世纪—公元前221年）。节日的起源和发展是一个逐渐形成、慢慢进入社会生活的过程，它和社会历史的发展一样，是人类社会发展到一定阶段的产物。长期以来，中国一直是一个农业社会，风调雨顺(fēngtiáo-yǔshùn)的年景，不仅百姓可以安居乐业，社会安定，皇权也稳固。所以中国人一直非常重视一年四季的天气变化，并划分出了24个节气，许多节日都与这些节气有关。例如，每年在立春之时，中国古人都要举行“春祭”，用隆重(lóngzhòng)的仪式举行祭祀，希望在即将到来的一年里国泰民安(guótài-mín'ān)、风调雨顺。这种仪式通常由皇帝主持，他还会亲自下田，扶着犁耕上几垄地，以鼓励天下民众重视农业。在接下来的几个月里，人们还会选择吉日敬天、敬地，同时也会向雨神、风神、雪神等神灵献上祭品，以祈求获得好收成。

根据起源和发展，中国传统节日主要可分为三种：农耕节日、宗教节日和民俗节日。这三类节日相互渗透，相互影响，逐渐演变成当今中国的主要传统节日。

根据节日的内容，可以将中国的传统节日分成五类：农耕类、祭祀类、纪念类、娱乐类和庆祝类。与农耕活动相关的节日主要是一些节气，如立春、春分等。祭祀类节日有清明节、中元节和祭灶节等，产生于古代的农耕活动和宗教献祭活动。人们在这些节日里会向神灵、祖先和去世的亲人献上祭品，以祈求他们保佑自己能够平平安安。纪念类的节日是人们纪念民族英雄的节日，如端午节。而娱乐类节日多为少数民族节日，人们通常会用唱歌、跳舞、泼水等形式表达对美好生活的向往，如泼水节、对歌节、火把节等。

词语释义

上溯
date back

风调雨顺
favorable weather for the crops

隆重
ceremonious

国泰民安
The country is prosperous and people live in peace.

中国重要节假日

节日名称	时间
元旦	公历1月1日
春节	农历十二月廿九或三十日（除夕，大年三十） 农历正月初一（大年初一）持续至正月十五（元宵节）
清明节	公历4月4日至6日之间
劳动节	公历5月1日
端午节	农历五月初五
中秋节	农历八月十五
国庆节	公历10月1日

词语释义

凶恶
fierce

吼
roar

牲畜
livestock, domestic animals

惩罚
punish

一、春节

春节（农历新年）在中国已有大约4 000年的历史，它是中国民间最热闹、最隆重的一个传统节日。人们借着这个节日来庆祝一年的丰收，祈盼来年能有更加美好的生活。在古代，农历新年有“元辰”“岁朝”“元日”“元旦”等多个名称。

最初，“春节”是指农历二十四个节气中的“立春”，在南北朝以后才将“春节”改在一年的岁末，成为单独的节日，因为这个时候大地回春，万象更新，人们便把它作为新的一年的开始。1949年9月27日，中国政府正式把农历正月初一定为“春节”。如今，中国春节的法定假日为七天，但在民间一般要持续到正月十五。

1. 有关“年”的传说

今天，中国人把过春节也说成“过年”。根据传说，“年”是一种凶恶(xiōng'è)的野兽，长得比骆驼大，跑起来比风快，吼(hǒu)起来比雷声响。人或牲畜(shēngchù)只要遇到它，都会被它吃掉。为了惩罚(chéngfá)“年”，天神把它锁进了深山，只在每年的除夕晚上才允许它出山一次。人们在躲避“年”的过程中，发现了这怪物有“三怕”：一怕红颜色，二怕响声，三怕火

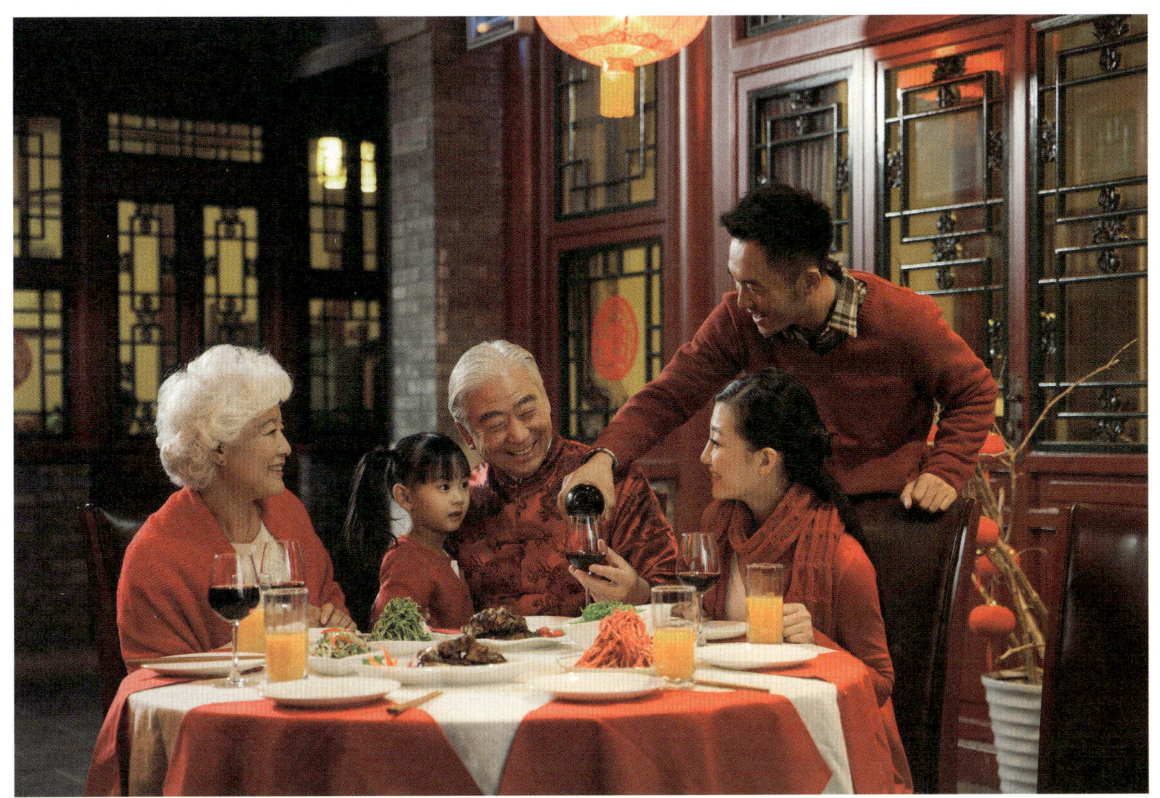

光。于是，在大年三十晚上，家家户户都在自家的屋门上贴上红纸，不断地敲锣打鼓、放鞭炮，并在房子里点着彻夜不熄的灯。“年”跑出山后，看到家家户户灯火通明，听到锣鼓声、鞭炮声震耳欲聋，被吓得不敢再进村伤人了。到了白天，它又偷偷跑出山，见到每家每户的门上贴着红纸，到处都是“咚锵咚锵”或“噼噼啪啪”之声，吓得胆战心惊，调头又跑回深山。这之后，“年”再也没敢出来。从那以后，本来是为了防“年”、驱“年”的日子，变成了快快乐乐的喜庆日子，这便是“过年”。怪兽“年”虽然没有了，但是“过年”的习俗却保持了下来。这就是“过年”时为什么中国人要在家里的大门上贴上鲜红的春联，到处张灯结彩、敲锣打鼓、燃放爆竹的原因。

2. 过年的习俗

（1）忙年

春节虽定在农历正月初一，但春节的活动却并不止（bùzhǐ）于正月初一这一天。从农历十二月二十三起，人们便开始忙年：打扫房屋、洗头

词语释义

不止
not limited to

词语释义

浓稠
thick

团圆饭
family reunion dinner

丰盛
rich

留恋
reluctant to leave or give up

勉励
encourage, urge

沐浴、准备过年的食物和器具等。所有这些活动，都有一个共同的主题——辞旧迎新。十二月二十三这一天也被称为“小年”，被称为“祭灶节”“灶王节”。据说这一天，灶王爷要上天向玉皇大帝报告每户人家的善行或恶行，让玉皇大帝奖赏行善的人家，惩罚作恶的人家。人们在祭灶前会熬制非常浓稠(nóngchóu)的糖浆，把它涂在灶王爷的嘴上，这样他就不能在玉帝面前说人们的坏话了。

（2）团圆饭(tuányuánfàn)

春节的前一天叫“除夕”，在这一天，离家在外的家庭成员都要不远千里万里地赶回家来与亲人团聚。除夕这天丰盛(fēngshèng)的晚饭叫“年夜饭”，也叫“团圆饭”。吃年夜饭的这段时间是家家户户最热闹、最愉快的时候。

（3）守岁

守岁是指全家人都不睡觉，直至夜半时分迎接新年的到来。古时候，守岁有两种含义：年长者守岁为“辞旧岁”，有珍爱光阴的意思；年轻人守岁，是为延长父母的寿命。守岁的行为，既有对逝去的岁月的留恋(liúliàn)，又有对即将来临的新年的美好期望。

（4）拜年

新年的第一天（大年初一），中国人都会早早起床，穿上最漂亮的衣服，打扮得整整齐齐，出门去走亲访友，相互致以节日的问候，送上美好祝愿，这就是“拜年”。而到了初二、初三，中国人开始走亲戚、看朋友，互道祝福。拜年的方式多种多样，有的是父母领着孩子，全家人去亲戚家拜年，也有大家聚在一起相互祝贺，称为“团拜”。

（5）压岁钱

压岁钱是除夕这天长辈赠给晚辈数目不等的现金。在递交压岁钱时，长辈都会祝福、勉励(miǎnlì)儿孙们在新的一年里取得进步，平安健康。拜年时，晚辈要先给长辈拜年，祝长辈长寿安康。长辈可将事先准备好的压岁钱装在红包中。

中国的“春节”不仅仅是一个节日，同时也是中国人情感得以释放、心理诉求得以满足的重要载体，是中华民族一年一度（yīnián-yīdù）的“狂欢节”和永远的精神支柱。今天，随着越来越多的华人走出国门，中国的春节文化也在逐渐影响着整个世界。

二、元宵（yuánxiāo）节

元宵节是紧随春节之后的一个重要节日，日期为农历正月十五，是新年的第一个月圆之夜。这个传统节日有着丰富的文化内涵和精神意蕴，鼓舞和温暖了中华民族上千年，是中国传统文化的重要组成部分。

1. 元宵节的起源与演变

据说，元宵节最早出现于2 000多年前的西汉时期，而元宵赏灯活动则始于东汉明帝时期。最初是一个皇帝推崇的佛教礼仪节日，流行于皇宫，后来逐渐走出宫廷，走向民间。它的发展在唐宋时期达到鼎盛，变成了一个重要节日。

还有一种说法认为元宵燃灯的习俗起源于道教的“三元说”：正月十五日为上元节，七月十五日为中元节，十月十五日为下元节。因此元宵节也被称为上元节。

词语释义

一年一度
once a year

元宵
rice glue ball,
sweet dumpling

元宵节的节期与节俗活动随着历史的发展而变化。就节期长短而言，在汉代仅有一天；到了唐代，节期变成三天；而到了宋代，节期则长达五天；进入明代，人们正月初八便开始点灯，一直到正月十七的夜里才落灯，节期整整有十天；至清代，元宵节的节期又缩短为四五天。

2. 与元宵节有关的习俗

吃元宵

在中国，各地区人们过“元宵节”的习俗虽有差异，但有一样是共同的——吃元宵。“元宵”作为食品，在中国由来已久。宋代，民间即流行一种专门在元宵节期间吃的新奇食品——“浮元子”，也就是元宵。

赏灯

元宵放灯的习俗始于东汉明帝的宫廷，在唐代发展成为盛况空前（shèngkuàng kōngqián）的灯市。宋代的元宵灯会，无论是在规模上还是灯饰的奇幻精美程度上，都胜过唐代。到了清代，宫廷不再办灯会，民间的灯会却仍然壮观，一直延续到今天。

词语释义

盛况
grand occasion, spectacular event

盛况空前
unprecedentedly grand

猜灯谜

宋朝之后，元宵节增加了猜灯谜的活动。人们把谜语写在纸条上，贴在五光十色的彩灯上供观灯的人猜。灯谜既能启迪智慧又十分有趣，深受社会各阶层的欢迎，此习俗一直流传至今。

3. 中国的情人节

元宵节也是一个浪漫的节日。古代的中国社会非常保守，年轻女孩受到诸多礼教的束缚，不能够随意外出，但在过元宵节时，她们可以结伴外出游玩。元宵节赏花灯给她们提供了一个结识异性的机会。未婚的年轻男女可以借着赏花灯为自己物色中意的对象，而那些已经互相中意的男女青年也可以借着赏灯与情人相会。

文化注释

元宵和汤圆

元宵也叫汤圆，但两者还是略有区别。元宵是“摇”出来的，表皮干燥松软，将做好的馅儿切成小块儿，放进盛满糯米粉的大笸箩里来回摇，边摇边洒点水，直到馅儿全滚上面粉成圆球状。汤圆是“包”出来的，表皮光滑黏糯，先把糯米粉和成面团，然后把各种馅心包进去，类似包饺子，最后搓成球状。

三、清明节

清明节是中国祭祀类节日中最重要的一个，是祭祖和扫墓的日子。对中国人而言，清明节有好几重意义：人们在清明节这天缅怀那些逝去的亲人，感谢他们赐予我们生命，并以此激励自己热爱生活，珍惜生命，并提醒自己有责任让家族的生命繁衍（fányǎn）下去。

1. 清明节的起源

中国汉族传统的清明节大约始于周代，距今已有2 500多年的历史。

“清明”最早只是一个节气的名称，它之所以变成纪念祖先的节日，与“寒食节”有关。据传，春秋时期，晋国有一位有恩于国君的臣子，因不满于国君对他的轻视，便藏进了深山。国君下令寻找他，却总也找不到，于是便放火烧山，想把他逼出来，不料这位功臣被烧死了。为了纪念他，国君为他修祠立庙，并下令以后每到他的遇难周年（zhōunián）纪念日，全国上下禁止生火做饭，只可以吃冷食，所以这一日就成了“寒食节”。后来，因为寒食节和清明这个节气在时间上离得很近，人们便把两者合在了一起，成了现在的清明节。

词语释义

繁衍 increase gradually

周年 anniversary

2. 与清明节有关的习俗

扫墓

扫墓是清明节的一项主要活动。扫墓俗称“上坟”，是祭祀已故亲人的一种活动。汉族和一些少数民族大多在清明节这一天扫墓。按照习俗，扫墓时，人们要携带（xiédài）酒食、果品、纸钱（zhǐqián）等物品到墓地，将食物和鲜花供祭在亲人墓前，然后烧纸钱，为坟墓（fénmù）培上新土，最后叩头行礼祭拜。

踏青

清明节一般在4月4日至6日之间。此时春回大地，自然界到处呈现出一派生机勃勃（shēngjī bóbó）的景象。由于埋葬（máizàng）故人的坟墓一般都在郊外，所以人们在祭拜之后，大都会在青青的原野中走一走，与大自然来一次亲密（qīnmì）接触，这就叫“踏青”。

植树

清明前后，春暖花开，这时候种植树苗，成活率很高，成长也快。因此，自古以来，中国就有清明植树的习惯。也有人把清明节叫“植树节”。农历二月植树的风俗一直流传至今。

词语释义

携带
carry, take along

纸钱
paper money, joss paper

坟墓
grave, tomb

生机勃勃
full of vigor

埋葬
bury

亲密
close

文化注释

纸钱

中国民间在祭祀时烧给去世的人或鬼神当钱用的纸片，也可向天空抛撒或悬挂在墓地上。早期的纸钱形状有圆形方孔（如古代铜币样），也有在纸上打上铜币形状的。

四、端午节

端午节是中国的一个纪念类传统节日，日期在每年的农历五月初五，又被称为“端五节”“重五节”“重午节”和“端阳节”等。这个最初为求雨(qiú yǔ)、防病和防疫的节日，后来逐渐演变成了缅怀华夏民族高洁情怀的节日。今天，端午节不仅是中国法定节假日之一，也被联合国列入了《世界非物质文化遗产名录》。

1. 端午节的起源与演变

该节日在中国已有2 000多年的历史。在中国古代，许多人都沿河而居。人们认为河流都由众多的龙掌管着，龙还控制着各地的降雨量。因此，人们便在每年农历五月的某一天举行隆重的仪式，向龙王敬献供品，希望以此取悦龙王，从而能够得到充沛的雨水，并躲过洪涝和干旱(gānhàn)等灾害。最初的端午节活动是为了驱邪(qūxié)、避灾(bì zāi)和求雨。后来，这个节日和战国时期的爱国诗人和政治家屈原（公元前340年—278年）联系在了一起，慢慢地，这个节日演变成了纪念屈原的节日。

2. 与端午节有关的习俗

挂艾叶(àiyè)和菖蒲(chāngpú)

农历五月初五时值仲夏(zhòngxià)，是疾病多发的季节。在许多地方，人们会将艾叶和菖蒲挂在自己家的大门上，或用艾叶煮水洗澡。中国人认为艾叶和菖蒲的气味可以有效地驱走蚊虫，不使自己染上疟疾，能够安全地度过夏季。人们还会在端午节这天让小孩佩戴香囊(xiāngnáng)，囊内盛有朱砂(zhūshā)、雄黄(xiónghuáng)、香药等物，清香四溢(qīngxiāng sì yì)。大人们则会喝雄黄酒。据说，这些做法有驱邪和防病的作用。

词语释义

求雨
pray for rain

干旱
drought

驱邪
drive out evil spirits

避灾
make efforts to avert calamity by offering sacrifices

艾叶
mugwort leaf

菖蒲
calamus

仲夏
midsummer

香囊
perfume pouch

朱砂
cinnabar

雄黄
realgar

清香
delicate fragrance

四溢
overflow

sài lóngzhōu
赛龙舟

端午节也叫“龙舟节”。据说楚国大夫屈原因不忍看到自己的祖国沦入侵略者手中，于农历五月五日投汨罗江自尽。对于他的死，楚国百姓非常难过，许多人划着船去寻找他的遗体。人们一边划船，一边用力敲着锣鼓，想用响声吓走那些可能会吃屈原遗体的鱼儿。赛龙舟的习俗也就此产生了。

吃粽子

根据传说，当人们划着船在江上寻找屈原尸体的时候，船上的另一些人则不停地向水中抛撒粽子——一种用竹笋叶或芦苇叶包裹着糯米的饭团。人们希望龙或者鱼吃了这些饭团后就不会去吃屈原的身体了。

由于不同地区的物产和环境很不一样，端午节在过法上存在着地区差异。生活在水边的人会划龙舟、吃粽子，而生活在北方一些地区的人则会吃饺子。

文化注释

赛龙舟

龙舟指船上画着龙形（或做成龙形）的船。提到龙舟，人们自然就会联想到屈原。其实，龙舟作为一种文化，它的出现比屈原所处的年代要早得多。今天，赛龙舟已成为中国民间传统水上体育娱乐项目，世界上其他很多国家也有龙舟比赛。

五、中秋节

按照中国的农历，每年的7—9月为秋季，八月十五这一天恰好是秋天进行到一半的时间，因此得名“中秋”，也被称为“八月节”“拜月节”。今天，所有的中国人，无论是身在国内还是国外，都保持着中秋吃月饼和与亲人团聚的习俗，因为这个节日寄托着人们对生活的无限热爱，和对亲情的无比重视。

1. 中秋节的历史

中秋节是什么时间开始的并不十分清楚，但早在汉代便有了与之相关的记载。中秋节成形于唐朝初年，盛行于宋朝，至明清时已成为与春节齐名的主要节日之一。

每个农历十五是月亮最圆的日子，而八月十五这一天，月亮比其他11个月的月亮更圆、更明亮。中国人希望自己的家庭成员都能在这一天聚齐，像这轮圆月一样，没有缺憾。因此，中秋节是家人团聚的节日，也叫“团圆节”。如果有某位家庭成员因故不能与家人团聚，他也会恳请明亮的月亮转达（zhuǎndá）他对亲人的思念；而他的家人也会请求月亮，向他表达爱和关怀（guānhuái）。此时，月亮就成了人们表达情感的媒介，也成了人们的精神寄托（jīngshén jìtuō）。

2. 与中秋节有关的习俗

赏月

说起中秋节，就不能不提“嫦娥奔月”的传说。故事可追溯到尧帝时期，当时有一个非常善于射箭的英雄名叫后羿。某天，天上突然出现了十个太阳，灼人的热浪让百姓无法生存。后羿遵照尧帝的命令，射掉了九个太阳，因此得到了一粒能让人长生不死的药丸。他的妻子嫦娥服下了药丸，飞到了月亮上。从此，陪伴她在月亮上生活的只有一只可爱的兔子，叫玉兔（yùtù）。后羿因为再也见不到嫦娥了，便在月

词语释义

转达
convey

关怀
show solicitude for

精神寄托
spiritual sustenance

玉兔
the Jade Rabbit

词语释义

香案
a long altar on which incense burners are placed

寓意
implied meaning

弥漫
fill the air with

圆之日摆上香案(xiāng'àn)，放上她平时最爱吃的鲜果和糕饼，表达对妻子的思念。不久，百姓们知道嫦娥变成了神仙，也纷纷在月亮下摆设香案，祈求吉祥平安。从此，中秋节拜月的风俗在民间传开了。今天，这种“拜月”演变成了“赏月”。

吃月饼

对中国人而言，月饼不仅仅是一块中间包着甜馅的大饼。因它的形状是圆形，一般又是全家人分着吃，所以人们逐渐把赏月与月饼结合在了一起，寓意(yùyì)家人团圆，寄托思念。同时，月饼也是中秋时节朋友间用来联络感情的重要礼物。除了月饼，像葡萄、西瓜等象征着团圆的水果，也被人们摆上餐桌。

赏桂花、饮桂花酒

农历八月，正是桂花盛开之时，空气里到处弥漫(mímàn)着桂花的芳香。中秋之夜，人们可以一边吃着月饼，一边欣赏着又圆又亮的月亮，同时闻着空气中的阵阵桂花香。许多中国人还会在中秋之夜饮用桂花酒，或食用桂花制作的各种糕点、糖果。

文化注释

月饼

月饼是深受中国人民喜爱的传统节日特色美食之一。因其形状圆圆的，象征着团圆和睦，是中秋节必吃的食品之一。月饼形状呈圆形，饼皮用面粉、鸡蛋等原料做成；内馅常有蛋黄、猪肉、核桃仁、杏仁、芝麻仁、瓜子、山楂、莲蓉、枣泥等不同口味。中国月饼品种繁多，风味各异，其中广式、苏式、京式等月饼为南北各地人们所喜爱。

第二节 | 饮食

中国菜以色、香、味闻名于世。虽然人们一直争论着到底哪个国家的菜是世界上最好吃的，但很少有人会否认中国菜是最美味（měiwèi）的菜之一。中国菜的独特之处不仅在于它的外观和风味（fēngwèi），还在于它备菜、烹调和装盘的风格。一般来说，中国菜的烹调有四大特点：一是选料认真，二是刀工精细，三是合理搭配，四是精心烹调。中国菜的烹饪方法有上百种，但“炒（chǎo）”“红烧（hóngshāo）”“蒸”等是其独特的烹饪方法。

词语释义

美味
delicacy, delicious

风味
flavor, relish

炒
fry, stir-fry, stir-frying

红烧
braise in soy sauce

一、主要菜系

中国历史悠久，幅员辽阔，不同地区由于资源、地形和气候差异，形成了不同的菜肴品种、特色和烹饪方式。传统上，中国菜分为四大菜系：粤菜、川菜、淮扬菜和北方菜。后来，浙江、福建、安徽和湖南的菜也流行起来，因此，人们也常常说中国菜有八大菜系。

1. 淮扬菜

淮扬菜发源于中国江苏省扬州地区，是整个东部地区的菜肴风格。淮扬菜被认为是“东南第一佳味”，选料严格，制作精细，口味平和，清鲜而略带甜味。中国的国宴常采用淮扬菜，如1949年中华人民共和国开国大典宴会、1999年中华人民共和国50周年大庆宴会等，都是以淮扬菜为主。

由于气候温暖、土地肥沃，这个地区出产多种蔬菜和大米，这有助于形成这一地区的烹饪风格。总的来说，淮扬菜注重原材料和风味，以香菇、木耳、竹笋、鲜嫩蔬菜和豆腐为主要原料，荤菜多用当地的鱼、虾、甲鱼和螃蟹为原料。

炒和红烧是淮扬菜中常用的方法。“红烧”指用酱油、料酒、高汤等慢慢炖煮食物。淮扬菜在烹饪时会使用较多的糖，因此以甜味而闻名。

淮扬菜中比较有代表性的菜是：扬州狮子头（Yangzhou pork balls）、砂锅鱼头（fish head in casserole）、松鼠鳜鱼（squirrel-shaped mandarin fish）、盐水鸭（salted duck）等。

2. 粤菜

粤菜也称广东菜，历史悠久，菜品众多。粤菜流行在中国南方，尤其是广东省及其附近地区。由于早期的海外中国移民多为广东沿海地区居民，他们把粤菜带到了世界各地。因此，世界各国的中餐馆大多以粤菜为主。

粤菜的特点是原材料丰富，制作精细，清而不淡，油而不腻。粤菜还兼容了许多西餐的做法，讲究菜的造型和气势。粤菜最常用的烹调方法是炒、烫、蒸等。

由于广东地区靠海洋，又处于亚热带气候，可以种植许多不同种类的蔬菜和水果，因而这一菜系中海鲜和水果等菜肴种类特别多。这里的人们喜欢蒸鱼，鱼要越新鲜越好，蒸好后撒上一些姜末和葱末。蔬菜则通过简单快速翻炒以保持爽脆的口感。

鸡蛋卷、炒面、糕点、蒸饺和春卷等小吃和点心也是粤菜的特色食物，在西方国家很受欢迎。许多西方人喜欢的“dim sun”实际上就是广东话“点心”的音译。

粤菜中比较有代表性的菜是：咕咾肉（sweet and sour pork）、龙凤会（fricassee snakes and chicken）等。

3. 川菜

川菜是中国西南地区四川、重庆等地菜肴的统称，以麻、辣、香闻名中外。四川省会成都市被联合国教科文组织授予“世界美食之都”的称号。

川菜发源于古代的蜀国，在发展过程中吸收了中国其他地区菜肴的特点，加以创新，形成了自己独特的风格和特色。川菜品种繁多，花式新颖（xīnyíng），口味香辣。川菜中的民间小吃、家常风味菜也很受欢迎。

川菜大量使用红辣椒、大蒜和花椒，味道十分丰富。由于四川地区是盆地，长年多雨，气候潮湿。传统上认为辣椒、花椒等香料的使用有助于去除体内多余的湿气。除四川外，湖南、贵州等地区的人们也喜欢辛辣口味。

川菜中最有名的一道菜是麻婆豆腐。该菜以猪肉糜（mí）、豆腐、红干椒和花椒为原料，突出了川菜“麻辣”的特点。其他著名的川菜菜肴还有：火锅（hotpot）、宫保鸡丁（kung-pao chicken or diced chicken with red pepper and peanuts）、鱼香肉丝（fish-flavored shredded pork）、回锅肉（twice-cooked pork slice）、担担面（Sichuan-flavored noodles）等。

4. 北方菜

“北方菜”是中国北方各种菜的统称。由于北方的各种烹饪风格主要以鲁菜（山东菜）为基础，所以有时候会以鲁菜代替北方菜来作为中国四大菜系之一。据说明朝的万历皇帝非常喜欢鲁菜，因此它成了北京菜的基础。

现代北方菜以北京菜为主，特点是食材鲜嫩、汤汁醇厚、浓香，

词语释义

新颖
new and original

糜
minced meat

大量使用大蒜和葱，不太使用辣椒。和南方菜相比，北方菜中蔬菜种类较少，食材相对简单，烹调也不如南方菜精细。采用慢煮、慢炖和焖的方法是北方菜的一个重要特点。小麦是北方的主要粮食作物，因此北方菜肴的主食是面食，如面条、饺子和馒头等，而南方的主食是大米饭。

在北京菜中，谭家菜最为典型。谭家菜起源于清末官僚谭宗浚的家庭。谭宗浚和他的儿子酷爱美味，重金聘请名厨到家中做饭。谭家菜将粤菜与北京菜相结合，自成一派，又融合了其他地区烹饪风格中的最佳元素。谭家举行的私人宴会逐渐使他们的菜肴闻名于世。清朝灭亡后，没落的谭家后人开了一间小餐馆，这使得谭家菜进入了社会大众的生活，并成为一种北京特色的家常菜（jiācháng cài）。

北京菜在谭家菜的基础上发展，形成了三种主要特色。第一，它既甜又咸，平衡南北风格。有一句话叫“南方人爱吃甜，北方人爱吃咸”，而北京菜却同时满足了两者。其次，菜肴软烂、味道鲜美、质地柔软，因此很适合老年人食用。第三，特别注重食材的天然风味，所以很少使用味精等调味品。

受穆斯林和蒙古族口味的影响，北方菜中的羊肉菜肴比较有名。典型的一道菜是葱爆羊肉。海鲜，特别是海参，也很有代表性。

由于北京曾是中国多个朝代的首都，因此它吸收了不同地域的烹饪风格和特点，在清朝宫廷菜的基础上发展出了现在的北京菜。

北京菜最为著名的几道菜是：北京烤鸭（Beijing roast duck）、蘑菇蒸鸡（steamed chicken with mushrooms）和蒸饺（steamed dumplings）。其中，“北京烤鸭”最值得一提。据说做北京烤鸭的鸭子是用稻谷和玉泉山上的水养大的。御膳房（yù shàn fáng）里的厨师们把鸭子放在果树木火上烤，烤出的鸭子色泽金黄，味道醇厚。后来，整个北京城的厨师都使用这项技术，北京烤鸭成了北京人最喜爱的菜肴之一。

词语释义

家常菜
home cooking, home-made dish

御膳房
the imperial kitchen

二、饮食与健康

中国人普遍认为，吃什么、喝什么，以及吃的数量和方法都影响着人身体的某一部分或者某些器官（qìguān），饮食对身心健康有着十分重要的意义。

许多中国人都相信“食补胜过药补”。因此，人们平时非常注意食物营养和饮食平衡。人们身体不舒服时，首先会注意饮食，加强营养。

在西方，人们认为均衡的饮食包括一定数量和比例的碳水化合物、蛋白质（dànbáizhì）、脂肪（zhīfáng）、纤维、维生素（wéishēngsù）等。在中国，为了达到身心健康与和谐，人们会考虑食物的属性以及个人因素、气候因素，从而试图达到一种身体内的阴阳平衡。

如前文所说，中国古代医学认为人体的功能和结构可以分为“阴阳”两种。人体的生命过程是阴阳运动的表现。当阴阳处于平衡状态，人体就会有良好的健康状态。当阴或阳过度或不足时，就是“阴阳不调”。这时，人身体的正常功能将受到损害，无法维持健康，人就生病了。

词语释义

器官
organ

蛋白质
protein

脂肪
fat, lipid

维生素
vitamin

词语释义

动脉
artery

血压
blood pressure

中国人认为每种食物都具有阴或阳的特征，即具有“凉”或“暖”的特性。“凉性”食物的卡路里低，颜色偏冷色，如芹菜、黄瓜、蟹、淡水蛤、柿子和绿茶等。在炎热的天气或者“内火”过旺引发疾病时吃这类食物较为合适。“暖性”食物通常含有较高卡路里，味道辛辣，如肉、大蒜、胡椒、辣椒、姜、糖、酒、红茶等，也是相对“刺激”的食品。

烹饪可以改变食物的属性。烤、炒的方式将会使食物转变为“暖性”，而腌制、冷拌等方法却会将食物转为“凉性”。此外，一种食物与另一种或几种食物的正确组合，也有助于改变原有的属性和口味，使它们更加美味，更有营养，对身体也更有益。

在日常生活中，中国人喜欢用各种不同配料、不同口味和质地的菜肴作为正餐，特别是一天中最重要的午餐。因此，在中国不仅有几大菜系，还有许许多多的烹饪方法。中国历史上就出现过许多有关食物和烹饪方法的书籍，如《食珍录》《食经》等。

根据民间传统或中医相关理论，咸、甜、酸、苦、辣五种味道分别与人体的五脏相对应：酸入肝，甜入脾，苦入心，辛（辣）入肺，咸入肾。如果饮食中的任何一种味道过多，相关器官就可能负担过重，不能正常工作。经常发生这种情况会对健康有害。

中国人还认为特定的食物对某种疾病有好处，比如豆腐对于治疗动脉(dòngmài)硬化、蘑菇对于治疗高血压(xuèyā)、红豆对于治疗贫血、梨对于治疗咳嗽都有很好的效果。如果一个人生病了，家人会根据他的病情为他准备一些专门的食物。中国人还认为动物的器官对于人的相同器官也有益，这就是为什么中国人比较喜欢吃动物内脏的原因。

思考题

1. 根据起源，大多数的中国传统节日都与什么有关？
2. “龙舟节”吃粽子、划龙舟的习俗是怎么来的？
3. 中国传统节日与中国传统文化有什么关系？
4. 中国菜可分为几大菜系？你最喜欢哪个菜系？
5. 中国人认为“食补胜过药补”，你认为有没有道理？为什么？

第十五章 文化遗产

作为世界上最古老的文明之一，中国文化一直延续到今天。在长期的历史发展过程中，中国人留下了众多的历史文化遗产，不仅显示了中国人民的聪明才智，也为世界文明的发展作出了重要贡献。

第一节 遗址

词语释义

公约
convention

1985年，中国正式加入《保护世界文化和自然遗产公约(gōngyuē)》。1986年，中国开始向联合国教科文组织申报世界遗产项目(shìjiè yíchǎn xiàngmù)。截至2022年，中国世界遗产已达56项，其中世界文化与自然双重遗产4项，世界文化遗产38项，世界自然遗产14项，在世界遗产名录国家里排名第二，仅次于意大利（58项）。中国是世界上拥有世界遗产类别最齐全的国家之一，中国的首都北京是世界上遗产项目最多的城市（7项）。

一、人类文明：周口店“北京人”遗址

1918年，在北京城西南房山区周口店龙骨山脚下，瑞典科学家安特生发现了该遗址，随后的考古发掘一共发现了三枚人类牙齿化石（huàshí），1927年被正式命名为中国猿人北京种，简称“北京人”。1929年，中国古人类学家裴文中发现了第一个头盖骨（tóugàigǔ）化石，以及人工制作的工具和用火的遗迹，震惊了全世界。

1936年，考古学家贾兰坡在周口店遗址发现了距今约3万年前的山顶洞人化石和文化遗物（yíwù）。但随着当时日本对中国全面战争的开始，这些化石在运往美国的车上丢失，直到今天，依然没有找到，这一事件成为20世纪考古史上的“世界之谜”。

1949年后，中国恢复了对周口店遗址的发掘研究，获取了大量的宝贵资料，考古学家们已经发掘出分属40多个人的化石、丰富的工具与用火遗迹。

词语释义

化石 fossil

头盖骨 skull

遗物 relic

打猎 go hunting

北京人大约生活在距今70万年到20万年，头部较原始，男人身高大约156厘米，女人身高大约144厘米。北京人主要通过采集和打猎（dǎliè）获取食物。他们能够从自然界中获取火种，并知道如何保护火种，学会了吃熟食。火的使用，完备了其作为人的特征。

北京人的发现，为人类进化理论提供了有力证据，是中国科学家为世界考古史作出的伟大贡献。这一发现解决了19世纪以来关于“直立人”是

词语释义

猿
ape

yuán
猿还是人的争论。事实证明，“直立人”是人类最早期从猿到人进化过程中最重要的环节。北京人具有“直立人”的完整标准。

距今10万年的“新洞人”和距今3万年的“山顶洞人”化石以及文化遗物的发现，更表明了北京人的继续发展。这为中国古人类及其文化的研究建立了基础，是人类远古文化的宝库。

1953年，周口店遗址博物馆建成，1987年被联合国教科文组织列入《世界文化遗产名录》。目前，该馆有文物7 000多件，是中国最重要的古人类博物馆之一。

文化注释

世界遗产项目

1972年11月16日，世界遗产委员会在第十七次大会上正式通过了《保护世界文化和自然遗产公约》，其目的是保护世界文化和自然遗产。被世界遗产委员会列入《世界遗产名录》的地方，将成为世界级的名胜，可接受“世界遗产基金”提供的援助。

词语释义

彩塑
painted sculpture

二、石窟：敦煌莫高窟

公元366年的一天，一位名叫“乐尊”的僧人旅行到甘肃敦煌鸣沙山下。这时候，太阳西下，阳光照在鸣沙山上。他抬头看，忽然看见山顶上金光万道，好像有千万个佛在金光中出现。乐尊心想：“这里肯定是圣地！”于是决定在这里拜佛修行。他请来工人，在山上建了第一个石窟。从此以后，历经1 500多年，不断有信仰佛教的人来此建石窟。唐朝最繁荣的时期据说建了1 000多座石窟，所以又称“千佛洞”。

莫高窟现存700多个洞窟。目前，正式编号的洞窟有492个，保存着十六国、北魏、西魏、北周、隋、唐、五代、宋、西夏、元、清、民国等时期的壁画45 000多平方米。如果把这些壁画以一平方米横向排列，长度可达45千米，是世界上最长、规模最大、内容最丰富的历史壁画作品。在莫高窟的这些洞窟中还保存着历代彩塑3 000余

cǎisù

身，以及唐、宋时期的木结构建筑五座。

敦煌石窟艺术中数量最大、内容最丰富的是壁画，最广泛的题材是佛教画像。莫高窟是世界上保存菩萨(púsà)画像最多的佛教石窟。另外，也有一些壁画反映了当时的社会生产生活场景，为研究4世纪到14世纪的中国古代社会提供了宝贵的资料。西方学者将敦煌壁画称作“墙壁上的图书馆”。

莫高窟在明朝时期曾经荒废(huāngfèi)。1900年，有一位姓王的道士意外发现了一个小洞窟，这个小洞窟内堆满了各种经卷(jīngjuàn)等文物5万多件，这就是后来有名的敦煌藏经洞(cáng jīng dòng)。

1907年，英国考古学家斯坦因来到敦煌，从王道士手中骗取了3 000多卷保存完好的经卷，500幅以上的画。16个月后，这些宝贝到达伦敦大英博物馆，震惊了整个欧洲，该发现被列为20世纪最伟大的发现之一。后来，法、日、俄、美等国也组织探险队(tàn xiǎn duì)多次盗取敦煌文物。敦煌藏经洞的文物大部分流失到了海外。

敦煌文献和文物的流失对中国文化造成了难以估计的损失，但在客观上却推动了东西方学者从不同角度对它们进行整理和研究。20世纪30年代形成了一门新的专业——敦煌学。敦煌学的形成引起了学术界对敦煌莫高窟的重视。1986年，敦煌被中国列为历史文化名城。1987年，敦煌莫高窟被联合国教科文组织列入《世界文化遗产名录》。

词语释义

菩萨
Bodhisattva

荒废
be abandoned, neglected

经卷
sutra

藏经洞
a cave for preserving Buddhist sutras

探险队
expedition

三、伟大工程：都江堰

战国时期，成都平原建设了一座可以称为世界奇迹的伟大工程——都江堰。

成都平原在古代是一个水旱灾害（shuǐhàn zāihài）十分频繁的地方，严重影响当地人民的生产生活。

公元前256年，李冰带领当地人民，历时八年，主持修筑了著名的都江堰水利工程（shuǐlì gōngchéng）。都江堰的整体规划是将岷江水流分成两条，其中一条水流引入成都平原，这样既可以分洪减灾（fēnhóng jiǎnzāi），又可以引水灌溉田地，变害为利。都江堰主体工程包括鱼嘴分水堤（fēn shuǐ dī）、飞沙堰溢洪道（yìhóngdào）和宝瓶口（bǎo píng kǒu）进水口，是集防洪、灌溉、运输为一体的综合水利工程。从此以后，成都平原再未发生水旱灾害，人民生活安康，号称“天府之国”。

都江堰三大工程相互联系，功能完善，巧妙配合，完整统一，形成布局合理的系统工程，科学解决了江水自动分流、自动排沙（pái shā）、控制进水流量等问题，历时2 000多年依然发挥着重要作用，这在世界水利工程史上绝无仅有，至今仍是世界水利工程中最好的作品。

词语释义

水旱灾害
floods and droughts

水利工程
irrigation project

分洪减灾
reduce the flood by diverting the water flow

分水堤
water-dividing dike

溢洪道
spillway

宝瓶口
the Precious Bottle Neck

排沙
desilt

四、皇家陵寝（língqǐn）：孝陵、十三陵

陵寝是古代皇帝和他的妻子死后安葬的地方。中国王朝历时2 000多年，皇帝陵寝数量众多、历史久远，在世界文化史上占有重要的地位。其中最著名的有明朝时期的孝陵和十三陵。

孝陵位于今天的南京市，是明朝第一个皇帝朱元璋和他妻子的陵寝。公元1381年，朱元璋开始建设自己的陵寝，先后调用军工10万余人，历时长达25年，终于在公元1405年建成。孝陵继承了“依山为陵”的旧制，将人文与自然完整统一，达到天人合一的高度，成为中国传统建筑艺术文化与环境美学相结合的优秀典范。

明孝陵从起点下马坊至地宫所在地的宝顶，长度达2 600多米，沿途分布着30多处不同风格、不同用途的建筑物和石雕（shídiāo）艺术品，整体布局高大整齐，单体建筑厚重雄伟，细部装饰精细漂亮，展现了当时政治家、艺术家和建筑师们的能力。

词语释义

陵寝
mausoleum, tomb

石雕
stone carving

明孝陵作为中国明皇陵之首，代表了明朝初期建筑和石雕艺术的最高成就，直接影响明清两代500余年20多座帝王陵寝的样子。依历史进程分布于北京、湖北、辽宁、河北等地的明清皇家陵寝，均按南京明孝陵的制度建设，因此，它在中国帝陵发展史上有着特殊的地位，有“明清皇家第一陵”的美誉。

明十三陵位于北京市昌平区。从明朝第二个皇帝开始，到明朝最后一个皇帝为止，其间230多年，先后建了13座皇帝陵寝，有13位皇帝和23位皇后。明十三陵陵区占地面积40平方千米，是世界现存规模最大、帝后陵寝最多的一处皇陵建筑群。

2003年，明孝陵和十三陵均被列入《世界文化遗产名录》。

第二节 文物

公元1637年，明朝著名科学家宋应星出版了世界上第一部关于农业和手工业的综合性科学技术著作《天工开物》，介绍了130多项生产技术和工具，被外国学者称为“中国17世纪的工艺百科全书”。在中国文明的发展历程中，中国人在青铜器、陶瓷器等众多艺术和技术上长期位于世界领先地位，为世界文明创造了众多令人赞美的艺术品。

一、最大的青铜器：后（司）母戊大方鼎

河南安阳在历史上是商王朝的首都所在地，地下有众多文物。1939年，安阳武官村的一群村民在野地寻宝时从地下找出了一个巨大的青铜器，这就是震惊后世的国宝后（司）母戊鼎。当时中国正处于抗日战争时期，安阳已被日军占领，村民吴培文冒着生命危险将后（司）母戊鼎藏了起来，成功躲过了日军的多次搜查，直到抗战胜利。该鼎现藏于中国国家博物馆。

鼎在原始社会是煮肉用的工具，最早的鼎用土制作，随着青铜制作工艺的发展，商朝人用青铜制作鼎。这时的鼎已不再是普通百姓使用的物件，而成了一种祭祀用的礼器，代表着高贵的身份，是国王权力的象征。

后（司）母戊鼎是商王为祭祀母亲而制作的。“后母戊”是这只方鼎上的文字，是商王母亲的名字。

后母戊方鼎高1.33米，长1.1米，宽0.79米，重832.84千克，是目前已发现商代最大最重的青铜礼器。在当时，需要二三百名工匠同时制作才能完成。鼎身上的各种装饰精美漂亮，表现了丰收、吉祥的内容。鼎下面有四根柱足（zhù zú）支撑，显得很有力。

二、战国宫廷乐器（gōngtíng yuèqì）：曾侯乙编钟

1977年9月的一天，湖北随州城外的一处建筑工地上，一声炮响，炸开了一座东周时期的诸侯王陵寝。陵寝里出土了上万件文物，其中最有名的就是曾侯乙编钟。

编钟，是中国古代的一种大型打击乐器，盛行于西周。中国是制作和使用乐钟最早的国家。它用青铜制成，由大小不同的扁圆钟按照声音高低的次序排列起来，挂在一个巨大的钟架（zhōng jià）上，用丁字形和长形的木头分别敲打铜钟，能发出不同的声音，产生好听的音乐。

词语释义

柱足
column-shaped foot

宫廷乐器
imperial court instrument

钟架
bell-cot

曾侯乙编钟数量巨大，非常完整。共65件，分八组挂在铜、木制成的钟架上。钟架长7.48米，高2.65米，分上、中、下三层，每层有六个青铜人和几根圆柱连接，设计巧妙，结构稳定。总重量是2 500多千克，最大的一口钟高度超过1.5米，重量超过200千克。无论是数量、重量，还是大小，在编钟中都极为少见。为便于表演，每口钟上还刻有文字，刻有关于编钟的摆放和音乐理论方面的内容，被学者称为“一部珍贵的音乐理论作品”。这套编钟证明早在春秋战国时期，中国音乐就已发展到了相当成熟的阶段。

作为中国文化使者，编钟已去过20多个国家和地区，占世界人口约十分之一的人通过各种方式欣赏了编钟的表演。有来自世界150多个国家和地区的客人在中国观看过编钟表演，许多外国领导人还亲自体会过如何演奏。

第三节 古建筑

中国的古建筑不仅历史悠久，而且建筑技术和建筑类型不断创新、发展变化，在设计、施工、构造、用料、装饰、色调等方面都达到了很高水平，很多古建筑已经成为世界物质文化遗产。

一、古建筑的类型

中国的古代建筑大致可分为以下几种类型：

皇家建筑，主要包括皇宫、皇家陵寝等。

宗教建筑，包括佛教、伊斯兰教及道教建筑。佛教建筑有佛寺、佛塔和石窟。清真寺是回族、维吾尔族信奉伊斯兰教的寺庙，主要有阿拉伯式的建筑风格和中国传统木建筑风格等。道教宫庙称为道观，一般都建在山顶，其建筑原则和分布与宫殿建筑相同，只是规模较小，观内建有左右对称的钟楼和鼓楼。

工程建筑，如长城、都江堰、大运河等。从建造时间、工程规模、难度和发挥作用等方面看，中国大型工程建筑世界少见，很有历史文化价值。

园林建筑，不仅有专供帝王休息享乐的皇家园林，还有供皇帝亲属、文武官员、有钱人等休闲的私家园林。皇家园林规模大，有山有水，景色优美，如北京颐和园、河北承德避暑山庄。私家园林规模较小，但也十分精美。

古民居古村落，主要指平民百姓的住房，不同地区有不同特色和风格。北京四合院、福建土楼、陕北窑洞、广东围龙屋、云南“一颗印”、江南水乡、巴楚吊脚楼（diàojiǎolóu）、内蒙蒙古包、青藏高原碉房和帐房、新疆维族阿以旺，以及平遥古城、丽江古城、安徽古村落等，都是中国各地古民居古村落的代表。

二、皇家建筑：北京故宫

北京故宫，原名“紫禁城”。中国古人把北极星所在的位置叫作“紫微垣”，传说是天帝居住的地方，所以皇帝的宫殿就被称为“紫禁城”。500年间共有明清两代24位皇帝在紫禁城居住，管理国家大事。

故宫以儒家原则设计建造，礼制等级都表现在建筑的规模、形式、间数、屋顶装饰及所在的位置上。故宫前面三个大殿为“前朝”，是皇帝处理政事，举行重大庆典的地方；

词语释义

后宫嫔妃
imperial concubine

寿终正寝
die in one's bed

威权
authority

后面的宫殿群是“内廷”，是皇帝家庭的生活区，住着后宫嫔妃（hòugōng pínfēi）。故宫建筑沿一条南北走向的中轴线对称排列。前朝与内廷的建筑风格和功能各不相同，等级分明。前朝的中心是太和殿、中和殿、保和殿，这里有最大的广场、最高的台基和最美的建筑及装饰。保和殿北面是故宫的内廷，是真正的皇家禁苑。内廷建筑分别是乾清宫、交泰殿、坤宁宫和御花园。乾清宫是明清两代皇帝的寝宫，有14位皇帝曾在此居住。乾清宫也是皇帝“寿终正寝（shòuzhōngzhèngqǐn）”的地方。交泰殿规模较小，是皇后的寝宫，也是皇后生日和传统节日接受朝拜的地方。坤宁宫在明代是皇后寝宫，在清代仍是“正宫”。乾清宫和坤宁宫名字和功能对应，其中的“清”“宁”二字是安定、祥和的意思。

故宫是中国古代皇家建筑的杰出代表，如今这座庞大的宫殿已经失去了当年帝王的威权（wēiquán），展现在我们面前的是古代工匠无比的智慧与创造力，反映了中国古代建筑文化的辉煌成就。

三、古民居：四合院

四合院是一种中国传统家庭住宅，有数千年的历史。中国各地的四合院有多种类型，北京四合院是其中的代表。四合院一般呈长方形，按中轴线对称布置房屋和庭院。四合院的大门开在东南角，按风水学说（fēngshuǐ xuéshuō），这样可以带来财运（cáiyùn）。大门内有一影壁（yǐngbì），主要是为了遮挡外部视线，满足家庭住宅对私密性（sīmìxìng）的要求。影壁位于前院，前院北墙有一个门叫“二门”，门上有彩绘花瓣形式的垂柱，故又称为“垂花门（chuíhuāmén）”。进入垂花门就是四合院的内院——主庭院，是家人生活起居的地方，外人一般不得随便出入。院内种植花草树木，饲鸟养鱼，环境安静舒适。庭院北面是正房（zhèngfáng），坐北朝南（zuò běi cháo nán），也是整个四合院的主体建筑。四合院正房是长辈居住的房间，正房两侧的厢房（xiāngfáng）供子女居住。其他房屋不论房间大小、装修做法等方面都低于正房。这样的安排，尊卑关系分明，使正房不仅是实际家庭生活的中心，也成为家族精神的象征。

四合院还可以随着家庭人口增加或生活需要，扩展成多进庭院，这也是中国古代家庭住宅的传统发展方式。

词语释义

风水学说 geomantic theory

财运 luck of wealth

影壁 screen wall facing the gate

私密性 privacy

垂花门 festooned gate

正房 principal room

坐北朝南 face south with the back to the north

厢房 wing-room

文化注释

1. 吊脚楼

又称“吊楼”，是中国苗族、壮族、土家族等民族的传统民居。正屋建在实地上，厢房悬空，靠柱子支撑。吊脚楼高悬地面，既通风干燥，板下还可放杂物。吊脚楼有鲜明的民族特色，被称为巴楚文化的“活化石”。

2. 影壁

也称“照壁”，是中国传统建筑中用于遮挡视线的墙壁，有了影壁，即使大门敞开，外人也看不到宅内。影壁还可以烘托气氛，增加住宅气势。

第四节 古园林

中国古代园林艺术不仅有很长的历史，而且很有民族特色，在中外园林建筑中具有重要影响。中国古园林分为皇家园林和私家园林，皇家园林以颐和园、承德避暑山庄、北海为代表；私家园林以苏州园林为代表。苏州园林从来就有“江南园林甲天下，苏州园林甲江南”的美称。颐和园、承德避暑山庄、苏州拙政园和留园被称为中国四大名园。

一、皇家风范：颐和园

颐和园是一座位于北京西郊的大型皇家山水园林，面积有290多万平方米，湖水面积占四分之三，宫殿园林建筑3 000多间，分为勤政、居住和游览三个区域，整个园林艺术设计奇妙，格局大气，是中外园林艺术的杰作。颐和园主要景物有仁寿殿、长廊、佛香阁、德和园大戏楼等，都是清末木构建筑的代表。

勤政区以仁寿殿为中心，正对颐和园的东门，门上悬挂有光绪皇帝书写的“颐和园”

jīnbiǎn
金匾。仁寿殿是皇帝与大臣们在园内处理国事的地方，后面是一组由游廊连接的大型四合院，是慈禧、光绪及其后妃居住的地方。

颐和园最吸引人的地方是“长廊”，全长728米，把万寿山和昆明湖连为一体。这是一条五光十色的画廊，廊间的每根木柱上都绘有彩画，共14 000余幅，称得上“世界第一廊”。

佛香阁和西堤是颐和园著名景点。昆明湖的西堤是一道弯弯曲曲的水中长堤，仿照（fǎngzhào）西湖的苏堤建造而成。西堤上建有六座桥亭，其中最著名的是玉带桥，因形似玉带而得名。佛香阁建筑在万寿山前山的方形台基上，高20米，结构复杂，是全园的中心和最高点，也是颐和园的标志性建筑。

德和园大戏楼为光绪帝时修建，是清代最后的建筑，也是规模最大的一座戏楼。万寿山后山有成片的古树、藏式寺庙、苏州河古买卖街。后湖东边有仿无锡寄畅园而建的谐趣园，小巧玲珑，被称为“园中之园”。

词语释义

金匾
memorial board inscribed with golden characters

仿照
imitate, follow

词语释义

小中见大
much in little

风景线
scenic horizon

载着
carry

掀翻
overturn

僻远
remote

安危
safety and danger

二、私家园林：拙政园

拙政园是苏州最大的古典园林，也是江南古典园林的代表作品。私家园林一般规模较小，只有几亩到几十亩，拙政园面积也只有78亩（5.2万平方米）。“小”对建造园林是不利的，只有精心设计布置，才能变不利为有利。拙政园小中见大(xiǎo zhōng jiàn dà)，在有限的范围内，运用各种手法，扩大人们对实际空间的感受，创造出优美的园景和自然风光。这种处理手法，在苏州园林中带有普遍意义和共同特征。

拙政园分为东、中、西三部分。东园比较宽阔，主要建筑有“秫香馆”。馆内宽敞明亮，窗户的木雕朴实自然。中园以水为主，水中有岛，园区建筑简洁美观，水岸花草树木形成一道绿色风景线(fēngjǐngxiàn)。西园景观布局紧凑，主体建筑“鸳鸯厅”环境优雅，是园主人会客、欣赏音乐、休憩的场所。附近的“波形廊”是一座水上廊桥，形如水波，连接西园与中园。水中的船形“香洲”是两层楼的石头船，“洲”音同“舟”。“香洲”提醒人们“水可以载着(zàizhe)船行驶，同样也可以把船掀翻(xiānfān)沉入江底”的道理。园主同时也想要以此表达“处在僻远(pìyuǎn)的地方也不能忘记关心国家安危(ānwēi)”，这里寄托了文人的理想。

第五节　非物质文化遗产

中国是非物质文化遗产的大国。这些非物质文化遗产渗透于中国人生产生活的各个方面，是中华民族传统文化的重要组成部分。

一、中国非物质文化遗产发展现状

“非物质文化遗产”（以下简称“非遗”）这一概念出现于20世纪末和21世纪初。采用“非物质”这种说法是为了把这类遗产与国际上已经形成广泛影响的遗产概念区分开来。

2001年5月，联合国教科文组织（Liánhéguó Jiàokēwén Zǔzhī）（UNESCO）宣布第一批“人类口头和非物质遗产代表作”，中国的昆曲入选。自此，中国的“非遗”保护工作逐渐被提上日程。2003年10月17日，《保护非物质文化遗产公约》在第三十二届联合国教科文组织大会上通过。2004年8月28日，中国经批准加入《保护非物质文化遗产公约》。之后，中国的“非遗”保护工作很快开展起来，经过十多年的努力，积累了丰富的“中国经验”，取得了巨大的成就。

词语释义

耳熟能详
familiar, often heard and well remembered

今天，“非遗”已经成为中国民众耳熟能详（ěrshú-néngxiáng）的名词，社会各界对“非遗”的认识也逐步加深。

根据《中华人民共和国非物质文化遗产法》规定，非物质文化遗产是指各族人民世代相传并视为其文化遗产组成部分的各种传统文化表现形式，以及与传统文化表现形式相关的实物和场所。包括：（一）传统口头文学以及作为其载体的语言；（二）传统美术、书法、音乐、舞蹈、戏剧、曲艺和杂技；（三）传统技艺、医药和历法；（四）传统礼仪、节庆等民俗；（五）传统体育和游艺；（六）其他非物质文化遗产。

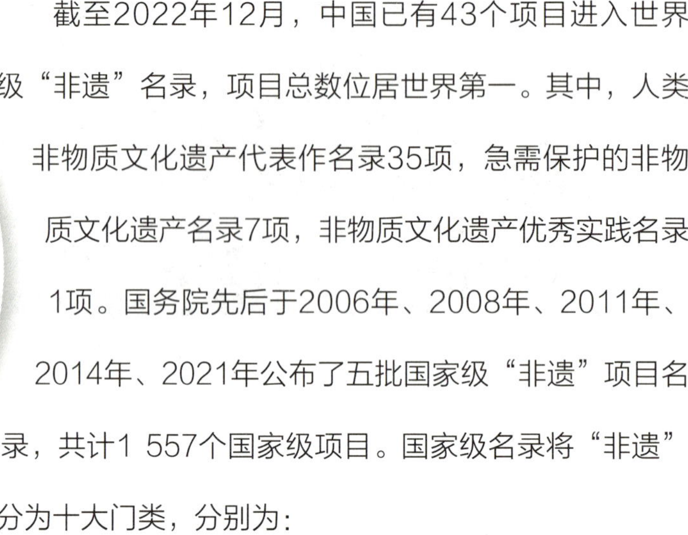

截至2022年12月，中国已有43个项目进入世界级“非遗”名录，项目总数位居世界第一。其中，人类非物质文化遗产代表作名录35项，急需保护的非物质文化遗产名录7项，非物质文化遗产优秀实践名录1项。国务院先后于2006年、2008年、2011年、2014年、2021年公布了五批国家级“非遗”项目名录，共计1 557个国家级项目。国家级名录将“非遗”项目分为十大门类，分别为：

1. 民间文学，如藏族史诗“格萨尔”、柯尔克孜族史诗“玛纳斯”等；
2. 传统音乐，如古琴艺术、贵州侗族大歌等；
3. 传统舞蹈，如中国朝鲜族农乐舞、藏族锅庄等；
4. 传统戏剧，如昆曲、皮影戏、广东粤剧等；
5. 传统美术，如篆刻、剪纸等；
6. 传统技艺，如南京云锦织造技艺、传统木结构营造技艺等；
7. 传统医药，如中医针灸；
8. 民俗，如端午节、二十四节气等；
9. 曲艺，如相声、京东大鼓等；
10. 传统体育、游艺与杂技，如太极拳、杂技等。

联合国教科文组织

联合国教育、科学及文化组织，简称“联合国教科文组织”（United Nations Educational, Scientific and Cultural Organization），于1946年11月4日正式成立，是联合国旗下专门机构之一，总部设在法国巴黎丰特努瓦广场。其宗旨是促进教育、科学及文化方面的国际合作，以利于各国人民之间的相互了解，维护世界和平。

二、中国非物质文化遗产项目代表性作品

1. 民间文学：藏族史诗格萨尔

传唱千年的格萨尔史诗，以说唱艺人口耳相传的方式，讲述了格萨尔王降临下界后斩妖除魔（zhǎn yāo chú mó）、统一各部的英雄事迹。2009年，格萨尔史诗被联合国批准列入《人类非物质文化遗产代表作名录》。它广泛流传于中国西部和北部的藏族、蒙古族、纳西族等地区，代表了中国古代藏族、蒙古族等少数民族民间文化和口头叙事艺术的最高成就。

格萨尔大约形成于公元三四世纪至6世纪，由于当时藏族各氏族、部落之间长期混战，人民生活流离失所（liúlí-shīsuǒ），因而强烈呼唤一位旷世（kuàngshì）英雄的出现。人们的理想与古代藏族的神话、传说、诗歌等民间文学相结合，使这部传唱千年的史诗格萨尔逐渐成形。公元7世纪，松赞干布（Sōngzàngànbù）统一青藏高原各部落，格萨尔得到进一步丰富与发展，并逐步流传到周边地区的各民族群众中。

据不完全统计，格萨尔史诗共有120多部，100多万诗行，2 000多万字，其篇幅之长、结构之宏伟，堪称世界史诗之最。史诗以格萨尔王的经历为主线，用故事的形式串起了藏族社会的发展历史，描述了藏族地区丰富多彩的社会文化生活，是研究中国古代少数民族的社会历史、民族交往、民风民俗的一部百科全书。格萨尔史诗结构安排巧妙，语言描述生动，形象塑造鲜明，它在艺术与美学上的成就

词语释义

斩妖除魔 slay demons and get rid of monsters

流离失所 become destitute and homeless

旷世 without peer in one's generation

词语释义

无愧于
be worthy of

憧憬
look forward to

wúkuì yú
无愧于“东方《伊利亚特》”的美誉。

格萨尔史诗在民间的流传主要依靠民间艺人口头说唱的方式。说唱艺人被人们亲切地称为“民间诗神”。说唱艺人大都有超强的记忆力，可以把几万行甚至几十万行史诗完整地记下来，并通过他们伶俐的口齿、美妙的歌喉，生动地表达出来。由于说唱艺人的生活背景、个人阅历、文化素养各不相同，因此说唱的史诗内容也各有不同，高原上人称“每个藏人口中都有一部格萨尔”并不为过。

格萨尔已经传唱了千年，早已深深地融入藏族、蒙古族等中国少数民族的生活之中。对人们来说，格萨尔不仅仅给他们带来了一个优美动人的故事，更是一种精神，鼓励着人们战胜高原的恶劣环境和生活中的艰难困苦，憧憬（chōngjǐng）美好的未来。

松赞干布

文化注释

松赞干布（617年—650年），是吐蕃王朝第33任赞普。他统一西藏，正式建立了吐蕃王国。公元641年，松赞干布迎娶唐朝文成公主，后又派贵族子弟去长安（今西安）学习诗书，促进了汉藏文化的交流。

2. 古琴

2003年11月7日，中国古琴艺术与世界其他27种艺术表现形式入选联合国教科文组织第二批《人类口头和非物质遗产代表作名单》。在3 000多年的历史发展中，古琴集音乐、美学、思想为一体，成为中国传统音乐的典型代表。

古琴是历史悠久的乐器，早期作为贵族乐器出现在庙堂之上，到了两周时期，古琴逐渐走向民间，发展成大众之乐，同时涌现出了《高山》《流水》《阳春》《白雪》等名篇佳作，诞生了师旷、伯牙等杰出的琴家。两汉时期，古琴的形制逐渐定型。以司马相如、蔡邕为代表的文人投入琴曲艺术的创作，使两汉时期的古琴作品数量明显增加，内容也更加丰富。魏晋南北朝时期，古琴深为当时士人所爱，其中阮籍和嵇康是最突出的代表。嵇康临刑前一首《广陵散》和一句“《广陵散》从此绝矣”一直流传到今天。唐宋时期，从容自信的盛世之风使古琴艺术的发展到达了高峰。朝野上下，文人僧士（sēng shì），无一不以能琴为荣。

中国古人弹琴除了讲究指法技艺以外，对弹琴的环境和听众也要求很高。弹琴是修身养性的方法，是把渺小的自我和广袤（guǎngmào）的自然相融合的媒介。因此只有在山清水秀、环境优美的地方才适合弹琴。选择听众更是讲究，古人认为，如果没有知音，宁可弹给自己听，弹给自然听。他们把人品琴格看得比生命还重要。

古琴艺术不仅是一种单纯的音乐表现形式，而且具有独特的人文内涵，是中国传统人文精神的集中体现。西方人赞叹这是“诗人、学者和圣哲（shèng zhé）的乐器”“没有任何乐器能在体现中国伟大的传统文化的气息上，与古琴相比！”

3. 中国朝鲜族农乐舞

中国朝鲜族具有优秀的文化艺术传统，以能歌善舞而著称。“朝鲜族农乐舞”俗称“农乐”，内容丰富多彩，包括小鼓舞、叠罗汉舞、长袖舞、扇子舞、象帽舞等12组舞蹈动作；舞姿活泼，节奏欢快，充分反映了朝鲜族人民在劳动丰收后的喜悦心情。农乐舞广泛流传于中国吉林、黑龙江、辽宁等朝鲜族聚居区，是朝鲜族民间舞蹈的最高艺术形式。农乐舞于2009年被批准列入《人类非物质文化遗产代表作名录》，是中国列入该名录的第一个舞蹈类项目。

农乐舞可能起源于原始民族的狩猎劳动和祭祀活动，后来，用于祭祀活动的农乐逐渐转向自娱活动。农忙时，朝鲜族人民便带着乐器和农具一起下地，到了休息时间，人们在欢快的鼓乐声中即兴（jíxìng）起舞，

词语释义

僧士
Buddhist monk and Taoist

广袤
vast

圣哲
sage

即兴
impromptu

词语释义

贯穿
run through

剪影
silhouette

操耍
operate and play

以欢乐的歌舞消除疲劳。随着岁月的流逝，这些即兴歌舞逐渐变成游乐性的民间舞蹈，贯穿（guànchuān）于朝鲜族人民各种传统民俗活动之中。

农乐舞常常在新年、庆祝丰收和运动会上表演。表演程式大致包括：首先是青年男子表演“小鼓舞”；紧接着一群舞童表演“叠罗汉”；接着是多人表演的传统“扁鼓舞”；然后是“长鼓舞”；再往下是“扇子舞”；紧跟着是装扮成丹顶鹤的“鹤舞”；最后的高潮则是“象帽舞”。

朝鲜族农乐舞内容丰富，形式多样，不同的舞蹈内容和形式呈现出不同的风格特点。但是总体来说，农乐舞的造型鲜明优美，表现手法丰富自然，音乐节奏与舞蹈内容有机地互相结合，表演者的内在情绪和舞蹈动作和谐一致。

农乐舞是朝鲜族民间舞蹈最具代表性的一种形式，它形象地展示了朝鲜族人民的社会生活和生产劳动、风俗习惯和审美情趣，表现了朝鲜族人民勤劳勇敢的民族传统和外柔内刚的民族性格。

4. 传统戏剧：皮影戏、广东粤剧

皮影戏

皮影戏，又叫“影子戏”或“灯影戏”，是一种用兽皮或纸板做成的人物剪影（jiǎnyǐng）来表演故事的民间戏剧。皮影戏有浓厚的乡土气息，广泛流传于中国河南、山西、陕西、甘肃等地，并因各地所演的声腔不同而形成多种流派。2011年，中国皮影戏入选《人类非物质文化遗产代表作名录》。

表演皮影戏时，艺人们在白色幕布后面，一边操纵影人，一边用当地流行的曲调讲述故事。操耍（cāo shuǎ）技巧和唱功，是皮影戏表演水平高低的关键，往往需要艺人经过长期勤学苦练才能掌握。有的表演高手一人能同时操耍七八个影人。皮影戏的武打动作精彩，影人枪来剑往，场面十分热闹，皮影戏的音乐与唱腔又很优美动听，在还没有电影、电视的年代，是十分受欢迎的民间娱乐活动。

广东粤剧

粤剧又叫“大戏”或“广东大戏”，以粤语为演唱语言，曾被周恩来总理誉为“南国红豆”，并于2009年入选《世界非物质文化遗产名录》。粤剧起源于广东佛山。明朝中期，广东一带社会稳定、经济发达，佛山是广东多个商会的所在地，娱乐需求旺盛，“琼花会馆”的出现使佛山成为粤剧的中心。据记载，当时佛山有大小戏台30多个，可见粤剧流行的盛况。

粤剧的表现手段包括唱、做、念、打四个方面。在其发展过程中，粤剧不断吸收广东音乐民歌民谣的特点，武打动作融入南派武术，形成生动传神、语言通俗、声腔独特、武打新奇的风格，成为群众喜闻乐见(xǐwén-lèjiàn)的一大地方剧种。

粤剧受到中国南部各地方剧种的影响，既与中国传统的东方文化一脉相承，又具有浓郁的岭南文化特色。其代表作包括《柳毅传书》《紫钗记》《花田八喜》等作品，反映了中国各阶层的社会生活，具有不可替代的价值。

5. 篆刻

中国篆刻是以石材为主要材料，以刻刀为工具，以汉字为表象(biǎoxiàng)的一门独特的镌刻(juānkè)艺术，至今已有3 000多年的历史。它既强调中国书法的笔法、结构，又突出镌刻中自由、酣畅(hānchàng)的艺术表达，于方寸(fāngcùn)间施展技艺、抒发情感，深受中国文人及普通民众的喜爱。

篆刻艺术由中国古代的印章(yìnzhāng)文化发展而来。中国印章最早见于商代，到了秦代，印章的刻制使用和文字逐渐完善，设有专职人员管理印章。汉代是印章艺术的辉煌时期，印章的雕刻技巧逐渐成

词语释义

喜闻乐见
love to see and hear

表象
representation

镌刻
inscribe

酣畅
heartily, to one's heart's content

方寸
a small area, a square inch

词语释义

钻研
study intensively

熟，使用范围扩大。到了明代，官印和私印在艺术形式上基本分离，供个人使用的刻着名字的私印形式和风格灵活多样，逐渐演变成为一门艺术。清代，随着考据学的发展，篆刻艺术再次兴盛，形成了许多艺术流派和大家，如赵之谦、吴昌硕、黄牧甫等。成立于1904年的西泠印社（Xīlíng Yìnshè）至今仍然是中国篆刻创作和研究的中心。

中国艺术界有一句常说的话，“一百位画家中出十个书法家，十个书法家中出一个篆刻家。”钻研（zuānyán）篆刻艺术既要有书法的功底，又要深入了解中国文字。

篆刻离不开篆书，因为篆书的笔法简单，形式优美，没有复杂的笔顺要求，可以直接反写到印石上。经过了无数艺术家的千百年摸索和实践，才形成今天的这种样式。篆刻艺术作品既可以独立欣赏，又可以在书画作品等领域广泛应用。2009年，中国篆刻入选联合国《人类非物质文化遗产代表作名录》。

文化注释

1. 印章

印章，也称图章，用作印于文件上表示鉴定或签署的文具，一般印章都会先沾上印泥再印。不沾印泥、印上平面后会呈现凹凸的称为钢印。也有印于蜡或火漆上、信封上的蜡印。制作印章的材质有金属、木头、石头、玉石等。

2. 西泠印社

成立于1904年，是中国现存历史最悠久的、也是国际公认的中国篆刻艺术创作和研究中心，位于浙江省杭州市西湖景区。

6. 传统技艺：南京云锦织造技艺

自2002年，南京云锦先后三次向申遗冲刺（chōngcì），终于在2009年9月获得成功，被列入联合国《人类非物质文化遗产名录》。云锦是一种先练丝、染色，再用金银线织造的提花织锦，因为它色彩绚丽，雍容华贵（yōngróng-huáguì），如天上的云彩一般美丽而得名。云锦位居中国古代三大名锦（云锦、宋锦和蜀锦）之首，是中国蚕桑文明的一颗明珠。

南京织锦业起步于东晋晚期，兴盛于南朝时期。两宋时期，南京织锦业得到了前所未有的发展，南京倾城上下，昼夜繁忙，出现了仁和里锦绣坊、乌衣巷染坊、吴绣庄等知名商铺，呈现出盛况空前的繁荣景象。到了元代，由于统治者喜欢用金银来作为装饰，因而用金银线装饰丝织品成为南京云锦织造技艺的重要特征。明清时期是南京云锦的成熟时期。据记载，到了清中期，丝织业成为南京的支柱产业，当时仅南京城内就有织机3万余台，织工20余万人，约占全城人口的三分之一。随着织造技艺的提高，明清时期的云锦也更为细致精美，深受各地皇室贵族及普通老百姓的欢迎，织锦产品除了供应皇室、官府使用以外，还远销海外。

在悠久的历史发展长河中，云锦形成了很多品种，主要包括：库缎（kùduàn）、织金（zhī jīn）、织锦（zhījǐn）、妆花（zhuāng huā）四大品种。云锦的生产工艺极其复杂，生产时，需要两位熟练的工人合作使用织机，一天仅能织出几公分长的云锦，因此有“寸锦寸金”的说法。随着现代科学技术的发展，部分云锦产品已经实现了现代化生产，但是较为复杂的工艺如“妆花”仍然保持传统手工织造。

锦，因其绚丽的形象，被古人视为“美好”的象征，“繁花似锦”等成语形象地说明了锦对中国文化的深远影响。在千年的发展中，南京云锦已经不仅仅是单纯的手工艺品，还形成了以云锦为中心的传统文化。

词语释义

冲刺
dash

雍容华贵
elegant and graceful

文化注释

1. 库缎

一种提花缎子，是南京云锦传统品种之一。在清代时属于朝廷贡品，保存在内务府缎库，备宫廷之用，因此叫“库缎”。

2. 织金

所谓“织金”，就是织料上的花纹全部用金线或银线织出。主要用于镶滚衣边、帽边、裙边和垫边等。

3. 织锦

用彩色的金缕线织成各种花纹的锦缎织品，织锦因此而得名。

4. 妆花

妆花是南京云锦中织造工艺最复杂的品种。妆花织物的特点是：用色多，色彩变化丰富，美轮美奂。一件妆花织物，花纹配色可多达十几色乃至二三十种颜色，使织物上的纹饰获得生动而优美的艺术效果。这种复杂的工艺技法，在其他地区生产的提花丝织物中不见应用，而且目前还不能机械化生产，只能依靠手工织造。

词语释义

时令
season

7. 传统民俗：二十四节气

二十四节气是中国人认知天象、时令(shílìng)和大自然变化规律的知识体系。中国的古人把太阳周年运动轨迹划分为24等份，每一个等份对应一个节气，称为二十四节气，包括立春、雨水、惊蛰、春分、清明、谷雨、立夏、小满、芒种、夏至、小暑、大暑、立秋、处暑、白露、秋分、寒露、霜降、立冬、小雪、大雪、冬至、小寒、大寒。其中反映季节变化的节气有：立春、春分、立夏、夏至、立秋、秋分、立冬、冬至八个节气。立春、立夏、立秋、立冬是表示季节开始的意思。反映温度变化的有：小暑、大暑、处暑、小寒、大寒五个节气。反映天气现象的有：雨水、谷雨、白露、寒露、霜降、小雪、大雪七个节气。在气象界，二十四节气被誉为中国“第五大发明”，2016年正式列入联合国《人类非物质文化遗产代表作名录》。

二十四节气形成于黄河流域，远在春秋时代，就已确定仲春、仲夏、仲秋和仲冬四个节气。以后不断地改进与完善，到秦汉年间，二十四节气已完全确立。人们根据时令观察当地的气温、降水变化，以便在适宜的条件下组织农业生产活动。二十四节气作为生产生活的时间指南，逐渐在全国范围内传播，为多民族人民所共享。

如今，二十四节气已经渗透到中国人生活的方方面面，人们按照节气有序地安排农业生产活动和家庭的衣食住行。立春播种，谷雨采茶，霜降之后是丰收的季节，大寒、小寒人们进入农闲，欢欢喜喜准备过新年。二十四节气也进入了中国小学生的语文课本，让孩子们从小熟读《节气歌》，为孩子们开启了认识大自然的一扇窗户。

二十四节气的核心理念是“天人合一”，反映了中国人尊重自然规律，希望人与自然和谐相处的世界观。历经千年，二十四节气都是中国人进行农事预报，预防自然灾害的重要参照，是中华民族劳动经验的积累和农业文明的智慧结晶。

词语释义

滑稽
funny, comical

戏剧性
dramatic

帷幕
curtain

8. 传统曲艺：相声

相声是一种说唱曲艺，用说唱、讲笑话等方式引得观众发笑。“相声”一词原为“象生”，指模拟别人的言行，后来发展为“象声”，以滑稽（huájī）、讽刺为特点，充满戏剧性（xìjùxìng）。它大约在清朝咸丰、同治年间（公元1862年左右）形成于北京，此后在中国北方地区广泛流传，尤其在北京和天津一带最流行。2008年，相声被列入《非物质文化遗产名录》。

相声的表演最初分两种，在帷幕（wéimù）中表演的称“暗春”，以口技类节目为主；公开表演的称“明春”，以语言类节目为主。属于“明春”的相声演出形式包括单人表演的单口相声、两人表演的对口相声、三人或三人以上集体表演的群口

词语释义

逗哏
the leading role in a comic dialogue

捧哏
the supporting role in a comic dialogue

相声，而对口相声最常见。在对口相声的表演中，有两个演员，一个负责逗哏（dòugén），另一个负责捧哏（pěnggén）。

相声的表演技巧有说、学、逗、唱四种。相声的作品称为“段子”，相声的传统段子十分丰富，经过加工整理而保留下来的主要有《连升三级》《小神仙》等单口作品，《满汉全席》《黄鹤楼》《戏剧杂谈》《打灯谜》等对口作品，《扒马褂》《金刚腿》等群口作品。

相声表演艺人以男性为主，在过去的一个世纪中出现了很多著名的相声艺人，如马三立、侯宝林、马季等。相声的传承以师徒传承为主，学生需要拜师学艺，即请一位老师教授相声的各种技巧。通过长期的背诵、模仿、练习和观看老师及其他相声艺人的表演，逐渐成为一名合格的相声表演艺人。

最早相声艺人主要在公共场所表演，如北京的天桥，后来在茶馆、茶社等室内休闲场所演出，是男女老少都可以欣赏的娱乐形式。现在，相声通过电视、网络等媒体更广泛地传播，还出现了化妆相声、相声小品等新的表演形式。很多相声艺人参演影视剧或参加选秀节目，如当代的德云社弟子参加《欢乐喜剧人》节目，这在一定程度上促进了相声行业的发展。

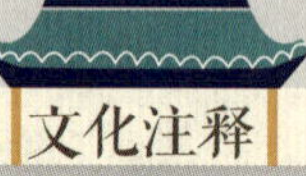

文化注释

说、学、逗、唱

相声的四种基本功。说：讲故事、说话和铺垫；学：模仿各种人物、方言和其他声音，学唱戏曲的名家名段，现在也学唱歌跳舞；逗：制造笑料逗人笑；唱：唱“太平歌词”。

9. 杂技

杂技艺术是中国最古老的表演艺术之一，一般指柔术、车技、口技、顶碗、走钢丝、变戏法、舞狮子等技艺。

杂技艺术在中国已经有2 000多年的历史，在汉代称为“百戏”，隋唐时叫“散乐”，唐宋以后为了区别于其他歌舞、杂剧，才称为“杂技”。在中国古代，杂技乐舞是皇室贵族宫廷宴乐必备的表演节目。据《史记 · 大宛列传》记载，汉武帝为了夸耀国家的富庶广大，在款待外国使臣的宴会上演出空前盛大的杂技乐舞节目。唐代文人墨客对杂技也多有描述。明清时期，杂技虽然已经淡出宫廷表演，但是明宪宗“行乐图”中依然有杂技表演的形象。

中国杂技萌芽于原始狩猎与生产活动，因此与人们的生产生活息息相关（xīxī-xiāngguān）。学术界认为最早的杂技是“飞去来器”。它是用硬木片削制（xiāo zhì）成的十字形猎具，原始部落的猎手们常用这种旋转前进的武器打击飞禽走兽（fēiqín-zǒushòu）。经过不断地练习，“飞去来器”就成了原始部落氏族盛会中的表演项目。中国现代杂技也多用生活、生产工具作为杂技的道具，如“蹬技”中使用的酒缸、瓦钟、桌子、花伞、彩毯；“古彩戏法”中的18件大小酒席到活鱼活鸟；“转碟”中使用的各类碟、盘、碗、坛；“爬竿”“走钢丝”节目中的绳、鞭、叉、竿、梯。各种生活用品、劳动工具到了杂技艺人的手里变幻万千，体现了丰富多彩的生活气息。

中国是世界第一杂技大国，山东聊城、河北吴桥是中国的“杂技之乡”。吴桥人对杂技有着特殊的爱好，无论在街头巷尾，还是田间麦场，甚至在饭桌前和土炕上，他们随时都会翻一串跟斗（gēndou），叠几组罗汉。有的孩子走路时把瓶子顶在手指上托着走，点滴不洒。聊城杂技

词语释义

息息相关
be closely linked

削制
peel and make

飞禽走兽
birds and animals

跟斗
somersault

词语释义

美不胜收
be a feast for the eyes

不绝于耳
linger in one's ears

不遗余力
spare no effort in

普查
general survey

在传统杂技艺术的基础上，把技巧表演与舞蹈、音乐、服装艺术结合起来，改编后的杂技表演节目如《飞叉》《小小炊事员》创意新颖，动作优美，让观众感到美不胜收（měibùshèngshōu）。

近年来，中国国内各杂技表演团多次走出国门，前往日本、韩国、美国、英国、法国、意大利、俄罗斯等国家访问演出，所到之处惊叹之声不绝于耳（bù jué yú ěr）。中国古老的杂技艺术重新焕发青春。

三、中国非物质文化遗产保护

1. 相关政策与措施

中国历史文明悠久，非物质文化资源丰富多彩，但是中国“非遗”保护事业起步较晚，拥有许多几乎濒临消失的非物质文化遗产，面临着更严峻的发展形势。中国自20世纪90年代开始确立文化强国的方针政策，并不遗余力（bùyí-yúlì）地投入“非遗”的申报和保护工作中，积极有效地建立、执行“非遗”保护的相关政策与措施，并取得了较大的成效。中国在“非遗”保护工作上的相关政策与措施主要包括以下内容：

(1) 开展了全国范围的“非遗”普查（pǔchá）活动。普查出“非遗”资源总量近87万项，较为全面地了解和掌握了各地区、各民族“非遗”资源的种类、数量、分布情况、生存和传承状况。在此基础上，中国建立了国家、省、市、县四级“非遗”名录体系。截至2021年12月，国务院批准公布了五批共1 557项国家级代表性项目，国家文化主管部门分别于2007年、2008年、2009年、2012年、2018年先后命名了五批国家级“非遗”项目代表性传承人，共计3 068人。

(2) 扩展了“非遗”保护的项目范围。中国把非物质文化遗产项目详细地分为十类，除了联合国教科文组织认定的种类以外，中国还创造性地把民间文学和传统医药列入保护项目的范围。尤其是传统医药，2010年作为中国政府的推荐项目被列入“世界非遗名录”，至今，这也是唯一一个与医学有关的世界“非遗”项目。中国运用的扩展项目制度，也多次为其他国家所效法（xiàofǎ），构建了一种全新的“非遗”文化保护模式。

(3) 加强了“非遗”保护的立法工作。随着2011年《中华人民共和国非物质文化遗产法》的正式颁布实施，中国“非遗”保护法律体系和工作机制日趋完善。全国有26个省区市颁布了“非遗”保护条例；国家设立了“非遗”保护专项资金；各地设立了“非遗”处和“非遗”保护中心。在过去十多年的“非遗”保护实践中，许多“中国经验”得到国际社会的认可。

(4) 构建了“非遗”建档的标准体系。跟联合国教科文组织与其他发达国家相比，中国的“非遗”建档起步晚、数量少。但自2005年中国“非遗”建档工作逐步深入以来，建档立制得到了针对性的优化和完善。目前，“非遗”建档已经依法认定了建档的主体，划定了搜集、记录、分类、编目基本流程，有计划、有步骤地形成了非遗建档的标准体系。

2. 交流与合作

文化不分国界，只要是优秀的文化，就一定能陶冶（táoyě）人、启迪人。因此，非物质文化遗产的保护符合人类文化共同发展的集体利益，在保护工作中，应尤其重视与其他国家和地区的交流与合作。

词语释义

效法
follow the example of, learn from

陶冶
exert a favorable influence

中国非物质文化遗产保护积极采取措施，推动中华文化走出去，在尊重中国传统文化特点、保护文化多样性、维护和弘扬传统工艺的基础上，积极搭建非物质文化遗产展示交流平台。充分利用政府部门、公益机构、民间团体等不同平台进行文化遗产交流和展览，树立中国文化大国形象。中国的少林功夫、昆曲、中医针灸等“非遗”文化项目多次到国外进行表演、交流，受到国外文化界的一致好评，在世界范围内点亮了中国文化的明灯。

中国还坚持与联合国教科文组织的相关原则同步，仔细观察与分析国外“非遗”保护的各种具体实践，加强国际交流与合作，学习“非遗”保护发达国家的先进经验，提高“非遗”保护科技水平，充分利用文化与科技融合的成果，使中国非物质文化遗产不断发扬光大，为世界“非遗”保护作出更大的贡献。

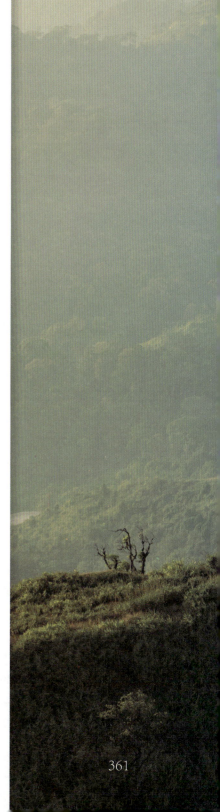

思考题

1. 周口店“北京人”遗址的发现有哪些重要意义？
2. 你还知道哪些中国有名的文物？你喜欢哪种中国传统艺术品？为什么？
3. 故宫为什么又叫紫禁城？
4. 皇家园林与私家园林有何异同？
5. 请结合实例谈谈物质文化遗产与非物质文化遗产之间的区别。
6. 请结合云锦谈谈丝绸在中国古代的经济、文化价值。
7. 请查阅资料，介绍一个相声或一位相声演员。
8. 请结合你们国家的方针政策，对中国保护非物质文化遗产的工作提出建议。

参考文献

蔡昉，林毅夫 . 中国经济 . 北京：中国财政经济出版社 . 2003.

程爱民 . 中国文化概要 . 南京：译林出版社，1994.

邓秉果 . 中国体育史 . 上海：上海古籍出版社，2003.

敦煌文物研究所编 . 中国石窟：敦煌莫高窟 . 北京：文物出版社，2011.

方鹏骞 . 中国医疗卫生发展报告 2014. 北京：人民出版社，2015.

冯友兰 . 中国哲学简史 . 北京：北京大学出版社，2013.

高鹏翔 . 中医学 . 北京：人民卫生出版社，2013.

葛兆光 . 中国思想史 . 上海：复旦大学出版社，2013.

郭大钧 . 中国当代史 . 北京：北京师范大学出版社，2016.

韩鉴堂 . 中国文化 . 北京：北京语言文化大学出版社，2010.

何平 . 汉语语音教程（基础篇）. 北京：北京大学出版社，2006.

胡自山 . 中国饮食文化 . 北京：时事出版社，2006.

蒋菁，管建华，钱茸 . 中国音乐文化大观 . 北京：北京大学出版社，2001.

焦华富 . 中国地理常识 . 北京：高等教育出版社，2007.

赖永海 . 中国佛教通史 . 南京：江苏人民出版社，2010.

梁永宣 . 中国医学史 . 北京：人民卫生出版社，2016.

林冠夫 . 中国科举 . 北京：东方出版社，2016.

楼庆西 . 中国园林 . 北京：北京五洲传播出版社，2010.

宁继鸣 . 中国概况 . 北京：北京语言大学出版社，2019.

潘吉星 . 中国古代四大发明——源流，外传及世界影响 . 合肥：中国科学技术大学出版社，2001.

祁述裕 . 中国概况 . 北京：国家行政学院出版社，2013.

卿希泰 . 中国道教史 . 成都：四川人民出版社，1996.

申宝忠，韩玉珍 . 中国医疗卫生发展报告 (2013–2014). 北京：社会科学文献出版社，2014.

孙克勤等 . 明清皇家陵寝 . 北京：中国地图出版社，2014.

王宝林 . 云锦 . 杭州：浙江人民出版社，2008.

王国维 . 宋元戏曲史 . 上海：上海古籍出版社，2008.

王洪顺 . 中国概况 . 北京：北京大学出版社，2008.

王恺 . 中国历史常识 . 北京：高等教育出版社，2007.

王耀全 . 武术与养生 . 北京：清华大学出版社，2015.

吴晗 . 中国历史常识 . 北京：新世界出版社，2017.

吴敬琏 . 计划经济还是市场经济 . 北京：中国经济出版社 . 1993.

习近平 . 二十大报告，2022.

习近平 . 十九大报告，2017.

谢普 . 充满智慧的中国科技 . 辽宁：辽海出版社，2016.

徐晶凝 . 汉语语法教程：从知识到能力（汉英对照）. 北京：北京大学出版社，2017.

严敬群 . 中国节日传统文化读本 . 北京：东方出版社，2009.

杨德山，赵淑梅 . 中国共产党与当代中国 . 北京：五洲传播出版社，2014.
杨恩洪 . 中国少数民族英雄史诗〈格萨尔〉. 杭州：浙江教育出版社，1990.
于海广 . 中国的非物质文化遗产 . 济南：山东画报出版社，2011.
俞剑华 . 中国绘画史 . 南京：东南大学出版社，2009.
袁行霈 . 中国文学史（第二版）. 北京：高等教育出版社，2005.
张帆 . 中国古代简史 . 北京：北京大学出版社，2001.
张宏建 . 继续教育发展研究：海峡两岸暨港澳高校继续教育论文集 . 杭州：浙江大学出版社，2017.
张其成 . 中医文化学 . 北京：人民卫生出版社，2017.
中华人民共和国国家卫生健康委员会 . 2021 年我国卫生健康事业发展统计公报，2022.
中华人民共和国中央人民政府教育部 . 2022 年全国教育事业发展统计公报，2023.
朱栋霖等 . 中国现代文学史 1917–2000. 北京：北京大学出版社，2007.
朱仁夫 . 中国古代书法史 . 北京：北京大学出版社，1992.

图书在版编目(CIP)数据

中国概况 / 程爱民主编. -- 修订本. -- 上海：上海外语教育出版社，2024
ISBN 978-7-5446-6574-2

Ⅰ. ①中… Ⅱ. ①程… Ⅲ. ①中国—概况 Ⅳ. ①K92

中国国家版本馆CIP数据核字（2023）第121775号

出版发行：**上海外语教育出版社**
（上海外国语大学内） 邮编：200083
电　　话：021-65425300（总机）
电子邮箱：bookinfo@sflep.com.cn
网　　址：http://www.sflep.com
责任编辑：杨莹雪

印　　刷：上海中华商务联合印刷有限公司
开　　本：890×1240　1/16　印张 23.5　字数 389 千字
版　　次：2024年5月第1版　2024年5月第1次印刷

书　　号：ISBN 978-7-5446-6574-2
定　　价：73.00元
本版图书如有印装质量问题，可向本社调换
质量服务热线：4008-213-263